重庆市哲学社会科学规划重大招标项目"成渝经济区与区域公共治理研究"
(2010CQZDZ15)
国家哲学社会科学重大招标项目"三峡库区独特地理单元'环境-经济-社会'
发展变化研究"（11Z&D161）
教育部人文社会科学重点研究基地重庆工商大学长江上游经济研究中心2014年
自主招标项目
"三峡库区百万移民安稳致富国家战略"服务国家特殊需求博士人才培养项目
中央财政支持地方高校发展专项资金应用经济学学科建设项目

"十二五"国家重点图书出版规划项目

长江上游地区经济丛书

成渝经济区
区域公共治理研究

余兴厚　姜　鑫/著

科学出版社

北京

图书在版编目（CIP）数据

成渝经济区区域公共治理研究/余兴厚，姜鑫著. —北京：科学出版社，2016
（长江上游地区经济丛书）
ISBN 978-7-03-049017-9

Ⅰ. ①成… Ⅱ. ①余… ②姜… Ⅲ. ①经济区-公共管理-研究-成都市②经济区-公共管理-研究-重庆市 Ⅳ. ①F127.711②F127.719

中国版本图书馆 CIP 数据核字（2016）第 141118 号

责任编辑：杨婵娟／责任校对：王 瑞
责任印制：徐晓晨／封面设计：铭轩堂
编辑部电话：010-54035853
E-mail:houjunlin@mail.sciencep.com

科学出版社 出版
北京东黄城根北街 16 号
邮政编码：100717
http://www.sciencep.com

北京京华虎彩印刷有限公司 印刷
科学出版社发行 各地新华书店经销

*

2016 年 7 月第 一 版　开本：B5(720×1000)
2016 年 7 月第一次印刷　印张：14　插页：1
字数：258 000
定价：**70.00 元**
（如有印装质量问题，我社负责调换）

"长江上游地区经济丛书"编委会

(以姓氏笔画为序)

主　编　王崇举　汪同三　杨继瑞
副主编　文传浩　白志礼
委　员　左学金　史晋川　刘　灿　齐建国
　　　　　孙芳城　杨云彦　杨文举　余兴厚
　　　　　宋小川　张宗益　陈泽明　陈新力
　　　　　郝寿义　荆林波　段　钢　黄志亮
　　　　　曾庆均　廖元和　魏后凯

"长江上游地区经济丛书"指导专家

(以姓氏笔画为序)

王崇举	教　授	重庆工商大学长江上游经济研究中心名誉主任，重庆市政府参事
文传浩	教　授	重庆工商大学长江上游经济研究中心常务副主任
左学金	研究员	上海社会科学院，上海市政府参事
史晋川	教　授	浙江大学民营经济研究中心主任，浙江省人民政府咨询委员会副主任
白志礼	教　授	重庆工商大学长江上游经济研究中心顾问
刘　灿	教　授	西南财经大学马克思主义经济学研究院院长
齐建国	研究员	中国社会科学院数量经济与技术经济研究所
孙芳城	教　授	重庆工商大学校长，重庆工商大学长江上游经济研究中心主任
杨云彦	教　授	湖北省卫生和计划生育委员会主任
杨文举	教　授	重庆工商大学长江上游经济研究中心副主任
杨继瑞	教　授	重庆工商大学长江上游经济研究中心名誉主任，成都市社会科学界联合会主席
余兴厚	教　授	重庆工商大学研究生院院长
宋小川	教　授	美国圣地亚哥美厦学院
汪同三	研究员	中国社会科学院学部委员
张宗益	教　授	西南财经大学校长
陈泽明	教　授	贵州省政协港澳台侨与外事委员会副主任
陈新力	教　授	重庆工商大学经济学院院长
郝寿义	教　授	南开大学学术委员会委员，天津滨海综合发展研究院名誉院长
荆林波	研究员	中国社会科学院社会科学评价中心专职副主任
段　钢	教　授	云南民族大学副校长
黄志亮	教　授	重庆工商大学，《西部论坛》主编
曾庆均	教　授	重庆工商大学社会科学处、科学技术处处长
廖元和	研究员	重庆工商大学产业经济研究院院长
魏后凯	研究员	中国社会科学院农村发展研究所所长

Preface 丛书序

30 余年的改革开放，从东到西、由浅入深地改变着全国人民的观念和生活方式，不断提升着我国的发展水平和质量，转变着我们的社会经济结构。中国正在深刻地影响和改变着世界。与此同时，世界对中国的需求和影响，也从来没有像今天这样突出和巨大。经过 30 余年的改革开放和 10 余年的西部大开发，我们同样可以说，西部正在深刻地影响和改变着中国。与此同时，中国对西部的需求和期盼，也从来没有像今天这样突出和巨大。我们在这样的背景下，开始国家经济、社会建设的"十二五"规划，进入全面建成小康社会的关键时期，迎来中国共产党第十八次全国代表大会的召开。

包括成都、重庆两个西部最大的经济中心城市和几乎四川、重庆两省(直辖市)全部土地，涉及昆明、贵阳两个重要城市和云南、贵州两省重要经济发展区域的长江上游地区，区域面积为 100.5 万 km^2，占西部地区 12 省(自治区、直辖市)总面积的 14.6%，占全国总面积的 10.5%，集中了西部 1/3 以上的人口，1/4 的国内生产总值。它北连甘、陕，南接云、贵，东临湘、鄂，西望青、藏，是西部三大重点开发区中社会发展最好、经济实力最强、开发条件最佳的区域。建设长江上游经济带以重庆、成都为发展中心，以国家制定的多个战略为指导，将四川、重庆、云南、贵州的利益紧密结合起来，通过他们的合作使长江上游经济带建设上升到国家大战略的更高层次，有着重要的现实意义。

经过改革开放的积累和第一轮西部大开发的推动，西部地区起飞的基础已经具备，起飞的态势已见端倪，长江上游经济带在其中发挥着举足轻重的作用。新一轮西部大开发战略从基础设施建设、经济社会发展、人民生活保障、生态环境保护等多个方面确立了更加明确的目标，为推动西部地区进一步科学良性发展提供了纲领性指导。新一轮西部大开发的实施也将从产业结构升级、城乡统筹协调、生态环境保护等多个方面为长江上游经济带提供更多发展机遇，更有利于促进长江上游经济带在西部地区经济主导作用的发挥，使之通过自身的发展引领、辐射和服务西部，通过新一轮西部大开发从根本上转变西部落后的局面，推动西部地区进入工业化、信息化、城镇化和农业现代化全面推进的新阶段，促进西部地区经济社会的和谐稳定发展。

本丛书是"十二五"国家重点图书出版规划项目，由教育部人文社会科学重点研究基地重庆工商大学长江上游经济研究中心精心打造，是长江上游经济研究中心的多名教授、专家经过多年悉心研究的成果，涉及长江上游地区区域经济、区域创新、产业发展、生态文明建设、城镇化建设等多个领域。长江上游经济研究中心（以下简称中心）作为教育部在长江上游地区布局的重要人文社会科学重点研究基地，在"十一五"期间围绕着国家，特别是西部和重庆的重大发展战略、应用经济学前沿及重大理论与实践问题，产出了一批较高水平的科研成果。"十二五"期间，中心将在现有基础上，加大科研体制、机制改革创新力度，探索形成解决"标志性成果短板"的长效机制，紧密联系新的改革开放形势，努力争取继续产出一批能得到政府、社会和学术界认可的好成果，进一步提升中心在国内外尤其是长江上游地区应用经济学领域的影响力，力争把中心打造成为西部领先、全国一流的人文社会科学重点研究基地。

本丛书是我国改革开放 30 余年来第一部比较系统地揭示长江上游地区经济社会发展理论与实践的图书，是一套具有重要现实意义的著作。我们期盼本丛书的问世，能对流域经济理论和区域经济理论有所丰富和发展，也希望能为从事流域经济和区域经济研究的学者和实际工作者们提供翔实系统的基础性资料，以便让更多的人了解熟悉长江上游经济带，为长江上游经济带的发展和西部大开发建言献策。

王崇举

2013 年 2 月 21 日

前言

全球化和区域一体化的大背景下，构建有效的区域公共治理机制和模式，对于突破行政区行政的刚性束缚，促进要素资源的跨区域流动，实现资源的优化配置，增强区域的整体实力和核心竞争力，具有重要战略意义。

随着《成渝经济区区域规划》《成渝城市群发展规划》的实施，在区域合作与一体化发展过程中构建区域公共治理机制，将面对诸多困难和问题，需要作深入系统的理论研究和实践探索。

本书以推进成渝经济区区域公共治理为研究目标，针对成渝经济区区域公共治理现状进行深入分析和综合评价，在此基础上，对我国区域公共治理机制和模式进行设计，对公共治理的战略进行规划，提出实现区域公共治理的路径选择和对策建议，对于进一步落实《成渝经济区区域规划》和《成渝城市群发展规划》，完善国家区域公共治理政策体系，对各级政府制定跨区域合作相关政策，推进区域整体性、协同性治理，促进区域经济、社会、生态环境协调发展，具有重要的理论与实践价值。

本书力求探讨和回答成渝经济区区域公共治理中的一些重要理论问题，为区域公共治理提供理论支持。当前，国家积极推进区域一体化，成渝经济区既具有一般经济区的普遍性，也具有自己的特殊性和差异性，但学术界还缺乏针对性的理论分析与政策建议。例如，成渝经济区公共治理的内容是什么？区域公共治理机制怎样构建？区域公共治理绩效评价指标与方式是什么？区域公共治理中多元主体在区域治理中权责及边界是什么？与其他地区相比，成渝经济区区域公共治理特殊性如何体现？等等。本书将充分研究区域公共治理的特殊性，重点剖析新时期区域公共治理重点与难点，构建区域公共治理的体系、机制与模式，从而为区域一体化建设提供理论支撑。

本书力求探讨和回答成渝经济区区域公共治理中的一些重要现实问题，为区域公共治理提供政策建议。随着成渝经济区区域规划的实施，成渝经济区经济社会发展取得了长足进步，但在区域协调发展、经济结构布局、基础设施建设、流域生态保护、公共服务一体化等方面仍然存在诸多问题，需要构建完善的区域共治制度、利益机制、政策工具、组织机构，但治理措施与手段的缺失严重影响了公共治理的效果。为此，本书对成渝经济区公共治理的现状和问题进行了客观分析描述，对公共治理水平进行了测度和评价，提出了成渝经济区区域公共治理战略定位与目标，为各级政府及政府有关部门准确把握成渝经济区公共治理状况，为区域公共治理相关政策制定提供决策依据和现实指导。

本书力求探讨成渝经济区区域公共治理的机制、模式创新和政策创新。本书对成渝经济区公共治理的机制和治理模式进行了设计，提出了决策、需求表达、信任合作、利益协调、绩效评估、监督六大机制，形成协同型治理模式。同时，由于我国当前还缺乏跨区域公共治理的政策工具和调控手段，对地方政府在跨区域公共治理中的权责缺乏明确的界定，导致地方政府缺乏区域公共治理的激励与约束力，从而出现区域公共治理真空和治理盲区。特别是由于信息的不对称，中央政府对区域公共事务与问题缺乏足够的信息收集而处于"理性无知"的状态，在政策设计与调整、区际利益关系协调、重大项目建设投资等方面，均存在政策目标错位，地方政府往往借机向中央要政策、要资源，而对区域公共治理并不关心，甚至导致"逆向选择"与"道德风险"，造成区域公共问题难以有效解决并持续恶化。为此，本书通过借鉴西方发达国家和国内发达地区公共治理提供的经验，紧密联系成渝经济区区域公共治理的实际，提出了推进思路、政策措施和对策建议。这不仅可为新时期、新阶段成渝经济区公共治理提供可行的方案，而且也可以为新时期其他区域公共治理政策完善创新提供借鉴。

本书立足于问题导向，寻求多种问题的解决方案。本书运用管理学、经济学、政治学、社会学、法学等多学科理论与分析方法，对国内各省区区域公共治理水平进行了测度（从评价结果看，重庆和四川的公共治理水平较低），分析了成渝经济区区域公共治理的主要问题及原因，借鉴了国内外区域公共治理的典型经验，提出了解决问题的理论分析框架和政策框架。这对于拓宽区域公共治理的研究视野，推动多学科的交叉融合发展具有一定的价值，同时又可以使研究结果通过多学科的检验，增强研究成果的适应性、针对性和有效性。

本书是重庆市哲学社会科学重大公开招标项目"成渝经济区区域公共治理研究"的最终成果，课题研究报告凝聚了课题组每个成员的智慧和心血。其中，谢金林教授完成了区域公共治理理论基础部分的初稿撰写，侯明喜副教授完成了成渝经济区区域交通基础设施建设状况、公共服务一体化建设状况的初稿撰写，张文爱博士完成了成渝经济区区域差距分析初稿撰写，对他们的学术贡献表示最诚挚的感谢！特别感谢科学出版社杨婵娟老师对本书的精心编辑。

限于学术水平和篇幅，本书挂一漏万之处在所难免，敬请各位专家学者指正！

作　者

2015年12月

目录 Contents

丛书序 ··· i
前言 ·· iii

第一章 导　论 ··· 1

第一节　区域公共问题的现实背景 ···················· 1
一、成渝经济区区域公共治理内容 ························· 2
二、成渝经济区区域公共治理问题 ························· 6

第二节　区域公共治理的基础理论 ···················· 9
一、区域公共治理研究缘起 ································· 9
二、区域公共治理内涵、特征及其理论基础 ············ 14
三、国内外研究述评 ··· 22

第三节　区域公共治理的限度及其可能的出路 ······ 30

第二章　区域治理模式与治理机制构建 ················ 37

第一节　区域公共治理模式 ······························ 37
一、科层制模式 ··· 38

二、市场化模式……………………………………………………39

　　三、中间型模式……………………………………………………40

第二节　区域公共治理机制……………………………………………41

　　一、决策机制………………………………………………………42

　　二、需求表达机制…………………………………………………46

　　三、信任合作机制…………………………………………………51

　　四、利益协调机制…………………………………………………55

　　五、绩效评估机制…………………………………………………58

　　六、监督机制………………………………………………………61

第三章　成渝经济区区域公共治理基础和现状……………………67

第一节　成渝经济区区域公共治理基础………………………………67

第二节　成渝经济区区域公共治理现状………………………………70

　　一、成渝经济区区域差距…………………………………………70

　　二、成渝经济区区域交通基础设施建设状况……………………81

　　三、成渝经济区区域公共服务一体化建设状况…………………89

　　四、成渝经济区流域经济与治理状况……………………………96

第四章　成渝经济区区域战略定位与公共治理目标…………………105

第一节　成渝经济区区域战略定位……………………………………105

第二节　成渝经济区区域公共治理水平评估…………………………110

　　一、评价方法………………………………………………………110

　　二、评价指标与数据………………………………………………110

　　三、评价过程………………………………………………………111

　　四、小结……………………………………………………………113

第三节　成渝经济区区域公共治理目标………………………………115

一、区域治理	116
二、产业发展	118
三、交通水利	122
四、防灾治安	124
五、环境资源	126
六、文化教育	129
七、民生移民	131
八、卫生健康	134
九、休闲旅游	136

第五章　跨行政区公共治理典型经验借鉴　　138

第一节　欧盟跨行政区公共治理政策体系　　138

一、欧盟区域治理的政策背景、目标 138
二、欧盟区域综合治理体系构建 139
三、多样化、协同化的治理手段 139
四、欧盟区域政策的效果 140

第二节　北美五大湖区跨行政区流域治理　　141

一、北美五大湖流域公共治理的背景 141
二、北美五大湖流域治理的主要内容 141
三、北美五大湖流域治理的效果及经验 143

第三节　日本濑户内海工业圈公共治理　　143

一、日本濑户内海公共治理的背景 143
二、日本濑户内海公共治理的主要内容 143
三、日本濑户内海公共治理的效果及经验 145

第四节　泛珠三角地区区域公共治理　　145

一、泛珠三角区域合作形成背景 145

二、泛珠三角区域合作体制机制……………………………………146

三、泛珠三角区域合作的主要内容及形式……………………………146

四、泛珠三角区域合作的成效…………………………………………147

第五节 国内外区域公共治理经验总结………………………………148

第六章 成渝经济区区域公共治理体系、机制与模式构建………150

第一节 成渝经济区区域治理体系构建………………………………150

一、成渝经济区区域政府治理体系构建………………………………150

二、成渝经济区区域市场治理体系构建………………………………152

三、成渝经济区区域社会治理体系构建………………………………154

第二节 成渝经济区区域治理机制构建………………………………156

一、建立成渝经济区区域公共治理的决策机制………………………156

二、建立成渝经济区区域治理需求表达机制…………………………159

三、建立成渝经济区区域信任合作机制………………………………160

四、建立成渝经济区区域利益协调机制………………………………162

五、建立成渝经济区区域绩效评估机制………………………………164

六、建立成渝经济区区域监督制约机制………………………………166

第三节 成渝经济区区域公共治理模式构建…………………………167

一、协同型模式构建原则………………………………………………167

二、协同型模式中区域公共治理的目标………………………………169

三、协同型模式中各主体的功能定位…………………………………169

四、协同型模式中区域公共治理的主要形式…………………………175

第七章 成渝经济区区域公共治理对策……………………………186

第一节 完善政府绩效考核制度………………………………………186

第二节 构建区域法律制度……………………………………………189

第三节　营造非政府组织成长环境 191

第四节　优化区域公共治理财政制度 193
  一、合理划分中央与地方财权关系 193
  二、完善转移支付制度 194
  三、明确公共财政支出的优先领域 195
  四、设立区域公共治理的政策工具 196
  五、成立跨行政区财经领导小组 196

第五节　推进区域信息基础设施建设 197
  一、加快推进信息基础设施一体化建设 197
  二、推进公共服务平台一体化建设 197
  三、推进信息网络一体化应用 198

参考文献 199

附　表 205

彩　图

第一章 导 论

第一节 区域公共问题的现实背景

20世纪80年代中期以来,全球化成为世界经济发展的主要趋势,成为当代世界经济的重要特征之一。经济全球化进程使各国经济活动超越国界,实现资源在全球范围内配置,促使资金、技术、人员、信息等生产要素在全球范围内进行大规模流动和重组,不仅加深了世界各国之间的相互依赖,同时也加剧了相互竞争。正是在激烈的国际竞争背景下,若干个地域相邻国家通过组建跨国界的区域组织,并制定相关经济与法律制度,推动了经济的互动发展,加快了区域经济一体化进程,出现了像欧盟这样的"深度区域一体化"组织和北美自由贸易区、亚太经合组织、上海合作组织等"浅表区域一体化"组织,为加强地理上相邻民族国家间的经济合作和联系,增强区域力量管理和解决区域各种问题与纠纷发挥了重要作用。

从国内来看,随着社会主义市场经济的深入发展,特别是加入WTO以后,中国成为国际分工体系中的一部分,参与国际经济竞争与合作,促进中国经济更快地融入世界经济的大潮中,推动了国内生产要素的跨区域流动。但与此同时,依附于行政区划之上的行政壁垒和地方保护主义的负面影响日益显现。建立区域行政关系,打破行政区划界限,完善区域协调互动机制,促进区域经济发展,成为我国市场经济进一步发展的关键。

受国际上区域一体化进程的影响,国内出现了诸多区域经济一体化组织。在经济基础较好、对外开放较早的沿海、沿江地区,出现了一些较发达的经济区域，如以上海为龙头包括江浙大部分地区在内的长江三角洲经济圈（简称长三角），以香港、深圳、广州为轴线的大珠江三角洲经济圈（简称珠三角）和以北京天津为双核的环渤海湾经济圈（又称大北京经济圈），以及由国家推动为适应区域一体化而设立的试验区，它把一批地方发展规划上升为国家发展战略。

2011年6月2日，国务院批复了《成渝经济区区域规划》，成渝经济区成为我国继长三角、珠三角、环渤海湾三大经济区之后，西部率先发展的重点地区之一，承担着加速发展成为西部重要增长极的历史性任务。

随着《成渝经济区区域规划》的实施，原四川、重庆两个行政区划范围内的公共事务转变为经济区区域公共事务，使得原来属于地方政府"内部"的公共事务变得越来越"外部化"和无界化，成为区域公共事务，并呈现复杂化和规模化的趋势。它们涉及经济、政治、社会、环境等多方面内容，既有区域产业布局、城市群建设、重大基础设施建设、城乡统筹、社会保障等常规性公共事务，也有生态环境、流域治理、共同资源开发利用等利益相关程度非常高的区域公共事务。因此，如何突破现有行政区行政模式的刚性束缚，建构一种既区别于传统治理范式又有助于解决区域公共问题的政府治理模式，对成渝经济区建设意义重大。

一、成渝经济区区域公共治理内容

1. 区域、城乡差距问题

在我国经济一体化进程中，需要跨行政区的资源整合，产业互动、政策协调、利益调整，特别是需要政府间的合作，解决行政区之间经济、社会、人口和资源环境协调发展。但是在我国区域间、城乡间存在较大的收入差距，在区域发展上由于受资源禀赋、历史文化、经济发展水平、国家区域发展战略与政策、体制机制等因素的影响，区域之间的差距不仅仅表现为东西部之间的差距，而且表现为跨省区的发展差距。在成渝经济区区域范围内，重庆、成都两个特大型中心城市与中部地区（遂宁市、内江市、资阳市等）存在较大的发展差距。对重庆和成都全部区（市、县）的数据进行计算，可以看出，重庆和成都各区（市、县）地方财政收入总泰尔指数值相对较大。例如，2007年地方财政收入总泰尔指数高达 0.392（姜鑫等，2013），说明其地方财政收入的差异比较明显。在城乡发展上，由于我国长期实行重工业优先发展战略，通过牺牲农业以支持工业，出现农业、农村、农民的持续贫困，为了把农民固定在土地上，国家通过户籍管理制度，实行对城乡二元管理和二元福利政策。我国城乡二元管理社会制度的根本特征就是把城市和农村以两种不同的政治行政区域区别对待，并实施差异化政策措施，导致我国城乡差距长期难以改变。川渝地区是我国城乡差距最大的地区之一。为此，国家在2007年批准重庆市和成都市设立全国统筹城乡综合配套改革试验区，目的就是解决该地区日益突出的"三农"问题。因此，实现区域经济一体化，应把缩小区域差距和城乡差距，特别是要把缩小城乡差距放在首位，通过统筹城乡经济发展，打破城乡界线，优化资源配置，实现城乡共同繁荣。

2. 区域基础设施一体化建设问题

所谓区域基础设施，就是指为区域社会生产和居民生活提供公共服务的物质工程设施，是用于保证国家或地区社会经济活动正常进行的公共服务系统。基础设施包括经济基础设施和社会基础设施。从经济基础设施看，成渝经济区基础设施由三部分构成：一是交通基础设施，包括航空、铁路、公路、水运、管道运输及城市交通。二是公用基础设施，包括能源、供排水、燃气、电信等设施。三是公共工程，包括防洪工程、灌溉工程、防护林工程、生态环境保护工程等。从社会基础设施看，主要包括教育、文化、体育、医疗卫生、社会保健、科学研究等设施设备。基础设施建设影响到成渝经济区社会生产过程和生活过程，是区域经济增长的必要条件。因此，国际上通常用社会对基础设施需求的满足程度来衡量该社会的经济发展水平。但由于区域基础设施所提供的服务存在外溢性，投资和收益存在差距，区域间各级政府在使用机制、成本补偿机制、利益分配机制等方面很难达成一致，地方政府大都不愿意提供这类跨行政区域的公共基础设施服务，导致其建设问题十分突出，实现区域公共基础设施一体化十分迫切。例如，在交通基础设施方面，成渝经济区已初步形成铁路、公路、内河航运、航空和管道运输相结合的综合运输体系，但经济区内铁路路网密度不高、线路等级偏低；区域内公路等级不高，高速公路网络尚未完全形成；内河水运航道等级总体偏低；枢纽机场已不能适应发展的需要，支线机场布局不尽合理，客货运量不足。因此需从区域治理角度，加快交通基础设施建设，变区域劣势为区域优势。

3. 流域生态保护问题

从自然生态角度看，流域是一个整体性和关联性极强的区域，流域内各种自然要素间存在着相互依存关系，它们相互影响，相互制约，从而表现出区域性的自然生态特征。如果流域内某一区段或某一支流出现大的生态问题，就会影响整个流域的生态环境。由于我国流域被大大小小行政区所分割，破坏了流域的整体性和关联性。特别是改革开放以来，在政治晋升和政绩考核的激励下，地方政府出于功利动机，把追求 GDP、财税、引进外资量等指标作为奋斗目标，对流域生态治理陷入"集体行动逻辑"之中，使流域生态问题日渐突出。

成渝经济区内有六大水系，包括长江、嘉陵江、岷江、沱江、涪江及渠江，流域面积涵盖成都平原和低山丘陵传统农业区、盆东平行岭谷区、盆周山区、三峡库区。近年来随着流域经济带的过度开发利用，流域治理问题日益凸显，其中涉及流域生态环境保护制度、污染治理制度、生态补偿制度，还有就是流域共有资源的保护、使用及水权问题。这些问题的解决需要流域地方政府间建立整体性治理的理念，构建包括政府间决策机制、信任合作机制、利益协调机制及流域公共治理政策工具的创新。

4. 经济结构优化布局问题

区域经济结构布局应依据该区域的资源禀赋、基础条件、技术力量、市场状况等因素确定。成渝经济区区域经济结构布局的主要问题如下。

一是产业的相似度较高。由于成渝地区资源禀赋相同，基础条件、技术力量、市场状况等因素差异不大，一定程度的产业同构是不可避免的，而且因为我国是政府主导区域产业布局，成渝经济区各级地方政府基于地方经济利益考虑，还对产业同构起到了推波助澜的作用。长期以来的"中心""枢纽"之争，使得成渝两地产业同构性较强，低水平竞争严重，分工合理、各具特色的产业集群尚未构建起来。产业结构的相似度常用相似系数来进行衡量[①]，根据邹璇

---

① 相似系数通常介于 0 和 1 之间，相似系数等于 1，说明两个区域的产业结构完全相同；相似系数等于 0，说明两个区域的产业结构完全不同。从动态来看，如果相似系数趋于上升则说明产业结构趋同，如果相似系数趋于下降，则说明产业结构趋异。

（2014）、邵伟（2014）的研究，成渝经济区内部地区间的产业结构相似系数较高，产业同构性十分严重。2005～2010 年成渝经济区中重庆部分与四川部分的产业结构相似系数平均达到 0.718，分年度系数见表 1-1。

表 1-1 成渝经济区中重庆部分与四川部分的产业结构相似系数

年份	2005	2006	2007	2008	2009	2010
相似系数	0.721	0.719	0.725	0.723	0.721	0.701

资料来源：邹璇，2014

据后续观察，重庆和成都两个城市的产业结构相似系数一直非常高，2013 年已达到 0.97，足以看出城市间产业同构相当严重。

从支柱产业看，重庆"十二五"产业规划确立了大力发展电子信息、汽车、装备制造、医药化工、新材料、轻纺六大支柱产业，成都在"十二五"规划中确立了电子信息、新能源、新材料、生物医药、制造业、汽车、节能环保七大支柱产业。两地有五个支柱产业相同或相似，其他非支柱产业也有极高的相似度。这不利于成渝地区资源优势互补和产业集聚，弱化区域产业的竞争力，不利于区域经济的可持续发展。

因此，把握区位优势和资源优势，立足现有产业基础，引导城乡产业合理布局，实现两大中心产业功能互补，通过区域内产业整合，构建分工合理、各具特色的产业集群是成渝经济区要解决的核心问题。

二是空间发展不合理。长期以来，四川省把成渝铁路与公路沿线作为成渝经济带发展的主轴，川渝分治后，四川省由原来的"两点两线两翼"发展战略改为重点建设"成都平原经济圈"，把发展重点放在"成德绵经济区"。重庆直辖后提出了建设"一小时经济圈"的发展战略。随着四川和重庆经济发展战略的调整及相应政策变动，永川、自贡、内江及周边市县由原来的中心发展区域变成了省级边缘地区，区位优势弱化，政策优惠及投资大大减少，造成成渝经济区中部地区经济发展滞后，成为成渝经济区发展瓶颈。更严重的是轴线的弱化使得川渝两地经济发展的离心倾向加强，经济区被行政区分割，使成渝两市的空间交流变得更为薄弱，形成各自独立和相对封闭的经济运行体系，市场经济的空间联络被割断。

三是资源的恶性竞争。重庆直辖后，重庆的区位优势凸显，区域中心地位得到强化。首先，重庆的传统腹地达州、南充、广安等经济联系日益密切；其次，重庆向西通过长江经济辐射到四川的泸州、宜宾、内江等地，向东可融入长江流域经济带，加强与长江中下游城市的经济联系，特别是与长三角的经济联系，向南通过渝黔线加强与贵州、湖南的联系，从而使重庆的辐射范围远远超越了四川，具有成为区域经济发展中心的区位优势。

成都的空间发展战略除大力发展"成德绵经济区"外，向西向北扩展受到自然地理、交通等条件的限制而难以突破，自然将辐射的重点瞄向东部和南部，加强对川东、川南的辐射，增强其影响力，而川东、川南属于重庆传统的区域辐射范围。区域发展战略空间上的重叠，加剧了成渝两地在共同腹地对资源、资本、市场的争夺和主导权的竞争。

5. 公共服务一体化问题

区域经济的发展水平，决定了社会事业的发展水平。长期以来成渝经济区区域社会事业发展欠账很多，这一方面归因于经济发展水平低、发展不平衡，另一方面在于对社会事业发展重视不够。近年来随着地方经济发展差距的不断拉大，各地区对社会事业的财政投入也存在较大的差距，导致区域社会事业存在较大的差距，成为区域一体化的障碍。因此，实现成渝经济区区域一体化，首先要实现经济与社会的协调发展，必须在基础教育、公共医疗卫生、公共基础设施、社会保障制度等方面实现一体化，实现基本公共服务均等化。

二、成渝经济区区域公共治理问题

针对成渝经济区区域公共问题，依赖传统行政区管理模式难以满足跨区域公共治理的需求，特别是《成渝经济区区域规划》的实施所衍生的大量复杂的区域公共问题，更需要两地政府密切互动，构建整体性、协同性治理的理念，实现区域公共治理的创新。但是《成渝经济区区域规划》实施几年来，川渝政府在区域合作治理过程中存在诸多问题，表现在以下几个方面。

1. 缺乏完善的区域公共治理制度

成渝经济区跨越了两个省级行政区，其内部存在多个不同层级的行政单位，就行政主体而言，各方并非简单的隶属关系。除川渝行政主体外，还包括两省市下辖各行政单位及经济区内以两城市为中心所带动和辐射的市、区、县、乡（镇）各级行政组织机构、部门等。由于其所处地位不同，对待公共治理的态度及所代表的利益诉求不一致，带来了行为上和结果上的差异。近年来，川渝两地围绕经济合作开展了高层对话，签署了区域性合作文件。但区域治理，特别是公共治理体系建设还未形成真正的合作，很大程度上都是按照自身发展的思路和实际需要来解决行政区内部急难问题。例如，对于城乡统筹，成都注重全面铺开，重庆注重重点突破，由此形成了相对独立的制度和运行体系。而怎样从整个成渝经济区区域发展和公共治理要求出发来思考，谋划区域一体化发展，目前既缺乏统一的区域公共治理法律制度，也缺乏政府部门、行业、社会民间组织区域合作治理的规制、规则。例如，（省）市长联席会议制度、区域公共基础设施协调制度、省（市）间区域公共政策协调制度等均未构建起来。而法律制度和组织间合作的规制、规则缺失，大大增加了跨区域合作成本，区域一体化发展因而也陷入制度的僵局。

2. 缺乏区域公共治理的利益协调机制

针对成渝经济区公共治理所面对的区域产业布局优化、公共基础设施建设、长江上游地区生态屏障建设、跨境公共安全与警务合作、区域公共服务一体化等问题，应构建区域整体性、协同性治理的理念，才能从根本上满足区域社会发展的不同需求，但整体性、协同性治理涉及代表不同利益的多元主体的利益诉求，构建区域政府、企业、社会民间组织间的利益共享、补偿和成本分担机制对于解决区际利益矛盾冲突十分必要。但目前既缺乏利益协调的制度性规定，也缺乏利益协调的机制设计。

3. 缺乏系统完善的区域公共治理政策工具

欧盟之所以在区域一体化进程中取得成功，离不开财政、金融等政策工具运用，特别是结构基金、凝聚基金、团结基金和预备接纳基金的组合运用。这些政策工具对区域协调发展和一体化进程起到了助推作用。反观我国，则还缺乏真正意义上的区域政策，表现在：一是缺乏区域公共治理法律法规规范区域发展规划、区域政府间合作、区域治理绩效评价及区域治理监督与仲裁等行为。二是缺乏可操作的区域政策工具，包括区域财政税收政策、货币金融政策、环境规制政策、利益分配与补偿政策等。例如，在财政政策上，我国实行财政分权式管理模式，但在财权与事权上缺乏详细明确的规范，中央与地方政府间权责不明、事权财权划分不清，中央财权上移、事权下放，把本应由中央提供的区域公共服务放到地方，而地方政府由于缺乏财力保障，难以承担提供区域公共服务的重任。三是缺乏政策的执行力。信息不对称和政府间利益博弈导致现有的政策"相互打架"，缺乏针对性和可操作性，难以有效指导区域实践。四是政府间缺乏合作治理的激励机制，"搭便车"现象普遍。

4. 缺乏区域公共治理组织机构

区域公共治理需建立起包括决策、行政、立法等多主体构成的组织架构。这被欧盟和国内发达地区的区域治理所证明。在成渝经济区地方政府的合作中，缺乏高层次的决策组织机构实施顶层设计，表现在川渝两省市尚未成立合作共建成渝经济区领导小组来负责实施《成渝经济区区域规划》的总体推进和协调工作，也尚未成立具体组织承担《成渝经济区区域规划》实施的具体推进和协调工作。因此，在区域公共事务方面很难有效地协调区域内各个市（区、县）地方政府的关系，从而削弱了区域公共决策的实际执行力，无论是在跨行政区交通基础设施建设、流域生态环境治理、水资源分配与管理、公共危机事件应急救援协作方面，还是在产业协调发展、城乡社会保障一体化、基本公共服务均等化发展等方面，都缺乏一个有力的区域合作组织来协调、规划区域的整体发展战略和公共政策。成渝经济区应尽快构建区域公共治理的组织机构，为区域合作提供保障。

综上所述，制约成渝经济区区域公共治理的因素众多，根源还在于现行行政体制的分割性。针对上述问题，传统区域管理模式也必须适应区域公共治理的要求进行相应的模式转变。但是受我国传统的行政区政治和经济的影响，局部利益与整体利益存在矛盾冲突。因此，需要在借鉴和吸收国外区域公共治理经验的基础上，致力于区域公共治理模式的研究和实施探索，寻求通过公共治理的体制、机制创新，通过整体性、协同性和多元化治理模式的构建，以推动治理模式创新。

第二节 区域公共治理的基础理论

早在古希腊时期,著名政治学家亚里士多德就指出,越是关乎众多人利益的事情,越是没有人愿意为之付出努力。奥尔森《集体行动的逻辑》从理性人的假设证明,关乎众人利益的公共产品因其非排他性而不可避免导致"搭便车"行为,因此,除非团体规模较小并且有较好的监督约束机制,否则集体行动无法解决公共问题。如何解决"公共池塘"的悲剧是政治学、经济学、社会学等众多人文社科领域专家学者一直关注并可能持续关注的重大问题。霍布斯把公共产品提供与公共秩序维护寄希望于强大的"利维坦",以强大的国家暴力为公共秩序提供坚实的支撑;以亚当·斯密等为代表的古典自由主义者则深信"看不见的手"的伟大魅力,认为无数追求私利的个人行为无意之间自然会带来公共利益最大化的结果;奥斯特罗姆等制度主义者认为,"公共池塘"并非处于必然的困境之中,人类历史上演变出了很多解决公共问题的风俗与惯例,通过对这些制度与习俗的学习,我们可以形成一系列解决公共问题的制度安排。这些思考为民族国家公共问题治理提供了有益的知识,然而,随着经济全球化、区域一体化、社会信息化、市场无界化的高歌猛进,公民社会不断发育,公众参与公共治理的能力与意愿日益高涨,跨区域公共问题解决与区域竞争力提升等现实压力使得区域公共治理超越了地区行政、甚至于民族国家内部治理,因此,如何充分发挥政府、市场、社会各方力量,打破行政区域的权力牢笼,摆脱区域公共治理绩效低下困境,构建多中心治理网络,提升区域公共治理水平,成为当前我们必须思考的重大问题。

一、区域公共治理研究缘起

任何一门学科或者理论产生都有其独特的社会需求,都是时代的产物,公共治理研究也不例外。区域公共治理研究的兴起是当前区域公共问题不断加剧和区域竞争能力重要性不断凸显的必然要求,现实需求引发了人们对区域公共治理的热切期盼。区域公共治理兴起,主要由以下原因触发。

1. 经济全球化时代区域竞争与区域主义兴起是区域公共治理的根本动力

虽然区域问题在古希腊时期就受到过地理学家的关注,后来经济学、社会学也对其关注较多,但是,区域主义还是民族国家诞生以后才有的事情,"过去那种地方的和民族的自给自足和闭关状态,被各民族的各方面的互相往来和各方面的互相依赖所代替了"(马克思,1972)。

近代欧洲资本主义扩张是区域主义产生的最根本原因,资本凭借着其强大的力量冲破闭关自守的民族国家国门和自给自足的自然经济的藩篱,将其力量渗透到全球的每一个角落。进入20世纪特别是20世纪下半叶以后,在新一轮经济全球化浪潮冲击之下,为了更好拥抱经济全球化所带来的巨大机遇,同时又抵御全球化所滋生的种种灾祸,地区化、区域主义与全球化、全球主义如影相随。区域主义,也即"地理上彼此相连的国家或地区之间,通过政府间的合作和组织机制,加强地区内社会和经济发展互动的意识"(陈瑞莲,2003)在不断地增强。

在经济全球化时代,虽然国际分工与地区渗透在不断加强,现代交通与通信技术的发展缩短了国与国之间、地区与地区之间的空间距离,但是,如哈佛大学 M.波特(2002)所指出的那样,"标准化的元件、信息和技术很容易通过全球化获得,但是其更高层面的竞争仍然有其地域外界限。进入21世纪以后,地点会更重要"。

区域产业集群的诞生、发展、繁荣和衰亡都与区域竞争能力息息相关,都体现为区域间的相对竞争优势。区域政府为了取得独特的区域优势,打造区域竞争能力,地区内的公共管理主体就需要思考如何通过产业政策与制度安排,培育并提高区域竞争能力。

当代中国区域经济合作既是因应全球化发展提升区域经济竞争能力的需要,同时也是打破计划体制下的重复建设、条块分割,提升地区产业结构、发挥地区优势的必然要求。计划经济时代,全国整体一盘棋,国家对资源集中控制,而地方政府虽然具有对辖区的管理权,但在资源配置上处于无权力地位,在经济利益上缺乏独立主体地位,只是中央政府的派出机构,履行中央政府的"计划"功能,完全受制于中央政府的指令性计划,缺乏统筹管理下的资源开发和社会经济发展的动机与能力。即便偶尔出现区域经济合作及其协调机构,也完全是中央政府行政指令下的"拉郎配",难以达到预期的效果。因为不依据本区域内资源秉赋获取区域竞争优势,而是盲目追求"大而全、小而全"的工业体系,地区之间产业结构和经济体系大多雷同,区域分工与竞争优势无法体现。进入市场经济时代,依靠国家行政力量协调区域经济发展的模式受到来自各方的批评与冲击,而以市场调节与资源整合为主导的区域间经济合作逐渐成为区域经济发展新模式,特别是市场经济条件下区域的差异使区域之间如何优势互补更成为区域经济合作与发展的强大动力。如何建立技术、物资、人才、资金"四位一体"的协作机制,充分发挥市场机制对要素配置的决定作用,建立一体化区域市场体系,降低市场交易费用,建立区域分工与合作的机制提升区域竞争能力,成为区域经济社会发展的一个重大问题。然而,由于行政区域的刚性约束并缺乏自上而下的区域合作法律与制度安排,计划经济下条块分割、以邻为壑现象难以在短时间内消除。因此,区域公共治理问题在市场经济时代也就显得尤其重要,引起研究者的高度关注。

2. 区域公共问题大量兴起是区域公共治理的直接动力

在传统农业社会和工业社会初期,生产规模相对较小,社会需要处理的公共问题与公共事务也相对简单,民族国家及民族国家内部的每个地区政府都借助官僚制权力系统通过自身力量解决公共行政问题,生产公共物品和提供公共服务,不需要太多的外部支援或合作。然而,进入现代社会以后,经济全球化、区域一体化、社会信息化、市场无界化等新的区域经济发展模式一路高歌猛进,人类活动也跨越国家与地区疆界,彼此联系越来越紧密,"地球村"不再是愿景而成为了现实。正因为人类活动范围的扩大而且彼此联系与相互影响也在不断加剧,各种内部、外部的因素相互交织在一起,纷繁芜杂。比如,世界范围内的气候异常、跨国贩毒与犯罪、恐怖主义蔓延等众多公共事务和公共问题完全超出了民族国家与地区行政疆界,不断变得"外部化"和"无界化",并越来越呈现出复杂化、多元化和规模化的趋势。区域性公共问题可以大致分为三个层次:一是"宏观区域公共问题",如全球气候变化、跨国犯罪、恐怖主义等问题,这些问题解决需要世界所有民族国家、地区结合各国的规则形成国际合作体系,在公正的国际秩序框架之内通力合作;二是"次区域公共问题",即那些发生于小范围内的跨国或跨境公共问题,如一个经济区域内的经济合作、跨境流域治理、区域犯罪与区域社会秩序稳定等问题，这些问题解决需要相关民族国家协商与合作；三是"微观区域问题"，即一国内部省际或地区间的经济发展与社会稳定问题、环境治理问题、公共安全与卫生问题、自然灾害问题等，这些问题需要民族国家内部政府部门协作解决。然而公共物品与公共服务都具有非竞争性和非排他性，因而任何一个民族国家与地区政府都或多或少存在"搭便车"心理，缺乏动力甚至于采取观望的态度对待这些问题，从而导致区域公共问题的"霍布斯丛林"法则。同时，这些区域性公共问题又具有渗透性和不可分割性，完全超出了农业社会和工业社会前期依靠民族国家或地方政府解决公共问题、提供公共服务的能力，单边的民族国家或地方政府行政机构面对大量区域公共问题显得力不从心，因此追求区域合作或区域公共治理就被迫提上了议事日程。

当代中国区域公共问题具有世界范围内区域公共问题的一般特点，同时也具有转型期中国的独特性。改革开放以后，中央为了解决计划体制下经济活力不足的问题，采取了以"分权让利"的市场化改革与"锦标赛"竞争的政绩考核机制为主线的激发地方政府经济建设活力的系列制度安排。这些制度安排虽然能够激发地方政府活力，但同时也产生极大的负面效应。由于 GDP 在这种制度安排中具有特殊的重要性，GDP 的增长不仅能够产生巨大的经济利益，而且也能够带来极大的政治利益。在经济与政治的双重拉力之下，地方政府为了追求 GDP 的增长，不顾经济发展规律要求与地方资源禀赋制约，拉开了一场以争项目、争投资、争政策为主要内容的恶性竞争，为了维护地方局部利益利用行政权力分割市场，甚至不惜动用行政权力为假冒伪劣产品保驾护航，各种利益最大化的"经济人"行为导致了地区政府以邻为壑，经济活动外部性导致生态恶化、资源浪费问题却得不到应有关注。这些问题需要有超越地方政府狭隘利益要求的区域合作机制，否则区域公共治理必然陷入"治理失灵"的困境之中。然而，计划体制之下的区域行政无法为这些问题的解决提供超越区域政府的合法性权力，区域公共问题治理权力真空地带和权力盲区大量存在，在这些真空地带与权力盲区，各地方政府都寄希望于"搭便车"，坐享治理绩效而不愿意支付成本。当地方政府解决区域公共问题动力不足时，中央政府协调就显得特别重要。然而，由于中央政府与地方政府信息的不对称，中央政府面临巨大的难以解决的信息成本问题，从而使自己在处理地方冲突时处于"理性无知"的困境之中。因此，面对地方冲突与地方公共问题解决，中央政府只能由地方政府博弈，然后再在地方博弈与合作的机制上加以调节。这样，区域公共问题解决事实上主要依靠地方政府，而地方政府却在GDP"指挥棒"下作出逆向选择，从而加剧了区域性公共问题。因此，变革传统政府治理模式，寻求区域公共问题治理新模式势在必行。

3. 公民社会兴起背景下全面提升国家治理能力是区域公共治理的现实动力

从"管理"到"治理"的转变虽然仅是一字之差，却意味着治国理政模式的根本性变革，意味着政治权力运作模式和运行机制的根本性变革。"治理"有着与"统治""管理"不同的意蕴，治理意味着公共事务解决不再单纯依赖垂直性官僚体系的自上而下的行政命令，而是还包含政府与企业、社会组织、公民等正式与非正式合作，治理的本质是以善治为目标，在治理网络基础之上通过公私伙伴合作关系，实现公共利益最大化。党的十七大以后，国内政治、经济、社会、环境等发生了诸多积极的变化，新的"增量"因素为区域公共治理创造了新的机遇。

首先，公民社会的兴起改变了传统的行政管理生态环境。虽然公民社会在中国政治语境中并没有获得完全的认同，但是不可否认，随着市场经济深入推进和国家对社会控制放松，公民社会逐渐形成并不断壮大。党的十七大正式提出要全面推进社会建设，而且将其与政治、经济、文化、生态建设并列，形成"五位一体"的新战略。党的十八大又提出社会治理问题，基层社会自我治理能力成为国家治理能力一个重要组成部分。社会组织管理制度也在不断调整，社会组织发展的政策空间不断地拓展，传统的政府选择社会组织模式将逐步被社会自我选择所替代，社会组织也将由传统的满足党和政府的单一需求向满足社会多元化需求转变，因此，未来不仅社会组织数量会有极大的增长，而且社会组织服务模式也将发生根本性转变，社会组织参与公共事务的深度与广度也会发生根本性变化。换句话说，传统的由单一政府主体进行地区公共事务治理、供给公共物品的模式将会逐渐被政府、社会、企业等多主体合作模式所取代。这种区域性公共事务治理模式变革在市场经济较发达的长三角、珠三角地区已经有过试验并取得了良好的绩效，未来将会被更多的地方与政府部门借鉴。

其次，公民参与政治事务的需求与能力不断提升，作用不断显现。自党的十七大以来，以"知情权、参与权、建议权、监督权"为内容的民主"四权"得到党中央的确认，决策民主化、科学化、程序化也成为公共决策过程的最基本要求。公民民主权利意识增强与中央民主建设的制度性安排双重合力不仅激发了公民参与公共事务的需求，也增强了公民参与公共事务的能力。特别是网络技术不断发展，网络问政制度不断完善，公众拥有了参与公共事务的便利渠道，而且各地政府部门也积极运用网络引导公众参与地区公共事务。以广东为例，在2008年《珠江三角洲地区改革发展规划纲要（2008—2020年）》制定时，广东省政府创办了"民间拍案——实施《珠江三角洲规划纲要》群众论坛"，通过政府引导的方式吸引网民参与地方公共事务决策。特别是近年来厦门、大连、成都、昆明等城市公众抗议PX项目、广东番禺市民反对修建垃圾焚烧场等"邻避运动"，充分显示出公民权利意识觉醒和参与政府决策的能力不断增强。这表明随着公民社会的兴起，他们在地区性公共事务安排与公共决策的选择上不再逆来顺受，而是以主人的心态要求地方政府维护其合法权利不受侵犯，以主人的姿态参与到区域公共问题决策过程中。

在公民社会兴起与公民参与意识不断增强的背景之下，区域行政生态环境正在悄然发生变化，政府作为区域公共事务管理、公共物品生产、公共问题治理决策的单一主体的行政管理模式难以适应行政生态的变化，需要从区域行政、区域公共管理向区域公共治理转型，建构一种能够充分发挥政府、社会、市场、公民多元主体活力，并发挥协商与对话作用的"多中心"治理体系，提高区域公共治理能力。

二、区域公共治理内涵、特征及其理论基础

1. 区域公共治理概念、特征

要理解区域公共治理，首先要明确"区域行政""区域公共管理""区域公共治理"等概念的内涵，才能真正把握"区域公共治理"这一范畴的内在本质、根本内容及其自身特点。

区域行政是指在一定区域内的政府（两个或两个以上），为了促进区域的发展而协调相互关系，寻求合作，对公共事务进行综合治理，以便实现社会资源

的合理配置与利用，提供更优质的公共服务（陈瑞莲和张紧跟，2002）。区域行政是相对于行政区行政而言的，后者是在行政区划的刚性约束之下，民族国家或民族国家地方政府对特定行政区内公共事务的管理，其基本特点是分割性、闭合性、有界性。前者则是从府际关系视域来看，是指在一定空间（超越行政区域边界）内两个或两个以上政府通过行政协调，合作处理相互联系的跨界公共事务。区域行政虽然打破了行政区的界限，但其合作仅限于政府行政部门内部的合作。

区域公共管理是以区域政府组织和非政府组织为主体的区域公共管理部门，为解决特定区域内的公共问题，实现区域公共利益而对区域公共事务进行现代治理的社会活动（陈瑞莲，2006）。

相较于区域行政而言，区域公共管理在管理主体、客体甚至管理机制各方面均有所不同，其差别可以概括为"一元"与"多元"之间的区别。区域公共管理是适应现代市场经济与信息技术发展而兴起的，是一定区域范围内跨界的民族国家之间、民族国家内部地方政府及其联合体与区域性非政府组织，借助科层组织、伙伴关系、市场机制、组织间网络等对区域内共同的公共问题协同治理。

区域公共治理就是以区域内公共问题及公共事务解决为核心的治理，因此，"区域公共问题""治理"两个概念是理解区域公共治理的关键。"区域公共问题"是在经济全球化、传播数字化、区域经济一体化等现代经济、社会、政治发展背景下，传统民族国家或地区的公共问题"外部化""跨界化"演化而成的超越行政区域疆界的公共问题。区域公共问题具有一般公共问题所具有的非排他性和非竞争性的特点，同时又具有渗透性和不可分割性的特点。因此，单一民族国家或地方政府面对区域公共问题都有"搭便车"的动机，同时，任何一个民族国家或地方政府却又都不具备解决问题的能力，跨越行政区划的刚性约束，寻求合作治理是解决区域问题的根本途径。"治理"一词在中国是一个"舶来品"，它与统治、管理有着本质的区别。1995年全球治理委员会发表的《我们的全球伙伴关系》研究报告，对治理的概念及内涵进行了经典的界定。治理与统治、管理有着本质性区别：①治理主体既涉及公共部门，也包括私人部门，是所有利益相关主体为了达到共同目标、解决共同面临的问题而采取的平等协商与合作；②治理的基础不是控制而是协调，治理的权力不是来自于科层制度的自上而下的行政命令，而是多元化主体围绕着共同的问题、通过契约的方式建构多中心治理网络，在治理网络之中平等协作；③治理的目标是善治，治理必须超越官僚机构主体自身利益需要，而寻求所有利益相关主体共同利益最大化；④治理不是一整套规则，也不是一种活动，而是一个过程，是所有利益相关者围绕共同目标实现而进行的制度化或非制度化的持续互动。结合"区域公共问题"与"治理"两个词的内涵，区域公共治理可以理解为，一定区域内政府、非政府组织、私人部门、公民及其他利益相关者以区域公共利益为根本目标，借助正式或非政府制度安排，通过平等谈判、理性协商、合作伙伴关系等方式建立共治网络，对区域公共问题及公共事务采取合作行动，其主要内容包括：区域竞争力提升、区域经济一体化、区域公共产品供给、区域公共安全、区域环境保护、大都市治理等方面。

区域公共治理与以行政权力为核心的区域行政或区域公共管理有着本质的区别，它具有以下几个方面的鲜明特征。

（1）善治的目标追求。关于善治，古今中外都曾有涉及，从治理的角度而言，善治就是良好的治理，是使公共利益最大化的公共管理过程及行动，也是实现治理绩效最大化的过程。俞可平（1999）认为："善治的本质特征就在于它是政府与公民对公共生活的合作管理，是政治国家与公民社会的一种新颖关系，是两者的最佳状态。"

区域公共治理是区域经济一体化发展的需要，也是解决跨界公共问题的需要，同时也是现代公民社会兴起、公众积极参与公共事务的必然要求。区域公共治理不仅超越了传统行政区行政特有的刚性约束，是区域共同问题所涉及的多个民族国家或地区政府之间的共治与合作，而且还是区域内所有利益相关者的协商、谈判与合作，因此，区域公共治理的良好状态并不是以区域政府利益最大化为中心，而必须超越政府的利益需求，以所有利益相关者利益为根本诉求。这是区域公共治理良好状态的首要要求。另外，善治与无效或低效的公共管理格格不入。善治实现的程度越高，管理所能达到的绩效也就越高。就此而言，区域公共治理的善治要求区域公共治理机构设置合理，内部信息传递和沟通畅通无阻，参与治理的各行动主体真诚地履行责任，并彼此信任、相互合作,尽最大可能降低交易成本,确保治理的良好绩效。

(2)多中心的治理模式。治理的主要特征,"不再是监督,而是合同包工;不再是中央集权,而是权力分散;不再是由国家进行再分配,而是国家只负责管理;不再是行政部门的管理,而是根据市场原则的管理;不再是由国家指导,而是由国家和私营部门合作"(梅理安,1999)。

治理与统治一样需要权威,但是,治理的权威却不必然出自于政府。面对因公民社会兴起而改变的公共治理环境,单一政府或区域政府都不具备解决现代复杂的跨界公共问题的能力,因为政府失灵的问题存在。市场也无动力与能力解决,因为市场面对公共问题也会失灵。只有区域内政府、企业、非政府组织、公民通力合作,才有可能寻找到最有效的解决办法。通过契约的方式建立多中心治理体系,发挥多主体的优势与积极性的关键就在于打破传统政府的刚性约束,只有这样才能破除官僚体系效率低下的困境,运用市场手段降低公共物品供给成本,提升公共服务水平。

(3)网络化的治理结构。治理主体多元化,治理权力多中心化,政府、非政府组织、市场、公民等多中心主体共同面对区域问题,共享治理权力与资源,必然导致权力分散、组织界限模糊。依靠命令与控制程序、刻板的工作限制及内向的组织文化和经营模式维系起来的强大的官僚体系再也无法有效地驱动多元化治理主体以确保多中心治理系统的高效运转。因此,围绕区域内特定公共问题,明确组织的核心任务和关健问题;突破传统思维框架、办事程序、组织规划、运行能力等方面的禁锢;合理利用资金、人力与技术资源;选择正确的适合解决问题的合作伙伴;根据目标要求灵活选用服务合同、供应链合作、伙伴关系、联结交换台合作类型;科学安排政府、关键承包商、第三方组织、非政府组织、公民等参与治理各方权利与责任,是建立治理网络结构的关键。区域政府在治理网络中发挥重要的功能,但政府权力体系运作方向必须由自上而下的命令向协同创新的复杂化、平行的网络权力运作转变。

通过共享价值观念与治理知识,促进多元主体相互信任,共享治理成果,共担治理责任与风险,构建无缝隙的治理网络结构,才能实现良好的区域公共治理绩效。

(4)契约化的治理关系。治理涉及的是国家与公民社会、政府与非政府、公共机构与私人机构之间通过契约的形式达成的合作行动模式，区域跨界公共问题的治理需要区域所有利益相关者共同参与，共享信息与治理成果，共同承担治理风险。因此，多中心治理网络体系不能依靠行政命令维系，而必须借助经由平等、自由协商达成的契约获取整合的力量。区域公共治理契约是以区域政府为核心的区域政府与所有治理行动参与者的契约和府际契约关系组成的契约化治理关系体系。前者是以合同外包为重点内容的政府与供应商之间围绕着公共产品的生产与公共服务提供所形成的区域政府与市场化主体、非政府组织之间的合作关系。后者是府际契约或契约行政，是指"为适应区域一体化发展的需要，政府间或政府部门间为推进区域合作，按照平等自愿、优势互补、合作共赢的基本原则，以契约的形式达成的各种政府间合作文件"（杨爱平，2011），是在政府主导的区域合作框架下，不同或相同层级的政府作为区域合作的主要参与方，通过签订各种形式的合作契约，如规划纲要、合作框架协议、合作宣言、合作意见、合作备忘录等来推动政府间合作的一种区域公共行政方式。府际契约包括纵向、斜向、横向三个层次的政府间契约化合作关系。

区域公共治理是一定区域内（跨行政区域范围内）的政府、市场、公民社会、公民等多元主体为了解决区域性和扩散性的公共问题，以区域公共利益最大化为根本目标，运用协商和调解的手段而非行政命令的方式对区域及区域内横向部分和纵向层级之间交叉重叠关系进行的合作管理。多元利益主体是通过何种方式组织起来，并运用何种机制进行协商、谈判并采取合作行动，又是什么影响着区域公共治理绩效的发挥，等等。这些问题，不同理论给出了不同的解释，对这些理论进行一个简单的梳理，采用有效的治理工具和选择适当的治理策略，有助于我们更好地理解和解决成渝经济区区域公共治理面临的问题。在此，我们简单介绍区域政府竞争理论、网络治理理论、整体性治理理论、多中心治理理论等区域公共治理理论。

2. 区域公共治理的理论基础

（1）区域政府竞争理论。区域政府竞争理论是国外区域治理研究中最具有方法论意义，也是逻辑体系最为成熟的一种理论。研究者依据演化经济学的立论基础，运用现代经济学理论对政治市场与政府间关系展开了深入的探讨。他们认为区域政府竞争关系是客观存在的，区域政府竞争在国家间政府竞争与民族国家内部区域政府的竞争两个层面展开。

关于不同国家政府间竞争方面的研究，以诺斯、柯武刚、史漫飞等人为代表。诺斯通过对制度史的考察，指出：国家间经济绩效的竞争，实质上是制度能力的竞争，国家与地区经济发展绩效取决于它能否提供更有效率的组织经济活动的制度安排和激励机制。柯武刚和史漫飞则指出：国家越是开放，政府竞争就会越充分，在全球化时代制度竞争是国际竞争的主要因素。

关于民族国家内部政府间竞争方面的研究，以哈耶克、蒂布特、布雷顿等人为代表。哈耶克（2000）认为："地方政府之间的竞争或一个允许自由迁徙的地区内部较大单位之间的竞争，在很大程度上能够提供各种替代方法进行试验的机会，而这能够确保自由发展所具有的大多数优点。尽管绝大多数人根本不会打算搬家迁居，但通常都会有足够的人，尤其是年轻人和具有企业精神的人，他们会对地方政府形成足够的压力，要求它像竞争者那样根据合理的成本提供优良服务，否则他们就会迁向别处。"蒂布特（C. M. Tiebout）在分析联邦主义时提出"用脚投票"理论。他认为如果居民可以择区而居，那么区域政府竞争就是必然的，因为如果迁徙没有成本，个人考虑选择辖区居住的一个关键要素是辖区可供选择的税收和服务（支出）结构及水平。因此，一个辖区如果想吸引更多的居民就必须采取差异化的税收和支出的竞争策略，这就是居民用脚投票给区域政府的硬约束。布雷顿对联邦制国家的政府竞争展开研究，提出"竞争性政府"的分析概念，德国制度经济学家何梦笔在此基础之上进一步提出政府间竞争的分析框架。

（2）网络治理理论。该理论是对区域公共治理实现模式的诠释。网络是指联结一组人、物或事件的特殊关系形式，由构成网络的节点，也即存在于网络中的一个人、事物或事件和节点联系方式共同构成。网络组织是指一系列地位平等的"节点"依靠共同目标或兴趣而自发地聚合起来，以平等、开放、分权为特征的治理组织。网络组织是信息社会的最根本表现形式，其形成根源于信息技术的广泛运用。网络组织理论来源于经济学，最早是被经济学家当做分析经济全球化和区域经济创新的理论工具而使用。该理论认为，网络组织是处理系统创新所需要的一种新的制度安排，是一种在其成员间建立组织纽带的集合，是比市场组织稳定，比层级组织灵活的介于市场组织和企业层级组织之间的新的组织形式。柯登斯·琼斯将网络治理定义为有选择的、持久的和结构化的自治企业（包括非营利组织）的集合，以开放契约为基础从事生产和服务，以适应多变的环境而协调和维护交易。在公共管理中，网络治理有着自身内涵，是指"公共问题治理主体能够按照相互达成的博弈规则和信任进行资源交换、妥协以及互动（张康之，2010）。网络治理与传统行政管理不同，是由包含政府部门和非政府部门，也即私营部门、第三部门或公民个人等众多行动主体在平等契约基础之上的合作共治，他们依据契约而分享公共权力，合作解决确定的公共事务。它既可以指包括科层制、政府与社群等不同性质治理主体的层级层次，又可以指由不同要素构成的治理网络结构体系。区域公共问题网络化治理的关键是，区域政府建构一个由政府、私营部门、非营利组织、公民等多主体共同参与的共治平台，各参与主体在这个共治平台共享权力而不是由政府垄断权力，通过平等协商、合作达成共识，解决共同关心的问题。

（3）整体性治理理论。政府内部各部门协调的理念很早就有。19世纪英法等欧洲国家在处理人口、城市与经济产业化的问题时就提出过类似观点。1918年哈丁委员会报告就明确指出，"协调应在各个方面成为政治议案的重要事务"，然而作为一种解决新公共服务理论与实践不足的公共管理理论模式，其真正形成却是在20世纪晚期。最早提出整体性治理概念的是Andrew Dunsire，但最早公开表述并对其进行详细论证的是希斯的《整体性政府》一书。希斯认为新公共管理提倡"掌舵而非划桨"，通过引进企业化的方式再造政府以提高公共服务效率，然而，这种功能碎片化的政府却难免带来转嫁成本、目标与项目相互冲突、重复浪费、争夺地盘、缺乏沟通、服务绩效低等问题，必须通过协调、合作、整合或整体性运作解决。利用协同性政府或整体性政府解决社会经济问题，充分发挥部门之间的商谈与协商主动性，通过商谈与沟通解决目标冲突问题，突破部门主义与狭隘的本位视野，是克服新公共管理碎片化的必然选择。作为一种新的政府治理模式，整体性治理立足于风险社会的不确定性问题解决，在对新公共管理主义视野下政府服务强调效益而忽视问题解决的整体性与系统性进行反思与修正的基础上逐渐形成。它以满足公民需求为导向，以信息技术运用和治理网络建设为手段，以协调、整合和责任为治理策略，通过对治理主体行动的协调，实现治理层级、功能和公私部门的整合，充分体现包容性和整合性的整体型政府运作模式。与新公共管理重视效率和绩效观点及一般性治理理论强调社会网络和合作协调理念不同,"整体性治理"特别强调政府组织体系内部运作的整合性与协调性。整体性治理理论"以公民需求为导向,以问题解决"为政府行动逻辑,为破除区域公共治理部门主义和调整政府、私人部门、非营利组织关系提供了良好的思路,也为区域公共治理模式建构及解决区域治理中"搭便车"行为提供了可资借鉴的理论资源。整体性治理理论通过协同治理与整体性政府的建构,指明了区域治理合作框架建构的途径,有助于解决区域公共治理碎片化导致区域政府恶性竞争,治理绩效低下问题。

(4)多中心治理理论。"多中心"是指多个权力中心和组织治理公共事务,提供公共服务。迈克尔·博兰尼曾经用"多中心秩序"隐喻"自由秩序原理",描述自由选择的社会秩序。奥斯特罗姆夫妇用该词表述一种与单中心(官僚制政府机构)治理不同的多个主体如何破解公共池塘悲剧的治理模式。他们认为,虽然个人是具有独立决策能力、能够计算成本收益的理性人,但是理性人或者经济人并不是人的唯一属性,除此之外,人作为社会人受环境影响,既可能在环境中犯错误,也能够在环境中修正错误,因为人的行为受社会的正式及非正式规范约束。他们既是治理规则的创造者和改变者,同时又是受习惯规则影响的与他们互动的社会行动者。因此,面对公共池塘问题,"他们有可能知道谁是能够信任的,他们的行为将会对其他人产生什么影响,对公共池塘资源产生什么影响,以及如何把自己组织起来趋利避害。当人们在这样的环境中居住相当长时间,有了共同的行为准则和互惠的处事模式,他们就拥有了为解决公共池塘资源使用中的困境而建立制度安排的社会资本"(奥斯特罗姆,2000)。通过对人类历史上解决公共池塘问题的经验分析,他们总结出有效治理体制建构的五项基本原则:①规定有权使用公共池塘资源的一组占用者;②考虑公共池塘资源的特殊性质和公共池塘占用者所在社群的特殊性质;③全部规则或至少部分规则由当地占用者设计;④规则的执行情况由对当地的占用者负责的人进行监督;⑤采用分级惩罚法对违规者进行制裁。(奥斯特罗姆,2000)这5条原则表明,与社群体系中个人参与管理、自我管理相比,官僚体制垂直管理与行政权力垄断更有效率。因为社会自主治理能够更好地解决制度设计中承诺、信任与监督三个相互关联的问题,从而更有利于集体行动制度创新。多中心治理理论极力主张社群自我治理，推崇社群治理的自主性，而对政府治理权力的垄断与扩张有着极强的戒备，对于解决地区治理中政府与社会关系，发挥社会力量对公共问题治理的积极性，建构多中心治理网络具有极重要的借鉴意义。

三、国内外研究述评

（一）国内外研究现状

区域公共治理研究属于交叉研究领域，它产生于欧美，从20世纪80年代开始成为研究的热点。经济全球化催生的新区域主义的崛起与区域一体化的发展，为区域公共治理研究提供了宏观背景；市场化和工业化下区域公共事务与问题的凸显与区域合作的推进，为区域公共治理研究提供了现实背景；经济学、管理学、政治学等学科理论与方法的创新发展，特别是西方20世纪70年代"重塑政府"运动所进行的政府治理理论与方法的创新，为区域公共治理提供了理论与方法论基础。

1. 对"治理"概念内涵研究

由于文化多样性和学者学科背景及视野不同，西方学者从不同的角度对公共治理进行了不同的界定。

20世纪90年代以来，西方学者特别是政治学家和社会学家对治理做出了新的界定，James N.Rosenau（1992）在其代表作《没有政府统治的治理》和《21世纪的治理》等文章中，认为"治理指的是一种由共同的目标支持的活动，这些活动的主体未必是政府，也无需依靠国家的强制力来实现"，显然他将治理界定为一系列活动领域里的管理机制。

杰索普（1999）认为治理是"通过政府的（等级机构的）和政府以外的（非等级结构的）机构、组织和具体实践，以解决政治的和超越政治的，有关实现共同目标和集体设想的问题"。

Rhodes（1996）从六个方面对治理进行界定："最小化政府、私营部门的治理、新公共管理、善治、社会神经系统、自组织网络"，Rhodes把自组织网络治理看作是治理核心。Stoker（1998）则从五个方面对治理进行了界定，认为"治理关注一系列源于政府但又不限于政府的公共机构和参与者；治理明确指出在解决社会和经济问题的过程中存在边界和责任上的模糊；治理明确肯定了在涉及集体行动的公共机构之间存在权力依赖；治理意味着参与者将形成一个自治性的自组织网络；治理认为政府办好事情的能力并不是依赖于政府的权力与权威，而是能够利用新的工具与技术实现调控与指导"。这五个论点意在提醒我们关注治理的复杂性，以及治理参与者不仅是政府，还有非政府组织，从而形成自治性的自组织网络。

全球治理委员会（The Commission on Global Governance，1995）强调治理是"各种公共的或私人的个人和机构管理其共同事务的诸多方式的总和。它是使相互冲突的或不同利益得以调和并且采取联合行动的持续过程"。全球治理委员会从四个方面提出了治理特征，即认为治理是一个过程，不是一整套规则，也不是一种活动；治理过程的基础是协调，而不是控制；治理涉及公共部门和私人部门；治理是持续的互动过程，不是一种正式的制度。从中可以看出全球治理委员会更强调治理过程特征与治理的多元化。

尽管对"治理"存在各种不同解读，但有一点是共同的，那就是政府并非治理与调节社会经济的唯一主体力量，其他包括正式和非正式组织（机构、单位、社团等）在内的各种社会力量也应参与其中，并承担政府不可替代的职责。

2. 关于网络治理结构的研究

由于社会公共事务纷繁复杂，单靠政府单一主体的治理难以有效解决社会公共问题，需要包括政府、市场、社会组织等多元主体的积极参与。多元主体间的关系不是传统官僚体制下的科层制等级关系，而是平等的伙伴关系，需要通过持续的互动，进行资源交换和沟通协商，从而形成一个网络式治理结构。治理就是由诸多参与主体及组织混合而成的网络的运作。

Rhodes（1996）将政策网络（policy networks）概念应用于英国中央与地方政府关系的分析，认为治理就是关于网络的管理。在《新治理：没有政府统治的治理》一文中，Rhodes将网络管理定义成一种自组织性质，将网络式结构界定为第三种治理结构形式，这种结构与政府、市场相区别，介于政府与市场二者之间。Rhodes（1996）提出了网络式治理结构的四个特点：一是组织之间的相互依存性；二是网络成员间互动性；三是博弈式互动来源于信任，并受网络参与者协商一致的赛局规则的规制；四是很大程度上网络脱离政府而自治。

当然，许多西方学者（如 Pierre、Kettl、Sorensen 等）则把重点放在政府如何更有效地与组织网络互动，推动政府对网络的指导和网络组织的发展。因为网络组织不是自主独立的，它存在着与政府互动关系，并受到政府规制的约束。

Laurence J. O'Toole Jr.（1997）则指出在网络方式下，多元组织及多个组成部分间互相依赖的结构不是等级官僚机构的组织，相互间不存在上下级关系，而是通过包括许可契约、交换关系、基于公共利益的联盟来加强网络联系。

网络式的公共治理模式对于大量区域性、多样性、复杂性的公共事务与公共问题的解决，需要网络里的除政府外的其他力量合作治理解决，因此，网络式治理较传统的治理方式具有不可替代的优势。为此 Thomas Dietz 等（2003）提出构建网络型治理结构应对资源环境保护问题（如跨境污染、热带雨林的过度砍伐、气候变化等全球范围问题）所具有的重要性，应充分借鉴传统的社区治理方式推动资源的可持续性，以此构建包括官员、科学家、社会公众的不同利益群体的对话体系，构建复合的、丰富的、多层次的制度体系，构建不同制度类型的混合体，构思一个可以促进实验、学习和变迁的体系。

3. 关于区域公共治理

在全球化和区域化的背景下，西方学者对区域治理展开了研究。

（1）全球化对区域影响研究。分析了由全球化而导致的区域竞争、区域联合、区域安全、区域发展、区域公共危机等宏观或中观的区域公共问题及其治理。戴维·汉密尔顿（2004）认为："区域治理是一种公私部门之间伙伴关系的协作过程，尽管公私伙伴关系并不必然构成一个完整的区域治理，但正式的或非正式的公私伙伴关系是区域治理的必要组成部分。"英国学者芭芭拉和思多斯（2002）在《论全球化的区域效应》提出了全球化中的区域问题，认为不同地区对全球变化所作出的反应和他们选择的发展方向是如何被每个地区垄断强权纳入他们自己的模式。星野昭吉（2007）分析了"全球化问题与全球治理"。约瑟夫·S. 奈和约翰·T. 唐纳胡（2003）等认为，全球化的推进，取决于主要国家能否有效地开展合作，协调政策，构建适应全球化新现实的有效治理模式。贝娅特·科勒-科赫等（2004）等系统研究了欧洲一体化与欧盟治理等问题。

（2）政府间关系与地方治理研究。西方学者集中研究政府间关系，关注区域政府间的横向合作与互动机制问题。美国著名学者罗森布鲁姆在《公共行政学：管理、政治和法律的途径》一书中，对公共行政管理的特质进行深入分析，对美国政府管理间的合作形式进行阐释。在政府间关系与合作形式上，苏利文和斯凯勒（Sullivan and Skelcher, 2002）提出了契约（contract）、伙伴关系（partnership）及网络（network）三种合作形式，来解决跨域公共问题，通过可行的合作机制、协同发展组织，甚至"公司治理"来增进其解决能力，以提供政府经营的重要发展途径。

英国著名学者格雷·斯托克（Stoker, 2000）对地方治理内容进行了分析，认为地方治理是"关于地方服务的委托、组织和控制，这些地方服务包括地方区域内卫生、教育、治安、基础建设和经济发展等"。在麦金尼斯的《多中心体制与地方公共经济》和《多中心治道与发展》、奥斯特罗姆的《公共事务的治理之道》中，研究了在全球治理视野下的地方"多中心"治理和"多层级"治理，并对国内治理理论研究产生了深远影响。

（3）关于区域竞争力研究。在市场化条件下，政府间竞争归根结蒂是体制与制度层面的竞争。对此西方学者从不同的角度加以分析，波特（Porter, 1985）提出了"集群竞争优势理论"，认为政府在培育国家（地区）竞争优势方面应强调区域政府和非政府组织甚至是私营部门在区域发展中的"合力"问题。而集群理论的核心就是与公共治理的各主体合作从而提升区域竞争力。

（4）区域公共产品与服务制度供给研究。区域公共问题的层次性、范围与和多样性及其他的内在特质，决定了区域公共产品和服务的供给机制与制度的差异性。文森特·奥斯特罗姆在《美国地方政府》《大城市区的政府组织》中，通过揭示美国地方政府制度的演变与发展的过程，认为应把"治理"的理念引入地方公共产品与服务的供给与生产之中，提供地方所需要的公共产品与服务，以实现治理理念与公共产品和服务的供应和生产相联系，同时公共产品和服务的生产和供应需要区分开，其生产既可以由公共部门来承担，也可以由私人来承担。在罗纳德·J. 奥克森的《治理地方公共经济》中，也提出公共产品的生产和供应区分开的观点，奥克森同样认为地方政府的职责在于公共产品的提供，而公共产品的生产应当交给私营部门来进行。

理查德·C. 博克斯在《公民治理：引领 21 世纪的美国社区》一书中，以公民治理的模型，提出了提高地方公共服务能力的对策。瑞典的埃里克·阿姆纳的《趋向地方自治的新理念》则对几个国家的地方治理进行了比较研究，同时也涉及不同国家地方政府间的府际合作关系，这种关系会对地方政府的公共服务能力产生影响。总之，西方治理理论围绕政府治理，特别是地方政府间关系的研究，把政府职能定位为政府管理的市场价值回归，尤其是倡导公共服务的市场化和社会化。这无疑对我国政府推动公共服务型政府建设，实现基本公共服务政策创新，推进基本公共服务均等化具有启示和借鉴作用。

奥斯特罗姆等（2004）分析了美国众多的地方政府体系，认为地方政府对公共事务的管理应该看成是一种治理的过程，这个过程应该存在于一个比地方政府范围更大的对话空间，地方政府需要与其他众多的自愿性协会、利益团体、政党、媒体、公众等建立起一种开放的对话和互动的关系。

5）区域治理模式研究。针对区域治理中政府间合作存在的问题，学者提出"整体性治理"（holistic governance）、"协同治理"（jointed-up governance）、"多中心治理"（multi-center governance）模式。整体性治理是针对区域内部政府各部门之间横向联系沟壑和断裂问题，以协调与整合为核心的治理方式为政府改革提供思路，用于解决犯罪、环境保护、社会排斥等跨部门问题的一种政府改革理论（曾维和，2008）。协同治理是针对区域治理中不同政府层级或同一政府层级间的合作问题而提出的，旨在消除区域政策间的冲突、矛盾和紧张以增加公共政策的效力，减少重复以更好地配置稀缺资源等，增进不同利益主体在某一政策领域中的协作，为社会公众提供更多的无缝隙服务（Pollitt，2003）。多中心治理由奥斯特罗姆夫妇在20世纪90年代初提出，旨在解决传统政府单一中心治理绩效低下问题及制度障碍。内容包括公共物品生产者，公共事务处理主体应为多个，改变传统的由单一部门垄断性提供；要求政府转变自身的角色与任务，实现政府、市场的共同参与和多种治理手段的应用。多中心治理理论认为多中心自主治理结构、多层级治理体系、多中心公共论坛及多样化的制度安排，可以在最大程度上遏制政府集体决策中的机会主义，有助于跨区域治理的保障治理体系充满竞争、富有效率和活力（盛明科等，2012）。

西方关于公共治理理论成果与分析方法，为我国区域公共治理提供了理论借鉴、经验启示和分析工具。这对于推动区域公共治理理论研究与政策研究，构建具有中国特色的区域治理体系与治理模式具有重要意义。

（二）国内对区域公共治理的研究

国内对区域公共治理的研究起步于 20 世纪 80 年代初，徐勇、毛寿龙、俞可平等展开了引介公共治理理论的工作。随后国内学界将公共治理理论用于诸多研究领域，如环境治理、社区治理、高校治理、区域治理、危机治理等（魏崇辉，2013）。国内学者研究主要集中在如下方面。

（1）对"治理"概念、内涵界定。一些学者强调对治理过程、特征的分析。顾朝林（2000）认为治理是"一种综合的全社会过程"，它以"协调"为手段，不以"支配"和"控制"为目的，它涉及广泛的政府与福利组织间的参与和协调。一些学者侧重对前人研究成果的集成概括。张京祥（2000）认为，治理是通过多种集团的对话、协调、合作以实现最大程度资源的统治方式，以补充市场交换和政府自上而下控制不足，最终达到"双赢"的综合的社会治理方式。吴骏莲和崔功豪（2001）对治理的研究主要包括：①自组织的调节方式，是指"组织间的自组织"；②多样化的行为者，包括政府部门、私营部门及第三部门（志愿团体、非营利机构、非政府组织、社区企业、合作社、社区互助组织等）；③互动过程，不同的组织必须通过与其他组织交换知识和资源达到目标；④国家承担的角色。

（2）对"区域治理"概念、内涵界定。①从制度安排视角界定"区域治理"概念。郝寿义（2007）将"区域治理"界定为"内生于区域的正式或非正式的制度安排，通过这些制度安排区域主体可以实现区域内部的集体活动，包括设定区域的目标和规则，制定区域公共决策，组织并协调区域的集体活动"。②基于地域空间资源整合视角界定"区域治理"概念。张京祥和黄春晓（2001）认为："区域治理是一种基于地域空间的资源的治理，是将经济、社会、生态的可持续发展，同资本、土地、劳动力、技术、信息、知识等生产要素综合包融在内的整体地域治理概念。"

（3）对区域治理的研究。国内区域治理研究起步比较晚，主要集中在区域地方治理、区域行政及政间竞争的研究。首先开始的是区域行政研究，如林尚立（1998）、谢庆奎（2000）的政府间关系研究及具体探索中的省管县、市管县体制研究。林尚立（1998）研究了地方合作形式并加以概括为，城市政府联合体、经济区内各地区政府的联合、跨经济区的地方政府联合。陈瑞莲（2005）对区域公共治理兴起的原因及区域公共管理的制度创新进行分析，指出需要从治理理念、组织间网络机制、区域公共政策及国家精密化管理等方面入手实现区域公共管理的制度创新。金太军（2007）分析论述了行政区行政向区域公共管理治理形态的擅变，并从治理理念、中央与地方政府、地方政府间的多重博弈角度展开。陶希东（2010）基于理论与实践结合分析，提出我国跨界区域管理的思路与对策，认为中国跨界区域管理应遵循政府、市场与社会的结合、集权与分权的结合的基本原则，应在跨界立法、共同基金、地方政府横向间财政转移支付及建立区域合作绩效考核体系方面推进。张桢和刘荣愫（2005）提出，政府要加强与"市民社会"的竞争与合作，使民间力量得到有效地释放和发挥，并纳入国家建设和社会发展的体系，使政府的单中心治理模式变为政府、社会、市场的多中心互动治理结构，以满足公众对政府服务的要求。

陈瑞莲和刘亚平（2007）对地方政府合作治理区域公共事务的理念、合作模式、合作机制、合作规范、合作政策五个方面进行了较为全面的研究。从跨区域公共治理来看，国内学术理论界通过分析方法创新，提出了各种处理与协调区域政府间关系，实现政府、企业和社会组织多元的治理体系与治理模式新路径，特别是针对具体的经济区域和流域治理所进行的种种制度设计，都具有很强的针对性和可操作性，其中影响较大的学术观点是中国区域的整体性治理和多中心治理提出及应用。

（4）关于区域公共产品与政府合作研究。近年来，有学者也将研究目光投向了复杂的区域公共产品与服务与政府合作供给问题。陈文理（2005）从区域公共物品的内涵及特性出发，提出了两种复合分类模型，即溢出范围和经典特性复合分类、溢出范围与集成技术复合分类。

龙游宇（2004）从公共物品在区域内发生作用的深度与广度不同出发，将区域公共物品分为区域内地区独占型、区域内地区关联型、区域内地区共享型三类。王佃利（2009）主张建立区域公共物品供给的政府间合作机制，以增强地方政府处理区域公共问题的能力。樊铁侠（2009）从动态博弈的角度分析了区域公共物品供给中难以破解的"奥尔森困境"，认为分税制的不彻底及必要激励机制的缺失是主要原因，主张完善地方收入分配制度、建立选择性激励机制并增加筹资渠道来保证区域公共产品的有效供给。

综合国内外学者研究可以看出，区域公共治理是在基于一定的经济、政治、社会文化和自然等因素而联系在一起的地理空间内，以政府的核心公共职能为依托，充分利用政府、企业和非政府组织及社会公众等各种组织化的网络体系，运用多种方式（谈判、协商、伙伴关系）对区域公共事务与问题进行有效治理的一套制度设计和治理过程的总称。

区域公共治理具有以下的特征。

治理的主体多元化。它集合了政府、市场和社会三方力量，从而形成了多样化、网络化关系和制度体系，但强调公众参与和非政府组织的作用。

治理手段的多样化。区域公共问题多样性、复杂性和治理主体的差异性导致政策工具和治理手段的差异性，但协调是治理的主要手段。

治理的目标多重化。区域治理关注政治、经济、社会、生态协调发展，注重当前利益与长远利益结合、效率与公平兼顾、稳定与发展并重、局部与整体共管。但区域公共利益最大化是主要目标。

国内学者研究归纳起来突出表现在以下几个方面。①充分认识到公共治理研究的必要性、重要性及政治、经济和社会意义。②在区域公共治理的内涵、范围、实现途径、政策措施等方面取得了不少共识。③运用多种计量分析方法，构建指标体系，对改革开放以来公共治理绩效进行了评估，提供了我国区域公共治理的整体概貌。④借鉴国外经验，从改革政府管理模式，构建多元治理体系与模式等方面，提出了政策建议和对策措施。

当然，由于国内对跨区域公共治理研究起步较晚，难免存在一定的局限性和问题。

（1）缺乏系统的理论建构。目前我国学者对公共治理的研究，大多借用的是西方学者的研究范式，在概念、内容、政策工具等方面大多引用西方学者的理论观点和方法，研究重点大多集中于现状分析和政策设计，对区域公共治理的方法论、区域政策工具研究目前还几乎是空白。

（2）对区域发展中出现的大量区域公共问题研究不足。例如，对经济区治理、大都市区治理、不同功能区域的管理、流域治理、跨界跨行业协调联动机制的建设及区域治理的制度化、法制化建设等，目前还缺乏具体、深入的研究探讨（陈瑞莲和孔凯，2009）。

（3）研究视野上多学科交叉融合不足。区域公共治理受政治、经济、文化、自然、历史、人口等多种因素影响，广泛涉及政治学、经济学、哲学、社会学、法学、公共管理学、人口学等多学科的理论知识和方法。但目前研究的学科视角比较单一，主要还是集中于公共管理与公共政策的研究上，缺乏跨学科的综合研究。

第三节 区域公共治理的限度及其可能的出路

顺畅的信息沟通机制与渠道，协商合作、互惠互利、共同促进的治理网络，运行有序的"多中心"治理网络，共享价值观念等构成现代区域公共治理基本要素，只有这些基本要素能够很好地发挥作用，区域公共治理结构与功能才有可能实现，进而克服区域公共问题由于跨界化而导致传统区域行政治理绩效低下，避免区域资源利用与生态保护陷入公共池塘悲剧，建构区域一体化市场体系，提升区域竞争能力等目标才能得到有效的实现，从而最终促成区域共赢局面的形成。然而，当前中国现实中的区域公共治理，却因为制度设计缺陷、博弈的囚徒困境、信息机制不健全、公民社会发育不全等问题导致区域公共治理体系难以建构、区域公共治理运作机制无序、区域公共治理绩效低下。

1. 制度供给不足导致区域公共治理难以长期、稳定、有序地运行

个体理性导致集体非理性是跨界公共问题解决的最大难题，因而相关利益主体协商合作、互惠互利、共同促进是区域公共治理的理想境界。然而，如果没有彼此的信任与对合作的长期稳定的预期，多中心治理网络难以长期、稳定、有序地运行。"信任以一种秩序为基础。而要维护这种秩序，就要依靠各种禁止不可预见行为和机会主义行为的规则。"（柯武刚和史漫飞，2000）没有制度就没有稳定的行为预期与行动秩序，也就不可能达到预期治理绩效。当前我国法律、经济制度、组织结构能为区域公共治理提供的制度支持依然存在较大的不足。如果仅从现有的宪法和法律等正式制度安排看，法律条文对各级政府

对其辖区内事务的管理，及上级机关在跨辖区事务中担任的角色有明确的规定，但政府合作具体如何开展却几乎空白。1982年宪法规定："中央与地方的国家机构职权的划分，遵循在中央的统一领导下，充分发挥地方的主动性、积极性的原则。"在行政辖区的争议解决上应该如何解决，谁来解决，通过什么方式解决等问题缺乏可操作的具有法律约束力的明确规定。在法律刚性制度约束疲软的情况下，区域政府对区域公共问题治理就不得不依靠短期的协商，其最后成效取决于区域政府领导个人因素，容易随着人事关系变动而波动。从经济体制而言，长期计划经济下形成的条块分割的错综复杂结构使得各个地区经济被分割成彼此相互隔绝的行政性经济单位，发展出满足地区经济社会发展的工业体系，形成"大而全、小而全"的块状经济结构。因为计划经济体制下各板块之间相互依赖性不强，区域资源配置与协调主要是中央政府的职责而与地方政府自主经济联系的动力不足。从政府组织结构而言，涉及跨行政区的公共问题解决一般都由中央政府各个职能部门协调，也即是"条条行政"，地方政府受制于行政权力边界而无法在管辖区外施行政令，问题解决只有依靠上一级政府甚至是中央政府。但是每一层级政府，包括中央政府也是由不同职能部门构成的，各个职能部门有着自身利益因而难免遭遇"碎片化政府"的困境。中央政府面对这样的困境只有根据该区域公共问题的具体性质由归口的中央政府职能部门来牵头进行处理，通过设立一些非常设性机构协调处理，而难以形成长期稳定的合法治理关系。正是因为这种制度供给不足，当前我国区域公共治理更多的依赖于非正式制度，依赖于区域政府领导之间关系，带有浓厚的人际关系色彩，严重影响区域公共治理的长期、稳定与有序。

2. 地方政府不合作博弈破坏了区域公共问题治理合作的基础

改革开放过程中，为了实现以经济建设推进国家现代化建设的根本目标，中央政府期望调动地方政府经济建设积极性，从而使国家经济活力在整体上得到增强，因而先后采取了分权让利的财政包干和分税制度，并且将GDP作为政绩考核的主要目标，通过锦标赛的竞争制度并以经济能力作为主要领导干部优劣的评判和晋升标准。这种制度安排之下，不同地区的地方官员之间竞争不仅限于为GDP和利税进行的竞争，也是关系着官员晋升的竞争。因此，GDP不仅关乎地方政府经济利益，而且关系到地方政府主要官员的政治利益，其中政治利益对官员而言是更为根本的利益。在政治晋升博弈中，只有有限数目的人可以获得提升，而官位又是稀缺并且相对固定的资源，有着刚性约束，一个人获得升迁的机会就意味着另一个人获得升迁的机会几乎为零。在这种锦标赛官员晋升博弈中，地方官员行为对邻近地区具有明显的"溢出效应"。晋升博弈逻辑导致了参与竞争的官员专注于自己与其他竞争对手的相对排名情况，如果成本允许，参与竞争者不仅有很强的激励选择那些有利于本地区经济发展的行为与策略，甚至于伤害其竞争对手然而却并不对自己有什么好处的策略也会被选择，反而那些能够促进双方共同利益的策略却面临激励不足的困境。因此，在锦标赛式官员晋升竞争博弈中，个体行为的理性却加深了集体行动的非理性，为了在优胜劣汰中获取晋升的资本去支持"恶性"竞争而合作动力不足。这从根本上导致了地方政府不合作博弈，使地方公共问题治理陷于霍布斯丛林困境之中。当然这种囚徒困境式博弈也可能因为合作有可能更好地促进本地区的发展，而且作为理性经济人，也明白区域政府之间竞争与合作关系的长期性，"一报还一报"的非合作策略也可能使短期的理性导致长期的非理性。因此，公共问题的压力与地区发展的需要也可能迫使地区政府寻求合作。地区政府合作能否持续下去却取决于合作增量，也就是良好的合作是下一次更好合作的"存量"（金太军和沈承诚，2007）。

然而，如前所述，锦标赛式晋升博弈之下，地方政府和官员都是自利的行为主体，在增量合作博弈过程中都会按照自己的目标函数选择行动策略，追求自身利益最大化。这种理性选择决定的博弈互动策略，假定增量合作是一个持续的过程，那么互动博弈过程就是博弈双方"轮流出牌"，一方视另一方出牌而决定其策略选择。但在这个"蜈蚣博弈"之中，任何一方对于是否进行第 n 轮合作，取决于其 $n-1$ 轮合作的收益，如此倒推，在没有制度约束时，增量合作的双方在博弈的任何一个回合都有可能为了自身利益最大化而选择不合作，从而导致合作中断。这也是当前我国区域公共治理在缺乏有效制度安排与约束时，大多依赖于领导人人际关系与个人魅力，难以长期进行的原因。

3. 公民社会发育不足导致区域公共治理中公民参与意识与参与能力不强

如俞可平（1999）强调的那样，"善治是政府与公民之间的积极而有成效的合作，这种合作成功与否的关键是参与政治管理的权力。公民必须具有足够的政治权力参与选举、决策、管理和监督，才能促使政府并与政府一道共同形成公共权威和公共秩序。"

善治与民主制度是联系在一起的，没有民主制度只可能有善政而不可能有善治，如果没有区域内公众和社会组织积极参与，单纯依靠政府或者市场解决区域公共问题，治理网络体系就不能获得全面发展，都有可能面临政府失灵、市场失灵，甚至于出现政府、市场双重失灵的困境。虽然自党的十七大以来，在社会组织管制放松的政治背景之下，公民社会获得了相对较快的发展，然而，由于对公民社会的有意或无意的不信任，再加上民主决策程序制度化发展相对滞后，公民社会发展的瓶颈并没有完全消除。当前 NGO、NPO 及基层社会自治组织受到的行政权力制约依然较大，基层社会自我组织能力依旧薄弱，这是我们必须面对的事实。另外，由于长期的专制统治和中央集权，政治生活中臣民地位使得公众虽然身份上从臣民跃升为公民，但草民意识却根深蒂固，公共理性精神并没有成为社会文化的重要组成部分。虽然，市场经济与民主政治发展过程中，公民参与意识得到了提升，但公众参政议政的能力却与其参与意识并不成正比。社会组织发育不充分，公众公共理性精神欠缺，再加上民主决策程序制度化相对不足，在地区公共事务治理过程中，要不就是公民作为重要利益相关者和有机参与力量被排斥在区域决策之外，要不就是政府开放决策让公民参与区域问题解决也无法获得预期效果，甚至可能引发区域公共秩序失控的严重后果，从而严重削弱了区域公共治理绩效。

由于制度供给相对不足和公民发育不健全，再加上地方政府在 GDP 主导的绩效考核机制与官员晋升的逆向选择，面对区域公共问题政府合作动力不足等，这些现实问题严重耗损了区域公共治理绩效。因此，当前中国区域公共治理可能的出路是：必须通过制度供给与公民社会问责双重压力促进区域政府合作意识，引导区域合作治理朝制度化、稳定化方向发展，完善区域公共治理网络体系，优化区域公共治理策略和治理工具，推动区域治理向善治的目标发展。

（1）以区域政府合作制度创新为核心，以法治建设为重点，营造良好的区域治理制度环境。制度环境是一系列建立在生产、交换与分配基础之上的政治、社会和法律基础原则之总和。政府作为辖区内公共利益的代表者，也是掌握着政治资源最多的行动主体，理应成为区域治理制度创新的最主要推动者。政府在区域治理制度创新方面，必须在以下四个方面下功夫：①以市场经济、环境保护、公共安全等领域为重点，改进立法技术，完善法律体系，为区域公共物品与公共服务生产提供坚实的法律制度保障。法律是所有秩序的根源，也是秩序的保障，在依法治理的大背景中，区域公共治理必须建立在法治基础之上，必须通过法律的硬约束预防并惩治区域政府恶性竞争。②以区域资源合理配置为目标，营建良好的区域政府竞争制度。政府竞争的必要性就是通过竞争向市场主体和公民以最经济的手段提供优质的公共服务，通过竞争为改进政府治理绩效提供制度基础，最终促进区域经济长期稳定与发展。在走向市场经济过程中，我国虽然通过放权让利的制度安排，刺激地方政府发展经济的积极性，但是也带来了资源配置无效率的问题。因此，通过竞争制度创新，引导区域政府由资源竞争向制度竞争转变，是当前区域政府竞争制度建设的核心问题。③以可持续发展为宗旨，科学再造政府绩效考核制度。政府具有公共性，但政府作为独立的组织也具有自身利益。因此，政府行动也具有经济人的理性选择的特点。政府绩效考核制度安排在某种程度上决定着区域政府的策略选择，克服单一 GDP 指标带来的负面影响就必须建立科学的绩效评估和考核制度，将公共产品、生态环境、公共安全等关系到国计民生的公共问题解决纳入考核指标体系，改进绩效评估方法，形成科学的绩效评估制度，才能合理引导区域政府行为，提升区域治理绩效。④以区域公共利益维护为目标，科学设计行政问责制度。问责制度作为一种反向激励对官员与地方政府行为形成有力约束，通过明确行政责任，对恶性竞争及区域公共问题治理消极不作为行为加以问责，才能更好地规范区域政府行为。

（2）以协调、互动为核心，以多元主体活力发挥为重点，建立健全区域治理运行机制。区域公共治理不仅需要良好的制度环境，而且必须有适宜多元主体协商、互动、共治的运作机制。只有创造性架构并整合好"命令机制""利益机制""协商机制""激励约束机制"，才能更好地顺区域合作多元主体关系，充分发挥参与治理主体的积极性，达成共赢的目标。①建立具有"向心力"的命令机制。虽然区域公共治理需要多元主体共同参与治理，需要破除官僚制对权力的垄断并形成水平化的治理网络，但是这也并不是要取消政府权威，也不是要消灭科层制，特别在当前中国政治环境之中，区域政府应当承担区域公共治理主角的角色。科层式"命令机制"在公共治理过程中有着独特的重要性，关键是如何形成一种能够凝聚区域内不同辖区与不同层级科层组织合力的决策与执行制度，从而破除区域政府的地方本位主义，消除区域政府之间的"离心力"。②建立具有"离散力"的利益机制。不可否认，利益是个人、私营部门的行动动力之所在，对于非营利组织与政府组织，利益也是其行动的目标之一。区域公共治理难就难在没有共同的行动目标，之所以没有共同的行动目标，是因为彼此利益不一致。因此，破除区域政府利益中心主义，建构多元共享的利益机制，确保治理参与主体共担责任，共享治理成果，才能确保参与治理主体的长期稳定合作。③建立具有"平等协商"功能的协调机制。区域公共治理涉及不同层级、不同辖区的政府部门，还涉及私营部门、非营利组织、公民等多元化主体，如何协调不同性质、不同层级的组织与个人的关系，确保合作治理有条不紊，这是垂直的科层制命令无法解决的，必须依靠平等自由的协商。因此，在建立区域公共治理协调机制时，必须坚持平等、自由、协调、对话的原则。④建立自愿遵守的激励约束机制。在宪法法律层面区域治理制度没有明确的规定前提下，通过修改宪法或行政法律强制性推行区域政府合作治理并不具有很大操作性，法律制度刚性约束不足的情况下，只有通过诱致性的制度变革，逐步推动区域治理朝向制度化的方向发展。因此，合理的激励与约束机制是不可缺少的，只有通过合理的激励才能激发区域政府积极探索合作治理模式与制度，并在实践中逐步推进制度的完善。

（3）以共享、共治为核心，以公民社会建设为重点，完善并丰富治理网络结构。奥克森（2005）指出，在地方治理的过程中没有市民的主动投入，任何较严重的区域问题都难以有效地得到解决。公民参与不仅能够推动区域治理问责机制的建设，而且能够丰富区域公共问题治理网络，充分调动利益相关主体积极性，形成共享、共治的治理网络，弥补政府失灵、市场失灵造成的治理真空，从而增强区域治理能力，提升区域治理绩效。①培养公民理性能力，提升公民参与区域公共事务商谈能力。如果没有公民参与，区域公共问题政策方案选择的科学性及政策执行的效果都将受到严重的影响。公民参与政治不仅需要有经济人的理性计算能力，更需要有现代公民的理性商谈能力。特别在利益多元化的时代，公民如何理性权衡自我利益与他人利益、政府利益、公共利益关系尤其重要，这是现代政治参与中必备的公共理性能力。只有提升公民理性能力，培育现代公民，区域公共事务讨论才能在平等协商的环境之中达成共识。②培养公民责任感，营建共同关心区域公共问题的社会氛围。区域公共问题关系到区域内所有公民共同利益，不仅区域政府负有对区域问题治理的责任，社会也有责任与义务协同政府、私营部门及非政府组织促进区域公共物品生产、维护区域公共秩序、提供区域公共服务。有责任感的公民与负责任的社会不仅是区域公共问题治理的主体，也对区域治理主体负有监督责任。③推进社会建设，发展并壮大跨区域社会组织。社会组织在区域公共问题治理上不仅成本低、见效快，而且社会组织受科层制意识形态约束少，运作机制相对较灵活。加快社会建设发展战略，发展壮大跨区域社会组织，形成以民间力量推进的自下而上的区域治理，并与区域政府自上而下的区域治理相得益彰，可以形成良好的政府-社会互动关系，从而不断完善区域公共问题治理网络，增强区域政府合作共治能力，理顺并优化区域治理权力运行机制，有利于区域治理朝善治目标发展。

第二章
区域治理模式与治理机制构建

20 世纪 90 年代以来，随着全球化的不断发展，各级城市逐步成为参与全球区域竞争的基本组织与空间单位，城市的公共治理状况直接影响着一个国家和地区的总体发展。区域公共治理的核心就是要用正确的方法去克服城市功能范围和地方政府结构之间不断扩大的差距（Heinelt and Kübler, 2005）。

由于各国政治、经济和社会文化背景互不相同，在理论研究和现实发展中，先后出现了多种区域公共治理的理论范式与组织模式。本章对这些理论范式与组织模式进行深入的比较分析，根据发展定位、政府结构、区域地理、资源禀赋、基础设施、经济基础、产业布局、公共服务、技术变迁、制度选择和需求偏好等条件，在理论研究、问题界定和政策解决方案之间进行操作性设计和可行性论证，探索并构建适宜于成渝经济区的区域公共治理模式。

在此基础上，针对成渝经济区公共事务与问题，从区域治理理念（从区域行政到区域公共治理）、区域政府合作模式创新（从各自为政到联合治理）、合作机制创新（从科层制到网络制）、合作政策创新（从内部政策到区域公共政策）、治理工具创新（从人治到法治）等方面建立比较有针对性的区域公共治理机制。

第一节　区域公共治理模式

由于政治、经济和社会文化背景有差异，国外在理论研究和现实发展中形成了多样化的区域公共治理组织模式。按照背景、内容和特征等影响因素，区域公共治理模式可以大致归纳为科层制、市场化和中间型三种类型[①]。

一、科层制模式

区域公共治理的第一种理论范式为传统区域主义范式,该范式又称"单一政府论""统一政府学派"等,其核心理念是"一个区域,一个政府"。该范式认为:要想实现资源优化配置,避免由区域政府间恶性竞争带来的资源浪费,以及区域发展中其他一系列问题,促进区域要素合理分配和公共服务设施的合理布局,必须建立一个统一的、权威性的区域政府。传统区域主义主要盛行于19世纪末至20世纪60年代期间。维克多·琼斯(Jones,1942)认为,可以"通过市县重组、中心城市兼并郊区或建立联邦政府等方式来建立一个庞大的地方自治当局"。路德·哈赛·古利克(Gulick,1962)则坚持区域问题的跨政府本质,强调要通过联邦、州和地方三级政府的共同参与和协作,建立起联邦区域政府结构,以提高区域发展的有效性。经济合作与发展组织(OECD,2001)则主张,区域内的各个城市必须携手合作,形成地方区域联盟,甚至进一步聚合成为具有空间结构的城市区域,这样才能促进区域的整体发展,提升总体竞争优势,增强区域协同发展能力。这种理论范式所对应的区域公共治理组织模式被称为科层制模式。

科层制模式通过政府结构调整,在一定区域范围内通过建立具有正式权威的区域政府来进行区域规划与区域管理,消除区域内众多的地方政府单元,统一管理区域性公共事务,促进区域政治、经济和社会的协调发展,从宏观上解决全区域面临的主要问题。在机制设计上,公共治理的命令自上而下推动实施,具有明显的集权性质。例如,1897年美国纽约合并了布鲁克林、奎因、斯塔德岛、布诺克斯和曼哈顿5市,成为新的纽约市,统一管理区域公共事务。1933年美国国会批准《田纳西河流域管理局法》,授权成立田纳西河流域管理局,对田纳西河流域进行统一开发与管理。该机构隶属于联邦政府,可跨越一般程序直接向总统和国会汇报。1967年佛罗里达州的中心城市杰克逊维尔市和杜瓦尔县合并,构建了统一的区域政府,由新的区域政府接管原杰克逊维尔市

[①] 阿兰·瓦利斯(Alan D.Wallis)从城市区域空间结构的历史角度将美国大都市治理划分为三个不同的阶段:第一阶段是单核心中心发展的工业城市区阶段;第二阶段是多核心中心发展的城市区域阶段;第三阶段则强调在同一区域内地方政治实体的竞争。参见 Wallis,1994,2007。

和杜瓦尔县的职能。1998 年加拿大将安大略省多伦多市及各自治市合并为新的大多伦多市政府，统一行使公共管理职责。

科层制模式的优势在于：区域政府具有较强的执行力，其职责、决策权、执行权和经费有体制保障，能够对全区域实施有效约束；区域政府可以在较大空间内实施整体规划，提高全区域资源配置效率，从而减少资源浪费；能够消除地方政府的机构重叠、职能交叉和责任不清等问题，在全区域内更好地安排公共服务的供给，有利于提高公共治理的效率；区域政府服务于更多的对象，能够降低公共服务的成本，促进规模经济的实现。然而，实践证明，传统区域主义的科层制模式改革并不成功，其治理结果并不理想[①]。因为建立统一的区域政府涉及各方权力利益的重新分配，面临着地方政府官员的反对，现实中操作起来比较困难。

二、市场化模式

区域公共治理的第二种理论范式为公共选择理论范式，该范式并不主张改变区域内各地方政府的现状，而是维持区域内的多个治理主体，认为多元化的政府结构比单一集权式的政府结构更加适合区域公共治理。公共选择理论范式主要盛行于 20 世纪 50 年代至 90 年代。该模式建立起一整套比较完善的自我统治和民主行政机制来解决区域发展中的一系列问题，以多中心治理为基本特征。蒂伯特（Tiebout，1956）提出"用脚投票"的思想，为大都市政府的多中心结构特征辩护，批判了传统区域主义，认为要通过一定的政治融合来解决区域内的外部经济和非经济问题。奥斯特罗姆夫妇等学者对传统区域主义建立区域政府的观点提出批评，主张地方政府之间应该通过某种协议来协调彼此的行为，以消除彼此之间的恶性竞争，他们从公共选择理论的视角为大都市治理和研究地方政府行为提供了一些新的思路和视角（Ostrom et al.，1961）。

市场化模式由区域内的多个治理主体通过自愿、平等的沟通、谈判与协商推动区域合作，或者形成协议关系，或者通过设立某种实体性的组织机构来解决区域发展的问题。在构建实体性组织机构的情况下，区域组织的职能比较简

---

① 对于科层制改革的实践，拉法雷作出了比较尖锐的批评。可参见 Lefèvre C. Metropolitan government and governance in western countries: A critical review. International Journal of Urban and Regional Research, 1998（01）。

单，通常是为了解决某些区域问题而针对性创设的，对区域成员的约束力有限，其代表形式一般包括专区、跨行政区的地方协议、区域委员会和公私伙伴关系等。例如，由市、县、自治体等地方政府自发形成的自愿性区域公共治理组织"区域委员会"，在某些情况下也会吸收部分居民和社会团体的参与（Miller，2002）。由区域委员会来协调解决区域发展中的一些问题，包括制订区域整体发展规划、制定区域治理规制、研究区域公共事务与问题、为成员政府提供政策咨询或者直接提供部分区域性的公共服务等。再如，由公共部门与私人部门平等地谈判和协作形成的关系型区域治理组织形式"公私伙伴关系"，这种伙伴关系并非临时性的，而是长久的、持续的相互合作关系，由每个成员对协商性决策共同承担责任（Peters，1998）。

在机制设计上，区域治理权限源于自下而上的让渡，区域成员自愿让出部分公共事务的治理权，并服从区域整体安排。

市场化模式的优点是：充分承认与肯定了区域内现有自治主体的利益格局和对当地公共事务的管理权限，同时又通过区域协作打破了公共服务供给的地域界限，降低了公共服务的单位成本；区域合作源于各地经济社会发展的内在需求而非上级政府的强制安排，会兼顾区域各成员的利益诉求，地方政府具有积极主动性，推行中阻力较小；合作的内容和形式可以随着环境变化而不断调整，比较灵活。

但是市场化模式的缔约成本和决策成本通常比较高，尤其在涉及各方重大利益冲突时很难达成一致。在某种情况下，虽然各方所达成的意愿能够实现参与者的共赢，但可能会对更大范围和区域带来负的外部性。同时，区域合作的权威和约束力有限，当利益受损时合作成员可以选择退出，缺乏适当的制度约束。

三、中间型模式

区域公共治理的第三种理论范式为新区域主义范式，该范式认为应该综合考虑竞争与合作、分权与集权的因素，将等级制权威与市场化力量相互结合，构建介于科层制集权和市场化分权的中间型模式，才能有效实现区域公共治理。该模式从20世纪90年代开始兴起。诺里斯（Norris，2001）主张，要将区域治理从效率和均衡的议题转移到提高区域竞争力方面。萨维奇和福格尔（Savitch and Vogel，2000）强调，联合政府要与其他不同层级的政府间建立它们的合作网络关系。汉密尔顿（Hamilton，2004）指出，区域合作应关注区域议题的决策过程和在区域间安排合作的协议，在必要时可凭借国家的力量来处理区域的问题。

新区域主义不主张建立统一的区域政府，强调全方位对区域性问题自愿合作治理的过程，认为可由区域成员平等协商达成非正式的网络合作关系，或者由城市和郊区、公共部门、私人部门和第三部门及市民等不同区域主体自发形成具有独立法人地位的区域组织（如区域联盟和市镇联合体等），通过各种不同层级的政府和私人部门所构成的合作和协调网络来解决区域公共问题（Heinelt and Kübler，2005）。上级政府通过授权管理和制度设计为其权威提供等级制保护，对区域成员的行为施加有效约束；或者提供财政方法（如减税等）来繁荣中心城市，使它们能更有效地促进其所属的区域内经济的发展（Frisken and Norris，2001）。

中间型模式吸收了科层制集权和市场化分权的优点，一方面引入了等级制保护，使得区域组织有足够的权威和足够的能力去执行区域性职能、实施区域规划及提供区域性公共服务，避免了市场化组织执行力和约束力不足的弊端。另一方面，该模式较好地利用了市场和社会的力量来弥补政府部门资源的不足，有利于促进公私部门之间的良好沟通和资源共享，能够充分发挥它们在区域决策中的影响力，使得区域公共治理决策更容易被执行。

然而，中间型模式也并非完美无缺，其面临的重要问题是通过什么样的手段、措施和制度赋予区域组织等级制保护，同时怎么样发挥市场与社会力量的作用，增强它们在公共治理决策中的影响力。

第二节 区域公共治理机制

区域公共治理机制包括决策机制、需求表达机制、信任合作机制、利益协调机制、绩效评估、监督机制六大机制，这六大机制相互衔接、相互依托、相互作用，共同构成了区域公共治理机制体系。上述机制体系有效地促进地方政府、企业/行业协会、居民/社区、社会组织、面向区域发展协同创新中心等多元主体参与公共治理，强化各主体之间的沟通与联系，完善区域公共治理的各种规章制度，保障各参与主体利益和区域公共利益的实现，促进区域经济社会全方位发展。

一、决策机制

（一）决策机制的内容

区域公共治理决策是区域公共治理的决策主体运用决策权，通过法定程序，针对区域社会公共事务与问题，提出的一系列治理策略和政策措施。它是政府和各种社会政治力量都参与其间的政治过程。不同决策主体在决策过程中相互联系、相互制约、相互作用，从而形成了动态博弈模式，这一模式构成了区域公共治理决策机制。因此，区域公共治理决策机制受到多种因素的影响和制约，其中，利益关系及协调是影响区域决策的最重要因素。

区域公共治理决策，包括决策体制、决策程序、决策运行规则、决策责任等内容，从而形成一个完整的决策体系。

从公共治理决策系统的内在结构看，公共治理决策机制具体涉及决策主体及其权力配置，涉及谁参与决策，拥有怎样的决策权，也就是决策中的地位及作用，这又涉及决策权力与占用的划分问题。在传统经济体制下，地方政府没有资源配置权力，也没有独立的经济利益，一切听命于中央，地方政府决策权力十分有限。在市场经济条件下，中央与地方实行分权模式，地方政府决策权力增加，但区域政府间所进行的对区域公共治理的决策，则只能采取平等协商、谈判方式进行，决策权力与作用的划分更为平等、民主。

从公共治理决策系统的内在运行看，公共治理决策机制涉及公共治理决策目标设定与过程实施。目标设定包括区域公共治理的经济、社会、生态，甚至政治目标，即通过治理实现的整体效果，过程实施中涉及不同主体相互关系、相互利益的调整，以及保证决策正确和决策实施过程中决策目标圆满实现的各种评价、监控机制发生作用的过程和方式等。

公共治理决策机制受到一国社会、政治、经济、文化等多种因素的影响，其中最直接的影响因素包括社会生产方式、政府治理模式、科技水平及法治水平。

(二) 我国区域公共治理决策机制存在问题

重视区域合作的利益协调机制，忽视决策机制的重要性，是当前我国区域公共问题难以有效解决的主要原因，因此，政府间决策机制的构建对于有效解决区域公共问题十分重要。目前区域公共治理决策机制存在的问题表现在如下几个方面。

1. 缺乏完善的政府协商机制

在当前我国分权模式下，地方政府间关系不是统治与被统治、服从与被服从的关系，而是平等协商关系和政府契约关系。但目前主要还存在如下问题。

(1) 缺乏统一健全的协商体系。主要原因是各层级政府间地位上的不对等，省（市）级层面的协商机构与地市级层面的协商机构不在一个统一的协商框架和运行机制内，难以形成平等的协商与对话机制，导致决策、协调与执行三级运行模式难以实施。

(2) 缺乏完整畅通的信息共享机制。合作主体的地位与利益诉求的差异性导致信息不对称，出现"信息孤岛"从而影响决策。

(3) 利益协调机制缺失。区域治理过程伴随着资源配置和利益关系的调整，在区际利益驱动下，政府间必然存在利益博弈。因此，建立利益协调机制对于政府间合作推动区域治理成为必然，但在实践中由于行政区阻隔，区域利益协调机制难以形成。

2. 区域公共治理决策难以有效反映公民需求

实现公共决策最优化途径是建立需求导向型的公共治理决策体系，即根据居民的利益和意愿而不是根据部门的利益、政绩要求、上级的意愿决策。但当前的主要问题，一是社会公众缺乏公共决策的参与，二是社会公众需求表达机制不完善，缺乏表达的渠道。

3. 区域公共治理决策缺乏全面信息

在我国区域公共治理中，行政区之间分散的管理模式导致各自为政，相互间缺乏密切联系与深度合作，从而陷入"囚徒困境"，严重影响信息收集与信息共享。以跨行政区水污染问题治理为例，由对流域水资源污染引发的流域内政区矛盾在中国屡见不鲜，除了自然原因，更多的来自人为因素，流域的整体性与行政区划分割的矛盾，使得地方政府在无强制力协调解决环境问题的博弈中难以合作，地方政府在水污染出现时有意无意地隐瞒相关信息，导致政府在跨行政区水资源管理和水污染防治中低效甚至无效，严重影响到我国流域水污染治理。

4. 区域公共治理决策缺乏公众参与

当前，我国区域众多公共问题，如区域基础设施建设、生态环境治理、产业布局、交通通信建设、社会保障制度一体化等问题大量出现，决策的科学化、民主化对于区域治理的效果具有直接影响。因此，如何在决策过程中吸纳社会公众和民间组织参与决策，将直接影响到决策效果。目前，许多地方在决策中吸收团体机构的参与，把团体机构作为社会公众的代言人，其实这些机构多具有官方或半官方的背景，而纯粹由公众个人或民间组织发起的很少，这样在公共治理的决策中由公众自下而上参与影响公共决策的不多。

由于我国公民社会建设滞后，公众参与的主动性较低。同时，公众缺乏有效参与公共决策所必需的制度意识、责任感和知识技能，缺乏公共决策参与的相应经验和心理承受力及获取政策信息的能力。

（三）区域公共治理决策机制构建

1. 构建政府公共治理协商机制

所谓政府公共治理协商机制，是指在自愿、平等、互利互惠的基础上，地方政府各合作主体等利益相关方在区域公共治理的内容和目标上进行沟通对话和磋商，使各方偏好基本达成一致，以形成合作共识的一种机制。在地方政府公共治理合作框架内，政府间协商是保证合作得以继续的起点和前提。

2. 建立公民的参与机制

政府在公共治理的决策中，能否让公众参与、参与的规模大小、能否使各种社会利益和要求在公共治理决策过程中得到充分的表达，反映了一个国家民主化程度。传统的官僚制公共决策模式以"政府中心论"为主导，公众的参与度低。在当代，社会飞速发展，多元利益主体需求多样化、差异化，客观上要求通过一定的渠道表达自己的利益诉求，因此政府再也难以作为社会公共利益的唯一代表、唯一主体，企业、公众和社会团体等都可以成为公共利益实现主体。同时，随着公共服务型政府建设，人们对决策过程的参与度及决策的公正性、透明性、规范性和有效性的要求越来越高，对决策参与的需求越来越强烈。因此，迫切需要建立起公众参与公共治理决策的制度规范。

由于区域公共治理要满足不同行政区域公众的多样化需求，在提供的主体上涉及多个政府的多个部门、不同企业、社会组织，因此，具有一定的复杂性和广泛性。任何一项决策都无法由某一政府、某一组织或某一群体单独完成，只有在制度框架下，通过区域政府间的合作与引导，政府、企业、公众和社会团体各种力量相互协商、相互作用，才能制定出能够保证社会公共利益最大化而不是保证各单一利益主体的利益最大化的决策。这样就形成了一种机制对社会各方利益进行协调，实现了社会公共利益的"帕累托最优"。采用一种政府引导、社会公众广泛参与的区域公共治理决策模型，对于有效解决我国当前区域公共决策中可能存在的背离社会公共利益的问题，实现公共治理目标具有现实可操作性。这一决策模型，已在我国一些地方使用，起到了良好的效果。例如，2008年年底《珠江三角洲地区改革发展规划纲要（2008—2020年）》（简称《珠三角规划纲要》）颁布实施后，广东省对于《珠三角规划纲要》的实施，广泛收集民意，通过政府组织引导，创办了"民间拍案——实施《珠三角规划纲要》群众论坛"，每月定期举办一次，广泛吸收政府官员、民间智库成员、知名网友、高校青年教师、普通市民等参与。此外，开办了网络论坛，不能亲临论坛现场的网友也可通过网络平台同步参与"拍砖活动"，自由发表自己的观点，由现场主管官员回应。这种政民同会、带有协商民主意味的公民参与式有利于信息的立体传播、公众咨询意见的双向沟通（陈瑞莲和杨爱平，2012）。

3. 建立充分反映公共需求的决策机制

根据区域公共治理的逻辑起点的不同，区域公共治理可分为政府导向与公共需求导向两大类，以此将决策模型分为政府导向型决策模型和公共需求导向型决策模型。

所谓政府导向型决策模型，就是以政府需求为出发点实现公共治理决策的模式，所谓公共需求导向型决策模型，就是政府决策是以社会公众的需求为导向，通过自下而上和自上而下的程序，实现公共治理决策的模式。

公共需求导向型决策是服务型政府的本质要求，但由于存在区际利益和政府间的博弈，实现公共需求导向型公共服务决策模型，具有更大的难度，对政府的要求更高。

4. 建立区域公共治理的决策评估机制

区域公共治理决策的评估，包括决策效果、决策效应、决策效益三方面。其中，效果评估，是对公共决策所确立的目标的实现度评估；效应评估，是对公共决策实施后对区域经济、社会和环境等系统改进及持续产生影响的评估，这种影响也包括积极影响和消极影响；效益评估，是从投入产出角度分析公共决策投入与结果之间关系并作出判断，目的在于分析决策实施中所进行的各投入是否获得了指标体系所设定的社会利益，与其他决策方案相比较，是否更加经济、更加具有可持续性。只有将这三者结合起来，决策评估才比较科学。完善区域公共治理决策评估制度，重点是建立独立第三方评估系统，并确立科学的评估标准，制定严格决策评估程序，确保评估结果的客观公正。

二、需求表达机制

（一）需求表达机制的内容

需求表达机制是西方公共经济学理论中在公共产品供给决策分析中所广泛使用的一个概念，其内涵是公民对公共服务的真实需求通过何种渠道与途径反映出来。公共需求表达也被西方经济学称为"偏好显示"。

公共选择理论认为，要实现偏好显示，可采取四种途径。一是投票，公众通过直接投票和间接投票两种机制表达，直接投票是社区居民亲自参与对公共产品与服务提供方案进行投票，间接投票是社区居民推选出代表或议员代为投票。二是语言表达，公众通过书面和口头方式表达自己的意愿与诉求。前者一般通过媒体或政府部门或网络平台表达，后者通过游说议员和政府官员、游行请愿活动等表达。三是进退表达，又称"用足投票"，由查尔斯·蒂伯特提出，即由于各社区所提供的公共品与赋税不同，居民具有不同的选择，居民通过"用脚"不断地迁入或迁出来给当地政府投票，选择符合自己利益和偏好社区，从而实现偏好满足目的。四是反叛表达。居民不愿接受政府提供的公共产品，上述方法又不奏效，在一定条件下就会通过激烈的方式表达，如发动政变或革命以推翻现政府（朱柏铭，2007）。

影响公共需求表达因素，一是居民自身的利益表达意识，居民利益表达意识取决于公民社会的建立；二是需求表达途径，即通过投票表达、发言表达、进退表达、反叛表达；三是需求表达的渠道，需求表达的渠道取决于需求者的组织化程度；四是基层政府之间财政的竞争性和流动性，等等。

（二）我国需求表达机制存在的问题

由于受传统文化和现有体制机制的影响，公民对跨行政区域公共产品的需求（偏好）还不能充分显示与传递。

影响我国公共需求表达机制的主要因素有以下几个。

1. 投票制度设计难以真正反映公民真实需求

投票是我国现实生活中公民表达自己意愿和诉求的最基本的途径。但现实中由于体制、公民素质等原因，难以推行直接投票制，采用的是由公民选举出人大代表，再由人大代表对政府的公共决策进行投票表决的间接投票制，在街道社区和农村社区，则由居民委员会和村民委员会负责人代表社区居民投票。主要原因是政府与人大在政治运行上的实际权力不平衡，政府行政权力大于人大立法权力，导致政府强而人大弱，人大代表难以真正代表公民的利益与愿望。加之公民权利意识薄弱、投票机制与制度不健全等原因，我国相当一部分人大代表缺乏独立意识和参政议政能力，甚至还存在着一些人大代表失职、渎职的行为。因此，投票制度设计难以真正反映公民实际需求。即便是公民需求偏好非常艰难地通过人大表决并被合理集合为群体偏好，但是否会最终上升为政府决策并实施也是一个十分艰难的过程，它取决于群体偏好与政府偏好一致性及政府财力。

2. 媒体、信访等渠道呼吁成本过高

媒体、信访等渠道是在公民投票渠道不畅或堵塞情况下表达需求偏好的另一重要渠道。媒体渠道主要是网络、报纸、电视台、市民热线等，通过它可以真实地反映公民实际需求。但现阶段我国媒体渠道的呼吁成本非常高，原因在于我国的主流媒体均被政府控制，出于意识形态和社会稳定要求，一般公民的

需求愿望与诉求难以通过主流媒体反映出来，同时媒体报道在相当多的时候缺乏政府对相关事件的回应；网络反映常常受限于普通民众的网络知识与技术。信访制度是化解和处理社会矛盾的一种制度，可以有效处理损害公民利益和受到不公正待遇的行为。但是我国信访制度不健全，表现在缺乏法律制度的规范，把信访排名与政府政绩挂钩，导致"截访"事件层出不穷，使信访的呼吁成本更是要远远高于媒体。健全的信访制度是公众对政府表达自己需求意愿的一种有效手段。如果公众的群体性需求可以通过投票加以反映的话，那么公民的特殊的、个体化需求则需要信访这一渠道加以表现。但由于法制不健全、司法腐败、公民法律意识淡薄等原因，导致"信访不信法"意识在社会上蔓延，影响了人们对信访的认知，人们把信访作为表达自己对政府一些现有制度不满情绪的一种手段。为了维护稳定的需要，地方政府采取种种手段杜绝信访，由此带来一些极端事件的出现，其直接后果是信访成本巨大。

3. 户籍制度限制了公民自由流动，"用脚投票"需求表达无法实现

公民的需求偏好无法表达，特别是在投票、呼吁等渠道堵塞的情况下，居民的利益诉求和需求偏好无处表达，那么公民则可以采取比较极端方式，即选择进入或退出一个地方政府的辖区来进行表达，即"用脚投票"。蒂伯特模型中所论述的内容在其他国家也许适用，但在我国，公民流动所付出的交易成本非常高，且受到户籍制度限制，因而"用脚投票"机制难以发挥作用。

4. 财税体制不利于显示偏好的形成

"分税制"财政体制遵循的最基本原则就是明确界定中央与各级政府间财权与事权，规定中央与地方政府在区域公共管理与公共产品提供上的职责划分，但长期以来，我国中央与地方在事权划分上存在事权及支出责任的边界不清晰、不明确的问题。而且政府间在共同事务治理的责任确定、成本分摊、绩效评估、考核监督等方面也缺乏明确、具体的法律规定和制度规制，具有较大随意性和短期性。一些本应该由中央财政集中解决的区域公共事务与问题（如区域生态环境治理、区域基础教育、基本医疗卫生、社会保障及区域公共基础设施建设等）则大多交由地方解决，出现中央在财权上逐步上移，在事权上逐步下移现象，中央与地方政府财权与事权不对等。这不仅造成事权与财权失衡，也使各级地方政府因财力不足，无法为区域公共治理提供财力支持，从而使区

域公共问题久拖不决。

从税收政策看，税收征收的税种和税额掌握在中央政府和省级政府手中。中央所设置的税收往往无法满足地方经济发展、社会进步的需要；而符合地方经济发展的征税行为在我国是不合法的。这就使得地方公共治理与公共产品的供给行为与地方政府的征税补偿两者之间没有直接联系。对于区域公共治理来说，各行政区税收的差异性导致政区间公共服务供给也存在差异，不同行政区居民获得的公共服务水平不同，当需要地方政府履行区域公共治理责任时，由于主观和客观条件的限制，常常会出现"搭便车"行为。对公民和纳税人来说，由于所缴纳的税金与享受的公共产品与服务联系并不紧密，绝大多数纳税人不知道自己纳税后所能享受的服务（补偿）是什么，而区域公共治理与公共产品供给大多数时候并不需要公民来承担成本，而是由税收来承担。由于纳税与享受到的公共产品与服务未建立起清晰的联系，许多纳税人并不认为自己享受到了由公共治理带来的利益，这对公民显示自己真实偏好是非常不利的。

（三）需求表达机制构建

建立和完善需求表达机制，实质上就是让公民拥有公共治理决策的话语权，赋予他们用"手"和"脚"表达需求偏好的权利。

1. 完善民主决策机制，扩大公民参与决策权

应加强人民代表大会在显示与传递居民偏好上的主渠道作用。在建立、完善地方人民代表大会制度的基础上建立跨行政区域公共治理的需求表达机制和决策、监督机制，使跨行政区域居民能够通过直接或间接的渠道，充分表达自己对承担公共治理成本的意见，实现区域公共治理决策机制由自上而下向自下而上的转变，让受益人直接参与到受益项目的决策过程中。在具体做法上可以采用直接民主与代议民主相结合的灵活方法。对区域村镇一级的公共治理决策可以让辖区居民直接参与，通过全体居民投票决定，按简单多数原则确定本区域公共治理方案；对范围更大一些的市县可以实行代议民主制，由民选代表代表广大居民参与公共治理决策，即通过人大代表投票决定。当然应通过制度设计，加强人民代表大会对政府预算的约束力，必须在宪政的层次上，合理地界定人大与政府、人大与执政党的职责，理顺政府与人民代表大会、党与人民代

表大会的关系,加强人大对政府公共决策及实施的监督,特别是公共治理决策项目投入、经费必须得到人大预算审查委员会预算审查。

2. 降低媒体、信访等渠道的呼吁成本

要采取有效措施,降低媒体的呼吁成本。使公民与媒体沟通的渠道畅通,让媒体的视角瞄向基层、瞄向社会公众,了解他们的需求与愿望,并对涉及社会公众整体利益的事务与问题及时予以报道;使公民与政府沟通的渠道畅通,建立媒体采访和了解政府部门的程序性制度,媒体作为社会公众与政府信息沟通联系的中介,可以把社会公众的关注、区域经济社会发展中的重大事件与问题及时向政府有关部门反映,政府有关部门可以及时把对事件与问题的决策意见及处理措施及时反馈,并借助媒体广泛传达给居民,这样就形成了社会公众与政府的良性互动,从而有效增强政府的责任心和透明度,提高公共服务的政府决策力、执行力和公信力,增强居民对政府的信任。

降低信访的呼吁成本,需建立和完善信访制度。首先是建立信访的法律法规,进一步推动司法体制改革,强化对司法的监管,从而树立起司法权威;其次是改革信访工作机制,推动网上受理信访制度,健全地方政府及时就地解决社会公众合理诉求机制,推进公众合理诉求与政府回应机制的重构,等等。

3. 逐步建立城乡统一的户籍管理制度

尽快改革现行户籍制度,促进人员在城乡间、跨行政区域流动。经济发达地区要改变现有的户籍管理制度,通过扩大公共财政支出,逐步扩展非户籍人口对本地区公共产品与服务的分享,逐步建立区域内公共服务一体化制度,实现所有居民对区域公共服务的共享。同时通过选举制度改革,推动非户籍常住人口的选举权与被选举权。在我国,非户籍常住人口大多是长期从事务工和经营活动的农村人口,他们为经济发达地区的建设和城市运行贡献了力量,通过这一举措让他们享受到与户籍人口同等政治权利,使非户籍常住人口对地方公共产品偏好表达渠道畅通。

4. 建立财力与事权相匹配的财税体制

本着"财权与事权相统一"的原则,在明确界定中央与地方的事权前提下,实现集权与分权的合理兼顾,可以设中央税与地方税两种税制,赋予省级政府一定的税收立法权,由中央和地方分别管理、分别征收、分别使用。当前，可赋予地方政府相应的权力，负责对现有税种的开征、停征、调整税率和减免税等，允许各地方政府在国家宏观政策的统一管理指导下，对具有区域性特点的税源开征新税。同时着力解决中央与地方政府间财权与事权不对等问题，本着"财权服从事权"的原则，根据区域公共治理的特殊性和区域公共产品的层次性、范围性确立各级政府的职责，以此解决"事权重心下移，财权重心上移"的问题。在地方政府间也应合理划分省级政府与市县级政府财权与事权关系，通过省级政府的财政统筹解决跨行政区域内的公共事务与公共产品的提供问题，通过转移支付制度解决一些基层政府（县、乡镇）的财政困难，同时通过改革举措，对基层政府放权让利，把财权再适当下放给街道、乡镇，以增加更多的公共治理与公共产品财政支出权，这是由于街道、乡镇更加了解当地的公共需求，并能得到当地居民更多的监督，有利于公共治理差异化，提高公共治理成效。

三、信任合作机制

（一）信任合作机制的内容

所谓信任合作，是指区域治理主体（政府、企业和社会组织）针对区域公共事务与问题，运用平等协商的方式，建立组织之间、人员之间的相互协作和主动配合的伙伴关系，合理配置资源，以实现共同治理预期目标的活动过程。而不同治理主体在区域治理中所形成的相互联系、相互作用的互动模式构成了区域公共治理的信任合作机制。

随着区域一体化进程的推进，大量单个行政区内的公共问题"外溢化"为区域公共问题，面对区域性的公共问题，单个地方政府已无能为力，需要构建政府、企业和社会组织间信任合作机制，建立协同性治理模式。内容包括政府间协调机制、政府间协商机制和利益共享与补偿机制。

1. 政府间协调机制（高建华，2010）

区域公共问题涉及经济、社会、基础设施、资源环境、生态保护、流域治理、公共安全等系列问题，而在我国当前政治体制条件下，市场与公民社会发展不足，政府仍然是区域治理的主导者和执行者，而治理问题纷繁复杂，按照职能划分会涉及政府的多个职能部门及专业机构。因此，需要政府职能部门间的沟通协调配合，以共同的意志和行为，采取联合行动。这种协调是中央及地方政府从公共需求出发，通过构建政府主体间的正式与非正式合作契约及其激励机制，改变其合作意愿，形成集体行动，优化合作模式，形成最优合作结构，降低合作交易成本，实现公共政策目标的一系列制度安排。如果没有行政系统的沟通协调配合，就不可能整合政府各层次、各部门和各级行政人员的力量与资源，也就不可能实现整个行政系统的有效运转和协同一致，更不可能完成和实现政府治理公共事务的目标。

2. 政府间协商机制

区域公共治理是政府与政府之间的协同治理，但由于跨行政区域的政府与政府之间、部门与部门之间不存在行政隶属关系，不需要听命于对方，各方是一种基于公共治理目标而走到一起的平等伙伴关系，因此，区域公共治理中政府间关系不能按照科层制的模式，实行"命令—服从"式管理模式，而只能运用"谈判—协商"模式。通过各地方政府间谈判、协商，综合运用政府资源和政策工具，并充分吸收企业和社会组织广泛参与，实现地方政府协同式治理。正如美国学者宾厄姆（1997）所指出的，"如果说政府间关系的纵向体系接近一种命令服从的等级结构，那么横向政府间关系则可以被设想为一种受竞争和协商的动力支配的对等权力的分割体系。"

3. 利益共享与补偿机制

在区域公共治理中由于区域间发展不平衡，各地区存在资源禀赋上的差异，因此，在协同治理中应首先建立起利益共享与补偿机制，才能保障区域协同治理的完成。因为区域政府间在公共治理中的利益诉求和目标上存在较大的差异，在区域公共治理中必然存在利益冲突和矛盾，所以在利益相关者间构建起合理的利益共享与补偿机制，才能构建起协同治理机制和模式。

（二）信任合作机制的构建

1. 建立沟通机制

沟通是保障政府间信任合作的基础和前提，为此，需要建立稳定的沟通协调机制，构筑起沟通协调的平台。①建立定期对话交流制度。区域政府及有关业务部门针对区域发展中需要协同解决的重大问题，如区域公共事务（区域发展规划、产业协同发展、区域基础设施建设、区域公共安全等),通过协商交流,达成共识,形成合作意愿。例如,建立行政首长定期会晤制度,由民间非政府组织或学术团体组织牵头主办或承办"区域发展论坛",邀请政府及部门行政首长、学者和专家畅谈区域发展与区域公共治理变革等问题,以此达成区域合作共识。②建立相对稳定的区域合作组织。通过区域合作组织发挥在组织、协调、整合上的功能,凝聚共识,形成共同的行动模式。例如,"长三角"经济合作组织,每四年举办一次长江沿岸城市经济协调会,每两年举办一次长江三角洲城市经济协调会。例如,"泛珠三角"经济合作组织,由广东、福建、江西、湖南、广西、海南、四川、贵州、云南等省(自治区)政府以及香港、澳门特别行政区政府("9+2")共同构成,旨在推动"泛珠三角"区域合作,目前已成为我国规模最大、范围最广的区域合作组织。至2010年10月已举办了十届区域合作与发展论坛,每届论坛均举办行政首长联席会议、经贸洽谈、区域公共事务协商与合作等多项活动。通过建立合作组织,加强政府间信任合作关系,共同应对区域一体化带来的诸多难题。③建立区域政府间合作模式。政府作为区域合作的主要参与方,通过政府间沟通协商,构建多种形式、多种内容的合作模式,在区域间产业、科技、教育、基本公共服务等内容上,通过政府间签订"合作框架协议"及政府部门间的具体合作协议等来推动政府间合作。④加强政府业务部门间的沟通协商。政府间的战略合作需要通过政府职能部门贯彻实施,因此,政府职能部门间的合作是推进区域公共治理的关键因素。⑤建立电子政务系统。通过政府网站及时公布区域合作相关信息,通过建立区域合作的信息畅通渠道使区域合作得到社会的关注与支持,提高政府的公信力。

2. 建立利益共享和利益补偿机制

作为"理性经济人",地方政府以最大化的利益作为自己的行为模式。地方政府是否有合作意愿取决于是否能够在合作中获取利益及利益的多少,地方政府间必然存在合作博弈,因此,建立地方政府间利益共享机制和一定条件下的利益补偿机制是非常必要的(高建华,2010)。利益共享和利益补偿机制的建设既要考虑公平公正的原则,也要考虑弱势群体、弱势地区利益受保障的原则,如此才能确保跨区域地方政府合作的实现。

(1) 设立区域治理公共基金。基金来源于区域地方政府协议出资，分摊比例可根据地方 GDP、财政收入总额及人均指标综合确定。主要用于解决跨区域、跨城市的硬软件建设，支持跨区域的合作，通过政府基金引导民间资本投向区域产业、基础设施、园区等建设。

(2) 建立横向转移支付制度。通过政策措施鼓励区域内富裕地区通过多种形式资助落后地区，鼓励"受益多的一方补偿经济实力弱的、受益少的一方"，"允许小省'搭'大省的'便车'"，等等（杨龙和戴扬，2009）。

3. 建立区域公共治理的合作诱导与动员机制

诱导机制可以促使行动者的主动参与。"地方之间的自发合作主要靠利益推动"（杨龙和戴扬，2009）。因此，必须在区域公共治理政府合作诱导机制的设计上强化利益导向，充分考虑和保障合作者的利益需求，使合作者看到合作带来的激励。

动员机制则是运用现代传媒工具，通过多种信息传播手段，对政府合作必要性、项目内容、目标及效果进行及时宣传报道，并由政府部门官员介绍和专家学者解读，以获得社会各界的广泛认同，逐步在地方政府和民间树立合作意识。

动员机制与诱导机制紧密相联才能促使合作者的积极参与。动员机制能够获得民意支持，诱导机制能够获得利益的补偿，从而形成合作激励，这样可以"减少零和博弈，增加双赢结果，以积极的态度对待合作"（杨龙和戴扬，2009）。

4. 建立区域公共治理的激励与约束机制

面对区域公共事务及治理要求，区域政府间构建协同治理模式是推动区域公共治理取得最佳效果的途径，为此，我国地方政府间签订了形式多样、内容广泛的战略合作协议、合作章程、合作宣言等，但协议签订之后的监督实施及效果评估、执行中存在问题与障碍、如何通过补充协议加以完善等问题并没有多少人关心，使政府合作协议成为一纸空文。主要原因还是缺乏区域治理的激励与约束机制。因此，从理论上探讨如何通过合理的机制设计，规避府际契约执行不力甚至无法执行的政治风险，意义重大（杨爱平，2011）。

四、利益协调机制

随着区域经济一体化不断深入，传统的行政区管理模式下运用计划和行政手段协调各方利益，渐渐显得力不从心，难以有效协调区域治理主体利益诉求，推动区域经济的均衡发展。因此，需要充分发挥市场机制在资源配置中的决定性作用，建立起一套能够充分协调跨行政区各方利益的新机制。

（一）利益协调机制内容

区域治理实际是一个不断化解利益矛盾的过程，因为多元治理主体之间在利益上必然存在着各种矛盾和冲突。只有通过利益的协调，才能使多元治理主体参与公共生活的合作管理，从而使公共利益最大化。

利益是一定的利益主体对于客体的价值肯定，"它所反映的是某种客体（物质的以及精神的东西）能够满足主体（个人、集体和社会）的某种需求"（桑玉成，2002）。人类的一切活动都与他们的利益有关，而在人类活动中结成的最基本的关系就是各种形式的利益关系。利益协调机制是指在社会系统变化中协调不同利益主体之间相互关系的组织、制度和发挥其功能的作用方式。

区域利益协调机制是指在区域这一有机体中协商和调整不同利益主体间相互利益的机制，包括利益结构、利益协调制度和发挥利益协调功能的作用方式，以及与区域利益协调系统以外的其他系统之间的相互作用关系。其内容主要包括利益引导机制、利益约束机制、利益调节机制和利益补偿机制。

1. 建立健全利益引导机制

由于区域治理主体的多元化，多元治理主体之间在利益需求上逐渐呈现多样化趋势，不同利益群体之间往往存在着利益诉求上的差异性。如果要满足各种差异化的利益需求，首先要建立起表达利益需求的渠道。如果各利益主体的利益表达渠道不通畅，沟通、反馈不及时，往往会导致利益主体间的矛盾与对立，导致合作难以完成。因此，应建立通畅的利益表达渠道和完善的沟通反馈机制，并综合运用法律手段、经济手段、行政手段及其他各种政策手段，协调各方利益关系，减少区域合作中的利益冲突与矛盾。

2. 建立健全利益约束机制

法律与契约是社会利益需求和利益行为的调节器和控制器，法律是靠国家强制力保证实施，规定公民权利与义务，对全体公民具有普遍约束力的一种行为规范。它通过对社会利益关系的协调和利益行为的规范，调整和约束社会利益相关方使之符合社会公平公正原则。为此需加强法制建设，提高对利益行为主体的法律约束，创造一个公平公正、合法合理的社会环境，引导人们以合法的手段和方式获取利益。其中，契约是区域治理主体间本着平等协商原则针对区域治理的综合性或专门领域事务与问题所签订的合作协议，该协议明确了各相关方的权利、义务和责任，提出了保证协议实施的保障措施及违约的处罚措施，对签约各方具有内在约束力量。

3. 建立健全利益调节机制

由于地区间的利益差距，在区域公共治理中，需要充分发挥政府的宏观调控作用，通过财政、税收、金融、收入分配等政策格局，调节区域间的利益关系，在兼顾各方利益的同时，运用转移支付手段和政策补贴措施，加大对区域内贫困地区的扶持，缩小区域发展差距。同时营造公平竞争的市场环境，充分发挥市场在资源配置中的决定性作用，鼓励通过制度创新、技术创新、品牌创新、产业创新获得最大化利益，在平等、互利、协作的基础上促进区域协调发展。

4. 建立健全利益补偿机制

由于要素禀赋、区位条件、历史文化、生产力水平等所带来的区域发展的不平衡性在短期内难以消除，在区域资源要素配置上会产生溢出效应。例如，由于资本的转移遵循市场机制和规律，资本会从落后地区转移到发达地区。这种区际利益差距应有一定的补偿机制加以调节。例如，在流域生态环境的保护与治理上，由于所提供产品（生态效益）具有消费上的非排他性和非竞争性，容易产生"搭便车"行为和出现"公地悲剧"，因此，必须通过完善利益补偿机制调节区域间政府利益关系，特别是建立生态补偿机制，实现生态效益享受者对生态环境治理投入者的补偿。建立一个运转良好的利益共享与补偿机制，能够从根本上提高跨区域合作的稳定性和长效性。充分运用各种政策手段和技术手段，合理确定生态价格，保障投入方利益，从而推动各方互利合作，实现共赢。

（二）利益协调机制的构建途径

区域公共治理中多元主体的利益协调的途径，一般分为科层制、市场制、网络治理等三种：科层制（政府主导）模式是以行政权威为背景，采用行政手段为特征；市场机制模式是运用市场化的手段；网络治理是通过信任机制和协商机制的培育与构建，主张组织形式的网络化，政府、市场、社会等多元力量共同参与协调矛盾。因此，区域利益协调机制构建需要注意以下问题。

（1）处理好中央、区域、地方三者之间权力关系。在我国，由于财政上的分权模式，中央、区域、地方三者之间在利益上必然存在矛盾和冲突，各地方政府要承担公共产品与服务供给职责，地方政府负责人的政绩纳入考核范围，追求经济利益最大化是必然选择。因此，在区域合作构建协同治理模式中，重要的是建立跨行政区域利益协调机制，妥善解决区域资金投入与利益分配等问题。地方政府作为理性经济人和利益博弈的行为主体，关注的是自己的现实和未来利益，在面对事关全局的重大问题时，难免表现出局限性。因此，要强化跨行政区域的合作组织来统筹处理事关全局的重大问题，应充分兼顾各方利益，通过围绕利益形成、利益分享、利益补偿等进行一系列制度创新，实现合作共赢。

（2）妥善处理好政府与市场的关系，充分发挥科层制和市场机制在资源配置与利益分配中的作用。政府在宏观领域，利用宏观政策工具对区域资源配置起到调控与引导作用，市场机制在微观领域，利用价格手段，引导资源要素在区域间流动，通过资源互补、产品互补、产业互补链条，实现区域优势的共增与传递。两种机制作用的领域与调节手段不同，但都对区域资源配置与利益分配起到调节作用。因此，必须妥善处理好政府与市场的关系，充分发挥政府在重大基础设施建设、大江大海的治理、区域协调发展中资源配置作用。同时，培育区域经济协调发展的市场机制，为市场机制发挥作用创造良好环境，充分发挥市场机制在区域人才、资本、技术等要素在区域配置中的作用，发挥市场机制在产业转移、企业集群发展、区域基本公共服务一体化等方面的作用。

（3）推动公民社会的发展，积极培育、支持区域社会民间组织的发展，广泛吸纳和发挥民间组织在区域治理中的智慧和力量，推进多中心治理模式的形成。

五、绩效评估机制

(一) 绩效评估的内容

对绩效的概念学术界有不同的理解。普雷姆詹德（1999）对绩效的定义为"绩效包含了效率、产品与服务质量及数量、机构所做的贡献与质量，包含了节约、效益和效率"。

国内学者陆庆平（2003）认为"绩效实际上是一项活动实施的结果，这种结果既包括实施这项活动所投入资源与获得效果的对比关系，也包括投入资源的合理性和结果的有效性"。

约翰·鲍恩（John Bourne）提出：绩效评估需要评估效益、效率、效果、投入和产出，并指出效益是取得活动的应有的质量而最大限度的减少支出，效率是投入和产出的关系，效果是衡量实际效应和预期效应的关系。（丛树海等，2005）

综合国内外研究成果，绩效是公平、效益、效率和效果的统称，它包括三个维度：一是投入，二是产出，三是效果。从投入看，主要是看投入是否符合经济性要求，投入过程是否合规和合理；从产出看，主要是看产出与投入相比是否有效率；从效果看，主要是看产出结果是否达到预期的目标，对经济、社会的正效应。

关于绩效评估的内容，威廉·N.邓恩从四个方面评价绩效，即"4E"（economy，efficiency，effectiveness，equity）。"4E"中的公平指维护社会的公平和公民的平等；效果就是政府行为带来的良好社会效益；经济就是政府节约资源；效率是最小的投入最大的产出。（陈振明，2000）总而言之，通过绩效评估，不仅要考察投入指标，而且要考察产出效率，不仅要考察效果、公平性和公众的满意程度，而且要考察对经济、社会发展带来的可持续性。

关于区域公共治理绩效评价，Mimicopoulos（2006）认为可以从效率、透明度和参与度这三个维度去衡量。效率是指政府建立可预测性制度和政策环境的能力；透明度是指向公众提供有关政府行为的清晰和足够的信息；参与度是将公民社会引入到治理中的一个重要的因素。

区域公共治理的绩效评估，就是治理主体及社会中介组织依据指标体系，运用一定方式与方法，对区域治理目标实现情况进行全面评价的过程。

（二）绩效评价存在的问题

1. 评价目标不明确

长期以来，在经济发展观的影响下，区域治理绩效评价往往更看重经济指标（如 GDP 增长、地方财政收入增长），对社会发展指标重视不够，尤其是推进区域一体化进程中基础教育、基本医疗卫生、社会保障等基本公共服务均等化的主动性不够。因此，区域公共治理全面的评价内容包括区域经济、社会、生态环境、流域治理等指标，在评价内容上更加看重效率、效益、回应性及公平性等。当前区域公共治理绩效评价难以满足全面性要求，即评估内容不全面容易导致评价结果的片面性，难以真实反映政府、企业、非政府组织等多元主体对区域治理的效果。

2. 评价主体模糊

一般来说，公共治理绩效有两类可选的评价主体模式，即单一主体评价和多元评价。其中，单一主体评价主要是区域治理主体自我评价，包括政府、企业或社会公众的评价，而多元评价则通过吸收不同治理主体并广泛吸纳社会各界代表参加的评价。评价主体模糊是我国区域公共治理绩效评价面临的首要问题，当前评价主要问题还有如下几个。

（1）社会公众评价和第三方评价并没有得到充分重视。社会公众评价和第三方评价能够比较客观地反映公共治理的状况，特别是社会公众作为公共治理受益者，评价直观明了，但由于我国社会公众文化水平参差不齐，民主意识、社会参与意识薄弱，容易受到误导。

（2）缺少对区域公共治理的综合评价部门。当前，我国政府作为公共治理的主要参与者，对公共治理的绩效评价涉及区域各个政府及部门，在评价中难以全面衡量跨区域公共治理的综合绩效。

3. 评价指标不健全

制定区域公共治理指标体系，评估各地区公共治理状况，发现存在的问题，对各级政府进一步完善公共治理规划、目标，制定实施方案具有重要的指导意义。但是，我国区域公共治理存在指标不健全的问题。区域公共治理指标体系在效率、参与度、透明度、回应、公平性等指标设计上存在缺陷,未能从不同角度全面、系统地反映公共治理水平和绩效,客观地反映政府及多元治理主体行动效果。

4. 评价方法不科学

区域公共治理绩效评价效果是否服众,选择科学的评价方法十分重要。因为绩效评价方法融入了绩效评价的每一个环节,包括确定绩效评价目标、制定评价程序、规范评价内容、选择评价主体和对象、获取评价基础数据、测算绩效评价价值和评价结果的应用等多方面,环环相扣、缺一不可,且要求各个环节具有逻辑一致性。一旦选择了不恰当的方法,整个绩效评价工作的效果将会受到严重影响。

当前区域公共治理绩效评价方法还存在一些问题:一是大多依据政府统计机构数据,缺乏通过大量调查所获得的样本资料数据;二是运用了大量的数量分析方法,注重方法上的技巧性,但却缺乏对使用者的满意度调查,导致结果难有说服力。

(三)区域公共治理绩效评价机制构建

1. 建立区域公共治理绩效评价法律制度

实现区域公共治理绩效评价科学化、制度化,必须从立法上加以保障。首先,绩效评价是一项技术性很强的工作。它涉及区域公共治理规划、绩效评价指标体系的设立、绩效评估的实施程序、评估主体的选择要求、评价结果的运用规则,以及地方政府根据本地区、本部门的情况来构建指标体系、设定评价内容、规范评价流程等。其次,为区域公共治理绩效评价立法,可以赋予绩效评价足够的权威性,从而强制地保证其规范性,克服目前仅依靠"红头文件"而导致的随意性和不确定性问题。最后,为绩效评估立法,可以建立一套权威的绩效评价与管理体系,在法律法规的保障与指导下,绩效评价不但可以促进政府转变职能,推进公共服务型政府建设,而且可以改善政府管理部门管理绩效、服务绩效,提升政府公信力。这种自上而下的改革路径,符合我国行政管理的传统方式,既能统一改革的指导思想,又能促进地方大胆试点和创新。

2. 区域公共治理绩效评价指标体系构建

指标体系构建是全面评估区域公共治理绩效的重要环节，它为绩效评价的实施提供载体和标准，是实现绩效评价客观公正的必要条件。

区域公共治理绩效评价，包括了综合绩效评价、财政支出绩效评价等内容，其中综合绩效评价在反映跨行政区域全貌、兼顾多种因素、多种政策背景及提供宏观政策指导方面具有明显优势，其重要性定当位居前列。

3. 创新区域公共治理绩效评价方式、方法

在评价模式上，在指标体系构建和实施过程中始终坚持政府部门自身评价与社会公众评价相结合的评价模式，特别是注重第三方的评价，这对保证评价结果的准确性和公信度具有良好作用。在评价方法上，应尽量采用客观指标，把多指标综合定量评价与社会公众评议有机结合起来。社会公众评议可通过问卷调查和机构档案调查相结合，运用公民满意度指标和定量数据来综合评价所获得的公共服务，更准确地反映区域公共治理的成效。

4. 强化制度配套，保证评价效果

区域公共治理绩效评价及管理是一个系统工程，在指标体系设计、运用、修正与完善过程中，还必须建立与之相配套的制度体系。包括电子信息系统平台（信息收集系统、信息评价系统和反馈系统）建设、奖惩激励机制设计、申诉与仲裁制度及监督保障制度建设等，以保证区域治理绩效评价与管理体系的有效运转，防止评价过程中"黑箱操作"现象的发生。

六、监督机制

（一）区域公共治理监督机制概念及含义

所谓区域公共治理的监督机制是指影响区域公共治理监督的各要素之间彼此依存，有机结合和自动调节所形成的内在关系与运行方式。具体说来监督机制就是监督主体对监督客体所实施监督的程序和过程，内容包括：监督主体、监督对象、监督内容、监督方式。在我国当前的行政体制下，有人大监督、政府内部监督、政协民主监督、司法监督和社会力量监督五大主体监督；监督对象与内容包括对区域公共治理的主体（主要指区际政府）对区域治理的决策程序、治理过程状况及结果的监督；监督方式是实施监督的一系列规制的总称，

包括监督的程序与规则等。

（二）我国区域公共治理监督机制现状与问题

当前，区域公共治理提供的社会监督机制正在形成之中，但还存在许多问题。

1. 区域公共治理监督主体职责分工还不明确

就跨行政区而言，要实现对公共治理的监督，首先需要明确区域公共治理监督的主体及规则。我国区域公共治理监督包括内部监督和外部监督两部分。

内部监督就是指政府及相关部门依据监督的有关规则所进行的垂直监督和平行监督。一是通过行政系统所进行自上而下的监督，即上级政府、行政机关和部门对下级政府及部门的监督。二是政府内部专业监督机构对政府相关部门的监督（如行政监察、财政监督、审计监督等）。

外部监督主体包括人大、政协、司法、媒体、社会公众等，依据法定职责和程序，运用各种手段对政府及其相关部门履行区域公共治理职能的监督。

从内部监督来说，由于跨行政区域存在政府之间的利益分割和利益博弈，自上而下的监督受行政区分割等刚性束缚，对区际政府间的监督难以实施。由于我国区域治理刚刚兴起，缺乏制度性规制，政府内部各级财政、审计、行政监察部门还没有关于区域公共治理监督的制度性要求。在未来区域公共治理成为区域公共事务的主要管理模式时，也需要对政府相关监督部门或机构从立法角度确立其法定地位，畅通渠道，打破各部门之间的信息壁垒或体制障碍，保障其在行使监督职权时免受多方面的掣肘。

从外部监督来说，我国各级人大、政协、司法机关还没有将区域公共治理作为专门对象纳入其监督的职责范围。跨行政区社会公众对区域公共治理的质量最有发言权，也是最为有用的监督主体，但是在现有监督机制中，由于参与意识、组织化程度、渠道和途径等原因，社会公众进行直接监督相当有限。这就需要媒体反映社会公众的声音，但由于我国许多媒体缺乏独立性，往往只是政府的喉舌，难以真实反映民众的需求，因此，总体上来说我国社会公众的监督还相当欠缺。

总之，在我国区域公共治理领域还未构建起较为全面的监督系统，由于各个监督机构分别隶属于不同的管理系统，各监督部门的职责分工不够明确，监督合力尚未形成。

2. 区域公共治理监督客体不明确

区域公共治理监督的客体，重点是公共治理财政预算。区域公共治理预算是否科学、合理、可行，影响和制约着区域公共治理价值目标的实现程度。当前我国跨行政区预算涉及多个政府，而由于政府间财政收入差异及预算编制中优先保障的重点不同，区域公共治理预算规模和水平存在较大差异，因此很难监督到位。同时，对各级政府间有关区域公共治理决策、执行和结果仍缺乏有效的监督，主要原因还在于监督的主体和规则还不明确。对企业和第三部门区域公共治理监督机制还是一个空白。

3. 区域公共治理监督的运行机制较为欠缺

（1）区域公共治理监督所依据的考核评价机制不规范。建立科学合理的区域公共治理质量评价与考核体系，是区域公共治理监督机制建设的重要内容。与西方国家区域公共治理的成熟性相比，我国区域公共治理刚刚起步，缺乏统一、规范的区域公共治理质量评价标准与考核评价体系。这使得各社会监督主体缺乏权威的监督依据，也难以依照区域公共治理质量标准要求政府及相关企业、社会组织提高区域公共治理质量与效益，致使区域公共治理质量效率及社会监督效果无从谈起。

（2）监督的信息共享机制不畅。区域治理涉及政府间、政府部门间合作，由于存在治理主体的多元化，在信息沟通与交流上存在信息公开不够，透明度不高的问题，如区域政府间合作决策及合作协议是怎样产生的，资金投入究竟是多少，资金比例是如何分摊的，区域合作的目标与效果是什么，现在实施进展情况如何，发现问题如何处理，等等。这既影响社会公众对政府决策的认知，也影响各监督机构对检查监督进程的实施。这些信息不公开、不共享，容易使监督流于形式，使区域合作过程中的违法违纪问题逃脱监督，或者因过多过繁的重复监督而造成新的资源浪费。

（3）区域公共治理监督的保障机制不健全。实现区域公共治理监督必须在人、财、物上提供有效保障，才能使监督落实到位，但当前我国区域公共治理的监督存在人、财、物上的短板，原因是监督主体在人、财、物方面甚至还要受制于监督客体，这就不可避免地出现监督主体的监督活动受到监督客体控制和干扰的现象，使监督的独立性和权威性无法保证，从而影响和制约监督活动的正常展开和监督结果的客观公正。

（三）影响监督机制形成的主要原因

我国区域公共治理社会监督难以形成的原因涉及观念、法制、体制、政策、实际操作等诸多方面。其主要原因包括如下几种。

1. 区域公共治理社会监督意识薄弱

公共治理的社会监督意识与公民社会建立有关，目前我国公民社会建设滞后，导致社会公众对公共治理状况漠不关心，参与意识不强。社会监督主体参与监督的渠道和途径相当有限，加上信息不对称，也导致监督困难。

2. 区域公共治理社会监督法制化程度偏低

立法是建立和完善区域合作与治理社会监督机制的重要前提和保证。对当前正在兴起的区域公共治理实行社会监督，并完善监督职能，必须从一开始就建立起比较健全的法律法规，并通过一定的方式和程序来实现。这些法律法规既是对社会监督权力及其行使的规范，又是这种权力及其行使过程中的保障。

我国迄今没有一部统一的社会监督法保障社会监督的实施，更不用说对目前区域政府间合作行为的监督。2006年8月27日，全国人大常委会通过了监督法草案，重点是监督"一府两院"，并未涉及社会监督。关于区域公共治理的公民监督和社会团体监督，在我国现行法律体系中还是空白。关于舆论监督的法律法规也基本处于空白状态，我国没有专门的新闻法或媒体法，因此对区域公共治理提供的舆论监督处于自发状态。

3. 区域公共治理社会监督问责机制不健全

"问责制"是一种倒逼机制，运用这一手段可以有效保证公共治理决策及实施的效果。当前我国尚未完全建立起区域公共治理监督问责制度，主要表现在当区域公共治理出现重大决策失误，或实施中出现重大事故等问题时，谁是公共责任主体、追究什么责任并不明确，导致责任追究无法实施。

4. 区域公共治理信息不对称

区域公共治理信息公开透明是保证社会监督的基础。目前的区域合作与治理信息公开的范围、程度、效果均存在较大问题，由于政府缺乏信息公开透明的途径，尽管有政府门户网站、电子政务、政府新闻发言人制度和突发事件新闻报道等途径，但信息不对称现象仍然十分突出。特别是我国还缺乏信息公开的专门法律法规，难以规范政府及有关部门的信息管理行为，导致政府及有关部门对信息公开的内容、范围、方式等有着高度的自由裁量权，在公开发布信息过程中，通过信息筛选、过滤，常常会选择有利信息发布，有意识地保留或隐瞒对自己不利的信息，从而为区域合作治理的监督尤其是社会监督造成了很大的障碍。

（四）区域公共治理监督机制构建

1. 明确监督主体，构建"协同型"监督机制

明确监督主体，解决谁监督问题，是落实监督责任的关键环节。在当前我国区域治理中，监督主体可以是地方各级政府，因为地方各级政府是区域公共治理的利益相关者，相互博弈与相互监督并存，所以可充分发挥地方各级政府在监督中的作用。只有地方各级政府相互监督好了，政府合作利益才能得到保障。政府间区域公共治理的上级政府及相关部门也是公共治理的监督主体，依靠政府间层级和行政体系由上级政府及相关部门对地方公共事务进行监督和管理，才能发挥监督和管理的权威性。当然，区域公共治理的监督主体还可以是区域公共治理合作协商组织，协商组织中除政府外，还有企业、社会民间组织成员参与其间，它们也是区域公共治理的监督主体。保证监督实施效果，需构建多元主体的"协同型"监督机制，形成覆盖政府、企业、事业单位的"宽领域"监督，实现从公共治理决策、实施过程、绩效评估的全程监督。

2. 完善监督法规，构建"透明"监督机制

完善监督的法律法规，构建"透明"监督机制，是保障区域公共治理监督制度化、科学化的基础和前提。首先，应明确监督主体职责，制定监督的法律和行政法规。为确保监督主体依法履行监督职责的独立性和有效性，应对监督职责有明确的界定，同时要在监督的法律法规中对公共服务监督机构负责人及其他工作人员应具备的业务知识、技能提出具体的要求。其次，建立政府内部控制制度。政府内部控制制度是政府及相关部门为完成既定的工作目标和防范

风险,对内部各职能部门及其工作人员从事的行政管理和业务活动所实施的风险管控、制度管理与程序控制的总称。政府内部控制是政府公共服务监督的基础和前提,指导、检查和督促政府加强完善内控建设,是监督机构的基本职责。建立科学完善的内部控制制度,能有效预防区域公共治理的风险,保障区域政府间合作顺利实施,实现合作效益最大化。

3. 防范风险,构建"预警"监督机制

随着我国区域公共治理投入的增加,特别是区域公共治理涉及的范围不断扩大,参与的政府、企业及社会团体也不断增多。如何规范公共治理行为,提升区域公共治理质量,也成为区域公共治理监督必须直面的问题。因此,建立风险防范,构建"预警"监督机制,显得十分迫切。首先,制定区域公共治理合作规制,规范合作行为。通过制定区域合作规制,保证合作的有序推进。例如,制定区域性反垄断和反地方保护主义规制、区域基本公共服务一体化推进规制、区域信息公共服务平台共享共建行动规制等,再配以其他的具体行为规则,以合作规则的制定来规范地方政府的合作行为。其次,建立责任追究制度。责任追究制度是保证政府管理和有效监督的重要手段。

4. 权责明确,构建"问责"监督机制

区域公共治理的内在规定性决定了政府在区域公共治理中的主导性作用。政府间权责明确是保障治理绩效的基本条件。首先,健全中央和地方政府间财权与事权相匹配的财政体制,改变现行"分税制"条件下"重财权、轻事权;财权上交、事权下放"的非均衡性状态。其次,制定科学的公共治理监督绩效评价体系与方法。没有科学的评价体系与方法,就不能对社会监督效果进行有效地衡量。最后,建立区域公共治理问责机制。问责是社会监督的积极反馈,没有责任追究,社会监督也就无从谈起。要运用好公共治理绩效评估的结果,与政府及部门领导选拔、任用、奖惩等挂钩。

第三章
成渝经济区区域公共治理基础和现状

第一节 成渝经济区区域公共治理基础

成渝经济区位于长江上游地区,北接陕甘,南连云贵,西通青藏,东邻湘鄂,涵盖了重庆市29个区县(22个区,7个县),四川省15个地级市,区域面积20.6万平方千米,占全国陆地面积约2.15%,2014年户籍人口10 312.67万,占全国总人口的7.53%。

成渝地区作为一个相对完整的地理区域早已存在,但作为一个经济区存在并协同发展至今还未形成。新中国成立初期,中央把中共中央西南局和西南军政委员会驻地设在重庆,由此重庆成为当时西南地区政治、经济、文化中心,为中央直辖市。1954年重庆改为四川省辖市,成渝地区在一个省级行政区加以规划建设。

1996年,经全国人大通过,重庆成为中国的第四个直辖市,川渝两地行政区划分开,但两地合作的愿望一直在延续。特别是最近几年来,"长三角""珠三角""环渤海"及其他城市群,经济一体化进程加快,有力促进了经济社会快速发展,重庆和四川与这些地区的差距越拉越大,使得川、渝两地区域合作的紧迫感和危机感日益增强。川渝两地进行区域经济的整合,建立区域政府间合作的愿望十分迫切。

2001年年底,成渝两市主要领导汇聚重庆,通过会谈协商签署了《重庆—成都经济合作会谈纪要》,首次提出合作构筑"成渝经济走廊"口号[①],并初步

---

① 新华网:"渝川合作"之历史进程回顾,2007-04-02。

议定了合作领域，提出在交通、商贸、汽摩及零配件、旅游等方面进行全面交流与合作。

2003年，国家发展改革委在编制"十一五"规划时，对中国区域经济发展重点区域进行了规划，把"成渝经济区"与长三角、京津冀、东北老工业基地一起，并列为国家未来重点发展区域，就此，"成渝经济区"作为一个区域经济体开始进入中央视野[①]。

2004年2月3日，川渝两地省长、市长在成都联合签订《关于加强川渝经济社会领域合作，共谋长江上游经济区发展的框架协议》。终于把学界、商界的倡议变成了政府合作协议。这一合作协议框架性地确立了战略合作的领域，包括农业、交通、旅游、公安、文化、广播六个方面，简称为"6+1"合作协议。2005年2月，川渝两地高层领导在渝召开重庆·四川经济社会发展情况交流座谈会，就两地深化合作，共同推进"6+1"合作协议的实施进行了沟通与交流。

2005年，川渝两地专家学者合作完成了国家发展改革委的"十一五"规划委托项目：《共建繁荣：成渝经济区发展思路研究》。项目研究成果为政府把成渝经济区发展上升为国家战略提供了理论依据。

2006年年底，国务院批复《西部大开发"十一五"规划》，正式提出依托重庆和成都两个特大城市，重点建设成渝经济区[②]。

2007年4月3日，川渝两地高层领导再度聚首成都，共同签署了《四川省人民政府、重庆市人民政府关于推进川渝合作共建成渝经济区的协议》。

该协议涉及成渝经济区基础设施建设、市场体系建设、产业整合、城市群建设、长江上游生态环境建设等内容。在基础设施建设方面强调加快成渝间交通和电网、水利、物流基础设施建设；在市场体系建设上提出构建区域一体化市场体系的目标，提出建立包括商品市场、劳动力市场、资本市场在内市场体系以及推进市场体系形成的规制措施；在产业整合上提出通过共同引导成渝经济区产业分工协作，加强区域产业整合，推动特色产业集群发展；在城市群建设上，提出以成渝两大中心城市为龙头，加快各自城市群建设，以此推动城市连绵带建设；在长江上游生态环境建设上，提出争取国家生态环境建设投入和

---

① 新华网："渝川合作"之历史进程回顾，2007-04-02。
② 新华网："渝川合作"之历史进程回顾，2007-04-02。

第三章　成渝经济区区域公共治理基础和现状

建立生态补偿机制，实施天然林保护、退耕还林、防护林体系建设等工程，建设长江上游生态生态屏障。

为保证协议的实施，设计了工作机制和组织保障措施。一是两省市分别成立了领导小组主要负责决策；二是在两省市发改委设立办公室具体负责实施合作有关事项；三是共同召开区域内区市县长联席会议，开展沿边区市县共建试点等合作。

2008年10月，川渝两省市政府高层针对成渝经济区合作现状与问题进行深入沟通交流，再次签署《关于深化川渝经济合作框架协议》，旨在进一步深化川渝合作领域。

2010年7月，国家发改委编制完成《成渝经济区区域规划》（征求意见稿）上报国务院，2011年3月1日，成渝经济区规划获得国务院原则通过，6月2日，国务院批复了《成渝经济区区域规划》。

该规划从6个方面对成渝经济区建设内容进行了全面系统的规划设计，内容包括区域发展空间布局、统筹城乡发展、现代产业体系构建、重大基础设施建设、社会事业发展、生态环境保护和资源利用等，并提出了改革开放战略及保障措施。

该规划"从国家层面明确成渝经济区的功能定位、总体布局和发展目标，并提出促进成渝经济区一体化发展的政策措施，推动区域合作向更深层次、更广领域发展"[①]。如果说早期的川渝合作还更多局限于经济领域，主要是交通、商贸、商品、旅游在区域更加畅通和融合的话，那么在中期合作领域范围有所扩大，扩展到基础设施体系、市场体系建设、产业优化与整合、成渝城市群建设、长江上游生态环境建设等，尽管合作领域、范围有所扩大，但仍属于地方政府间合作。川渝合作成熟期，则是以《成渝经济区区域规划》的颁布实施为标志，在合作层次上把川渝合作上升为国家战略层面，在合作的领域、范围上涉及区域经济协调发展（区域空间布局、城乡统筹、产业布局、重大基础设施建设）、社会事业协调发展（教育、医疗卫生、文化、就业和社保）和生态环境协调发展三个方面，涵盖了区域合作的相关内容。

该规划为成渝经济区区域公共治理提供了良好的制度基础与客观条件，但

---

① 四川经济日报：成渝经济区诞生年表，2011-03-14。

是如何自觉打破行政藩篱和体制障碍的束缚，推进成渝经济区区域公共治理创新，是贯彻落实《成渝经济区区域规划》的关键环节，也是实现规划所提出的目标任务重点。

长期以来成渝两地具有区域合作的良好基础。一是具有共同的文化基础。成渝同属巴蜀文化，同宗同源，文化联系紧密；二是具有优势互补的教育、科技、产业基础。成渝两地教育、科技、产业等方面各具优势与特色，通过合作能实现优势互补。三是具有良好的交通基础设施条件。成渝两地基本构建了现代立体交通网。在高速公路公路方面，目前建设了 3 条成渝高速公路线；铁路方面目前也有 3 条铁路线，除老成渝铁路外，还建设了成渝动车和即将通车的成渝客运专线。两地的机场都在扩建之中，交通基础设施发展态势良好。四是同属于长江上游地区，承担着合作共建长江上游生态屏障和流域生态环境建设的艰巨任务。但目前成渝经济区作为一个经济区域在区域一体化进程中进展十分缓慢，尚未凸显出经济区的集群优势和对区域经济发展的牵引与辐射作用。《成渝经济区区域规划》颁布实施为川渝合作，区域经济一体化发展提供了良好历史机遇和发展环境，但由于川渝两省市主要领导的更替，成渝经济区一体化建设推进并不令人满意。主要原因还在于行政区的分割及区际政府间利益博弈，难以形成政府间协商机制、信任合作机制和利益协调机制。

第二节 成渝经济区区域公共治理现状

一、成渝经济区区域差距

成渝经济区区域规划实施以来，区域内政府合作加强，推进了区域间经济联系与合作，但区域差距依然显著。特别是在地区经济发展方面差距较大，经济协调发展的压力较大。

（一）数据来源与统计描述

1. 数据来源

为了考察成渝经济区经济发展差距，笔者收集了 2000～2013 年典型年份的成渝经济区各地 GDP。根据发展规划，成渝经济区包括四川省的 15 个地级市，重庆的 31 个区县市（后因万盛、双桥分别与綦江、大足合并，涵盖重庆的区县减少至 29 个）。据此，将四川省的 15 个地级市和重庆的 29 个区县作为考察成渝经济区的地理单元，共 44 个经济地理单元。

通过收集相应年份的《四川统计年鉴》和《重庆统计年鉴》，整理得到典型年份成渝经济区的经济数据。根据时间节点重要性原则，此处的典型年份包括 2000 年、2005 年、2007 年、2010 年和 2013 年。从相应的统计年鉴上收集得到各市（区、县）的 GDP 和人均 GDP。其中，根据统计年鉴的标注可知，所收集得到的人均 GDP 是根据各地"年平均常住人口"得到的。据此，利用总量 GDP 对人均 GDP 作商，可以得到各地区的年平均常住人口，以此作为人口指标。

2. 数据统计分析

考虑到各地区幅员面积和人口规模的巨大差异，以人均 GDP 表示地区差距是恰当的指标。经整理，得到各典型年份的 GDP 变量（表 3-1）。

表 3-1　成渝经济区典型年份人均 GDP　　　　（单位：元）

地区	2000 年	2005 年	2007 年	2010 年	2013 年
成都	13 020.0	19 627.0	26 525.0	41 253.0	63 977.0
达州	3 040.0	6 063.0	8 970.0	14 623.0	22 632.0
德阳	6 889.0	12 593.0	17 789.0	25 335.0	39 573.0
广安	2 901.0	6 566.0	9 054.0	15 588.0	25 933.0
乐山	4 226.0	9 116.0	13 475.0	22 490.0	34 863.0
泸州	3 578.0	6 753.0	9 474.0	16 698.0	26 848.0
眉山	3 678.0	8 012.0	11 340.0	18 586.0	28 934.0
绵阳	6 122.0	9 774.0	13 640.0	20 053.0	31 237.0
南充	2 492.0	5 409.0	8 234.0	13 212.0	21 059.0
内江	3 454.0	6 432.0	9 432.0	18 022.0	28 735.0
遂宁	3 169.0	5 789.0	8 565.0	14 498.0	22 517.0
雅安	4 949.0	8 310.0	11 725.0	18 881.0	27 317.0
宜宾	3 963.0	7 890.0	11 874.0	19 499.0	30 093.0
资阳	2 924.0	6 014.0	8 818.0	16 644.0	30 514.0
自贡	4 825.0	9 924.0	14 166.0	23 613.0	36 745.0
巴南	5 555.0	12 325.0	16 549.0	33 603.8	48 924.0

续表

地区	2000 年	2005 年	2007 年	2010 年	2013 年
北碚	8 334.0	11 955.0	15 897.0	34 152.4	49 343.0
璧山	5 026.0	12 872.0	17 583.0	26 067.8	45 330.0
大渡口	19 145.0	26 762.0	35 074.0	58 875.0	41 722.0
垫江	2 927.0	6 975.0	9 242.0	16 163.3	28 644.0
丰都	2 699.0	5 693.0	7 479.0	11 879.0	19 167.0
涪陵	6 277.0	13 322.0	18 966.0	40 731.8	62 272.0
合川	5 123.0	10 223.0	13 183.0	18 908.9	29 305.0
江北	11 021.0	20 717.0	26 938.0	53 034.5	67 653.0
江津	5 527.0	10 520.0	13 914.0	24 572.0	38 653.0
九龙坡	13 640.0	28 827.0	38 523.0	54 369.7	71 395.0
开县	2 588.0	6 050.0	7 923.0	12 865.7	22 851.0
梁平	2 686.0	6 822.0	8 884.0	16 161.0	27 058.0
南岸	12 309.0	17 459.0	22 874.0	46 238.5	64 720.0
南川	4 901.0	11 402.0	14 816.0	26 866.3	29 350.0
荣昌	3 990.0	8 963.0	13 097.0	24 187.4	38 784.0
沙坪坝	12 691.0	19 090.0	25 983.0	41 954.1	64 226.0
石柱	2 408.0	5 786.0	8 235.0	15 613.5	26 487.0
铜梁	4 971.0	11 664.0	14 125.0	25 026.6	41 178.0
潼南	3 542.0	8 567.0	10 332.0	18 248.2	29 515.0
万州	3 893.0	8 793.0	12 547.0	31 996.1	44 174.0
永川	5 405.0	12 231.0	16 584.0	29 280.6	40 819.0
渝北	5 365.0	17 228.0	26 861.0	42 636.8	69 125.0
渝中	18 976.0	34 637.0	39 502.0	87 768.1	123 771.0
云阳	1 796.0	4 281.0	5 500.0	9 394.6	16 627.0
长寿	5 747.0	11 567.0	16 643.0	29 693.7	47 054.0
忠县	2 325.0	5 870.0	8 282.0	14 561.0	24 792.0
大足	4 568.3	9 499.5	12 214.9	25 652.7	37 673.0
綦江	3 987.0	9 168.6	11 915.9	20 491.4	29 542.0

资料来源：根据相应年份《四川统计年鉴》《重庆统计年鉴》整理得到

对上述数据进行统计描述，以揭示其统计特征与规律（表 3-2）。

第三章 成渝经济区区域公共治理基础和现状

表 3-2　成渝经济区典型年份人均 GDP 统计描述

	2000 年	2005 年	2007 年	2010 年	2013 年
平均	2 833.0	11 307.8	15 289.7	27 045.2	39 798.4
中位差	4 996.0	9 334.0	13 140.0	23 051.5	33 050.0
标准差	4 182.7	6 571.1	8 212.2	15 371.3	19 672.1
方差	17 494 638.1	431 798 268.8	67 440 759.6	236 275 969.0	386 991 448.4
峰度	3.23	3.647	2.035	4.625	6.524
偏度	1.913	1.869	1.564	1.892	2.112
最小值	1 796.0	4 281.0	5 500.0	9 394.6	16 627.0
最大值	19 145.0	34 637.0	39 502.0	87 768.1	123 771.0
求和	256 652.3	497 541.1	672 747.8	1 189 989.4	1 751 131.0
观测值	44	44	44	44	44

从表 3-2 的统计描述中，可以清楚看出 44 个地区单位的人均生产总值差异是显著的，为了直观体现这一结论，作出其数据图形（图 3-1）。

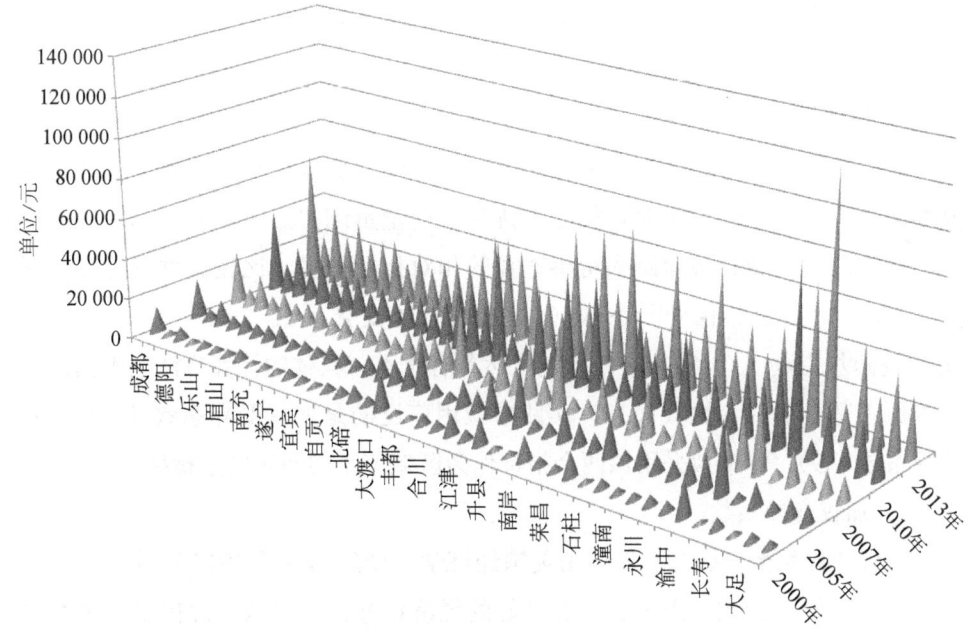

图 3-1　成渝经济区典型年份人均 GDP 柱状图

从图 3-1 中可以直观看到，除了大渡口区 2013 年比 2010 年降低之外，其余各地人均 GDP 均有显著增长。与此同时，地区间的差距也呈现出扩大趋势。

（二）测度指标与方法

为了深入考察成渝经济区内经济发展差距，以区域内各二级行政单位为研究的经济地理单元，以这些地区典型年份的人均 GDP 为测算指标，对区域经济差异的总体特征进行分析。

1. 绝对指标

（1）极差：

$$R = Y_{max} - Y_{min} \quad (3\text{-}1)$$

式中，Y_{max} 是区域中人均 GDP 的最大值；Y_{min} 是区域中人均 GDP 的最小值。

（2）标准差：

$$S = \sqrt{\frac{\sum (Y_i - \bar{Y})^2}{n}} \quad (3\text{-}2)$$

式中，Y_i 是成渝经济区各地区的人均 GDP；$\bar{Y}$ 是成渝经济区各地的人均 GDP 的平均值。

2. 相对指标

在用绝对指标考察区域经济差距时，由于受到变量量纲的影响，不能对研究结果进行横向比较。相对指标由于排除了变量量纲的影响，在实际中应用广泛。作为测度区域经济差距的可供选择的相对指标很多，比较典型的有变异系数（CV）特别是加权变异系数（CV_w）、对数变异系数（lnCV）、基尼系数（G）及泰尔指数（T）等。这些指数虽然各有优点，具体的计算方法也不同，但基本原理是一致的。比较而言，实践中应用广泛的是加权变异系数（CV_w）和基尼系数（G）。本节拟采用该两个指标作为区域差距的相对度量指标。

1）加权变异系数

加权变异系数（CV_w）最早由美国经济学家威廉姆森于 1965 年提出，故又被称为威廉姆森指数。由于其具有良好的经济意义，该指数一经提出，在度量经济差距方面便得到了广泛应用，如 Mathur 于 1983 年对印度人均 GDP 的差距研究，Akita 等于 1995 年对印度尼西亚人均 GDP 的差距及其部门构成的研究等。加权变异系数（CV_w）的计算公式如下：

$$CV_w = \frac{1}{\overline{x}} \sqrt{\sum_{i=1}^{n}(x_i - \overline{x})^2 \times \frac{p_i}{p}} \qquad (3\text{-}3)$$

式（3-3）中，x_i 为所考察的经济指标，$\overline{x}$ 为所有地区该经济指标的平均值，n 为地区个数，p_i 为地区 i 的人口数，p 为所有地区的人口总数。

2）基尼系数

基尼系数是 20 世纪初意大利经济学家基尼（Gini），根据洛伦兹曲线所定义的判断收入分配公平程度的指标。基尼系数是比例数值，介于 0 和 1 之间，是国际上用来综合考察居民内部收入分配差异状况的一个重要分析指标，也是测度地区经济差距的重要指标。它的数值越大，表明差距也较大。国内不少学者对基尼系数的具体计算方法作了探索，提出了 10 多个不同的计算公式。张建华提出了一个简便易用的公式：假定一定数量的人口按收入由低到高顺序排队，分为人数相等的 n 组，从第 1 组到第 i 组人口累计收入占全部人口总收入的比重为 W_i，则基尼系数计算公式为

$$G = 1 - \frac{1}{n}(2\sum_{i=1}^{n-1} W_i + 1) \qquad (3\text{-}4)$$

式（3-4）仅适用于人口均等分组条件。然而，对于大量的统计数据，人口数据并不是等分的，比如考察地区经济差距时，由于各地人口规模悬殊，均等化假定显然不适用。为此，需要对式（3-4）进行改造。利用相同的计算原理，得到以下基尼系数计算式，该式并不要求人口均等化。

$$G = 1 - 2\sum_{i=1}^{n}(P_i \cdot \sum_{k=1}^{i} W_k) + \sum_{i=1}^{n}(P_i \cdot W_i) \qquad (3\text{-}5)$$

式中，P_i 表示第 i 组人口占全部人口的比重；W_i、W_k 表示第 i、k 组人口收入占全部人口收入的比重。显然，如果人口均等化分组，即 $P_i = 1/n$，则式（3-5）即可简化为式（3-4）。需要注意的是，式（3-4）中的 W_i 是第 1 组到第 i 组的累计人口占比；而式（3-5）中的 W_i 仅是指第 i 组人口占比。

（三）成渝经济区经济差距实证测算

1. 人均 GDP 的极差

采用前述指标方法（式（3-1）），经计算得到成渝经济区各地人均 GDP 的

极差（表 3-3）。

表 3-3　成渝经济区典型年份人均 GDP 的极差

年份	最小人均 GDP	最大人均 GDP	极差
2000 年	1 796	19 145	17 349
2005 年	4 281	34 637	30 356
2007 年	5 500	39 502	34 002
2010 年	9 395	87 768	78 373
2013 年	16 627	123 771	107 144

由表 3-3 的计算结果可知，随着成渝经济区经济的发展，区内经济差距呈现出扩大趋势：2000 年，区内最低人均 GDP 为 1796 元（云阳县），最高人均 GDP 为 19 145 元（大渡口区），极差为 17 349 元；这一数据，到 2013 年变化为，最低人均 GDP 为 16 627 元（云阳县），最高人均 GDP 为 123 771 元（渝中区），极差扩大到 107 144 元，扩大了 4.18 倍，年均扩大 15%，速度较快。从极差变化的角度看，成渝经济区经济差距扩大的趋势是显著的。这一结论通过图 3-2 得到了直观的反映。

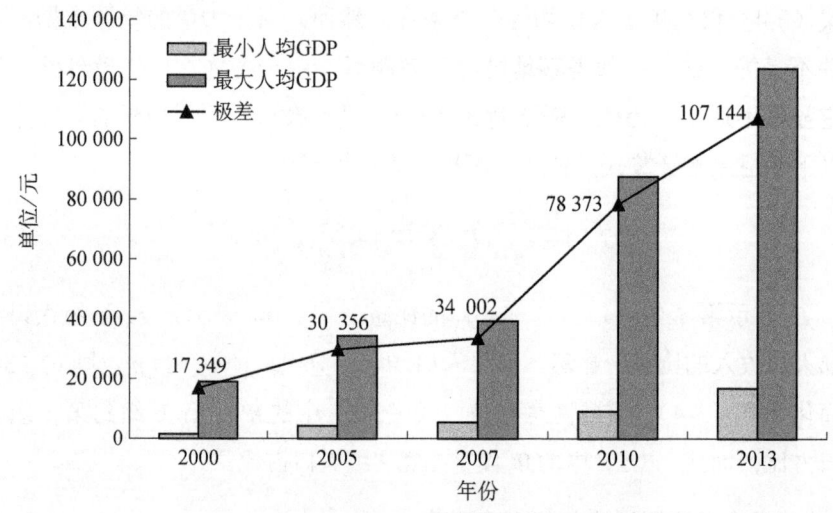

图 3-2　成渝经济区典型年份人均 GDP 的极差

2. 人均 GDP 的标准差

采用绝对水平指标的标准差，对成渝经济区内经济差距进行考察。利用前述式（3-2），计算得到区内人均 GDP 的标准差，见表 3-4。

表 3-4　成渝经济区典型年份人均 GDP 的标准差

	2000 年	2005 年	2007 年	2010 年	2013 年
标准差	4 182.7	6 571.1	8 212.2	15 371.3	19 672.1

从表 3-4 的实证结果可知，成渝经济区内人均 GDP 的标准，呈现出持续扩大的趋势，再次表明，从绝对指标的角度看，成渝经济区的经济差距趋于扩大。

3. 人均 GDP 的加权变异系数

考虑到采用绝对指标考察区域经济差距会受到变量量纲的影响，可能造成评价指标的扭曲。为此，在前述采用绝对指标计算的基础上，笔者再次采用相对指标，对成渝经济区经济差距展开考察。

人均 GDP 科学刻画了给定地区的经济发展水平，但对于整体区域而言，人均 GDP 受到人口规模的影响。因此，在采用人均 GDP 考察区域经济经济差距时，用人口比重作为权重的加权变异系数是一个科学的指标。采用式（3-3），计算得到成渝经济区自 2000 年以来的典型年份的加权变异系数（表 3-5）。

表 3-5　成渝经济区典型年份人均 GDP 的加权变异系数

年份	加权变异系数
2000	0.60
2005	0.50
2007	0.48
2010	0.46
2013	0.44

由表 3-5 结果可知，从加权变异系数的角度看，成渝经济区自 2000 年以来，其典型年份的经济相对差距趋于缩小。2000 年，加权变异系数为 0.60，2013 年为 0.44，整体上趋于下降，但下降速度较小。这一变动趋势从图 3-3 中得到直观反映。

4. 人均 GDP 的基尼系数

测度经济差距的常用指标还有基尼系数。采用式（3-5），计算成渝经济区各地间的人均 GDP 的基尼系数。计算时，首先对各地的数据按照人均 GDP 进行由低到高排序；然后对排序后的数据计算各地人口占总人口的比重（P_i），以及各地收入（地区生产总值）占成渝经济区全部生产总值总量的比重（W_i）；最后利用式（3-5），计算得到各典型年份的基尼系数（表 3-6）。

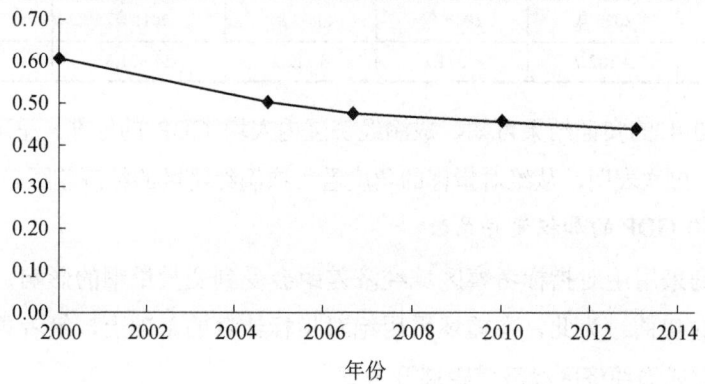

图 3-3 成渝经济区典型年份人均 GDP 的加权变异系数

表 3-6 成渝经济区典型年份人均 GDP 的基尼系数

年份	基尼系数
2000	0.315
2005	0.271
2007	0.255
2010	0.251
2013	0.234

由表 3-6 的计算结果可知，2000~2013 年，以基尼系数衡量的成渝经济区的相对经济差距趋于缩小，但是缩小的速度比较小。这一结论与前述加权变异系数的研究一致的（图 3-4）。

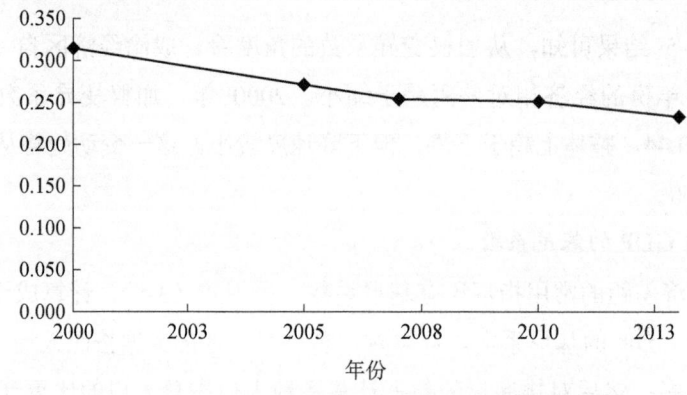

图 3-4 成渝经济区典型年份人均 GDP 的基尼系数

5. 实证研究结论与建议

绝对指标与相对指标的实证测算结果表明，成渝经济区在 2000~2013 年的典型年份上，地区经济差距，绝对指标上的差距趋于扩大，而相对指标上的差距趋于下降；同时，绝对指标上差距趋于扩大的速度较快，而相对指标上差距趋于下降的速度较小。

造成这一现象的原因，在于经济发达的地区经济基数较大，虽然增量较大，但其增长的倍数不大；而经济相对落后地区，由于经济基数较小，因此尽管绝对量增长不多，但其相对增长率依然会很高。

成渝经济区区域差距，是区域内政府发展战略、政策措施、自然地理、资源禀赋、产业基础等多种因素影响的结果，为此，需要采取财政、金融、产业、收入等多种政策措施协调配合，通过区域各级政府间的合作保证相关政策的落实，才能逐步实现区域协调发展的目标。

根据实证研究结果，结合成渝经济区经济发展的实际，尝试性提出一个"三级联动的区域经济协调发展政策建议体系"。

"三级联动的区域经济协调发展政策建议体系"意味着，在成渝经济区区域经济发展过程中，形成中央、省（市）、区县分工明确、职责清晰的统一协调的有机整体，形成"中央调控、省域合作、区县发展"的发展格局。具体政策建议如下。

（1）中央政府：加强宏观调控。

中央政府从宏观角度对区域经济实施调控，为区域的协调发展提供政策支持与制度保障。成渝经济区的设立，需要从中央宏观层面制定并实施着力于促进区域协调的政策。成渝经济区隶属于四川和重庆两个省级行政单位，由于行政区域的分割，可能难以实现真正的融合发展，客观上需要中央宏观政策引导和约束，促进区域合作共赢，实现区域协调性、可持续性发展。

（2）省（市）政府：加强区域合作。

随着经济的纵深发展，地区间的经济联系和影响日益增强，区域合作已经成为经济发展的常态。具体到成渝经济区，需要在四川省与重庆市之间建立合作协作机制。四川与重庆，由于地理环境、自然条件和发展战略的差别，彼此之间形成了各具特色的发展格局；同时，由于历史文化、自然地理环境、经济发展要求和区域一体化竞争态势，成渝经济区面临着共同的发展环境和政策环境，需要区域政府间通过政策整合、资源整合及体制机制创新，推动区域合作，特别是在合作中摒弃"零和博弈"的思路，树立合作共赢的观念，使合作协调机制常态化，促进成渝经济区协调发展。

（3）区县政府：加强自我发展。

作为成渝经济区内部的44个市（区、县）级政府及政府相关部门，需要从产业结构调整、城镇化建设、基础设施建设、公共服务、体制机制改革等方面提升自我造血功能，促进经济发展，逐步缩小区域差距。

以产业发展为驱动，推动经济发展。首先，以新型工业化为依托，推进农业产业化，实现工业和农业的产业集聚。同时发展一批区域特色优势产业和支柱产业及现代物流、互联网+金融等生产性服务业。其次，加快发展现代服务业，利用现代信息技术，推动现代商贸物流、休闲旅游等服务业的发展。最后，实施创新驱动战略。通过科技创新，实现工业化、城镇化和农业现代化"三化融合"，推动市、区、县经济发展由要素驱动、投资驱动向科技创新驱动转型，提高区域经济的核心竞争力。

以新型城镇化建设为重点，逐步缩小城乡差距。针对成渝经济区二元结构现象突出，城乡差距明显的现状和问题，采用统筹城乡发展的政策措施，实现城乡一体化发展，才能实现区域协调发展。主要包括：大力发展新型产业，实现对农村人口的吸纳与集聚；推动城镇基础设施和公共服务能力建设，提高对人口的承载能力和服务能力；推进户籍制度改革与相关配套政策调整，形成人口的有序流动。

以体制改革和政策创新为引领，促进要素资源的集聚。通过政府管理体制改革，转变政府职能和作用，充分发挥市场机制在资源配置中的决定性作用；积极推动政府对产业、财政、税收、信贷、投资、土地、科技、人才等的政策调整和改革，通过政策引导各类要素资源通过市场机制向市、区、县域集中，形成要素资源的集聚效应，实现资源配置的最优化。

总之，要坚持区域协调发展理念，通过中央、省（市）和市（区、县）三级联动，构建互动合作的政策协调机制，提升成渝经济区经济综合实力，并不断缩小区域内部各市区县的经济差距，积极促进成渝经济区经济的协调发展。

二、成渝经济区区域交通基础设施建设状况

成都、重庆是长江上游的核心地区，也是长江经济带上的一级中心城市，是西部大开发的桥头堡，西部唯一集水、陆、空运输为一体的交通枢纽，能衔接长江经济带和新丝绸之路，发挥着承东启西、接南济北的天然纽带作用，可以有效实现"向西开发"与"沿江开发"的联动配合。

道路及交通建设是地区经济发展的基础，更是地区间跨区域合作的基石。近年来，成渝经济区围绕成都、重庆两大核心城市在高速公路、铁路、航空方面构建了互联互通的交通网络体系，打通了成渝经济区出口通道，构建了较为综合、立体交通网络，为成渝经济区全面融入国家"一带一路"和长江经济带战略提供了保障。成渝经济区是深化西部大开发的核心基地，是"一带一路"战略的核心起点、长江经济带的战略支点、连接"一带一路"和长江经济带的重要纽带，是连接西南、西北并沟通中亚、南亚、东南亚的重要交通走廊。《成渝经济区区域规划》明确提出，在区域综合交通布局上，要以高速公路和轨道交通为骨干，以区域航空枢纽和铁路集装箱中心建设为重点，加快城市群对外运输通道建设，完善城际快速交通网络，支撑和引导城市群发展。

1. 成渝城市群交通条件改善情况

近年来成渝经济区依托国家战略，大力发展公路、铁路、民航、水运等主要道路和交通路线，交通基础设施条件明显改善，基本构建起以铁路和水运为骨干、公路为基础的集疏运体系，形成了以空港为中心、集高速公路系统和快速轨道交通于一体的区域性枢纽机场和多式联运物流枢纽基地。铁路网络北通欧亚大陆桥，东接长江大动脉，南连黔桂可达出海口，并拥有长江黄金水道、区域性枢纽机场和若干支线机场。

一是畅通了成渝经济区东出、西出、南下、北上的各主要通道。依托国家"三纵五横骨干流动大通道体系"中南北向流通大通道西线的"呼昆流通大通道"和东西向流通大通道的"长江沿线流通大通道"，成都、重庆被纳入37个国家级流通节点城市及绵阳、达州、南充、宜宾等被纳入66个区域级流通节点城市。重庆市基本建成了航空、铁路和内河港口三大交通枢纽、三个国家一类口岸、三个保税区的"三个三合一"对外开放基础要件，基本形成了成渝通

道、渝兰西亚通道、渝包通道、渝京远东通道、渝汉沪出海通道、渝湘穗出海通道、渝黔桂出海通道、渝滇东南亚通道为主干的对外综合运输大通道。成都市新增成都至达州、成都至自贡高铁、成都至西宁、成都至格尔木铁路等，至2020年形成"二环十射"铁路运输网，至西安、昆明、贵阳、兰州、武汉4小时快铁交通圈，至环渤海长三角、珠三角8小时快铁交通圈的发展目标。成渝经济区向东，成渝沿沪蓉国道（上海-重庆-成都）主干线经武汉、上海最终跨江越海。向西，沿"渝新欧""蓉欧"线途经西安、新疆，经"新丝绸之路经济带"直达中亚及欧亚大陆。目前，在国内"渝新欧"铁路联运线在中国各个城市到欧洲的市场上，占据了80%的份额，且实现了班列的常态化运行；向南，成渝经济区可经缅甸直达孟加拉湾，也可通过云南对接东南亚，并入"21世纪海上丝绸之路"，初步形成了区域内北上、东出、南下的通道网络。《四川省高速公路网规划（2014—2030年）》共规划进出川高速公路通道39个，连接相邻省（自治区、直辖市）的高速公路进出川通道为重庆15个、云南11个、陕西4个、贵州3个、甘肃3个、西藏2个、青海1个。港口方面，四川泸州港是四川的第一大港口；重庆港是长江上游最大的航运港口；万州港常年可以停靠万吨级船只在口岸方面，重庆已建成了包括寸滩港水运口岸、团结村铁路口岸、江北机场航空口岸3个一类口岸在内的15个口岸；建成了寸滩保税港区和西永综合保税区两个保税区，率先实现跨境贸易电子商务全流程，已经打造成为内陆地区的对欧贸易中心。成都市也建成了双流、成都铁路口岸。口岸建设增强了区域物流枢纽的辐射能力，巩固综合交通主枢纽地位。成渝两地还在海关通关领域加大合作，形成范围更广、更为紧密的区域通关一体化格局。2014年成都海关与重庆海关签署区域通关合作备忘录，包括两地海关互认"三预"决定、互认减免税证明、支持开展两地特殊监管区域之间保税监管货物"区间结转"改革新模式、深入推进"属地申报，口岸验放"和"属地申报，属地放行"便捷通关措施，以及建立打私联络员制度及联系协调会制度等。

二是推进成渝经济区城市群之间的环状通道建设。《四川省高速公路网规划（2014—2030年）》提出增强省内经济区之间、城市之间的交通联系，未来将新增井研-宜宾、内江-宜宾等10条路线，增强成都平原城市群与川南城市群及城市之间的联系，城市群之间形成4条及以上互联通道，城市群内的城市之间实现 2 小时内直达。2015 年 10 月，国家发展改革委批复了成渝地区城际铁路建设规划，该规划以成渝双核为中心，覆盖区域常住人口 50 万人及以上城市和大部分常住人口 20 万人以上城市，基本包括重庆全域区县和四川 17 个县市，在城市群内形成"5 骨架 18 辅助"城际网，规划 23 条铁路。至 2020 年，将建成 8 条城际铁路，分别是重庆市域铁路重庆-合川、重庆-江津、重庆-璧山-铜梁段、重庆都市圈环线铁路合川-铜梁-大足-永川段、绵遂内宜铁路、达渝城际铁路、成都-新机场-自贡-泸州城际铁路成都-新机场段、自贡-泸州段。届时将实现成渝 1 小时到达、核心城市与次级中心城市 1 小时到达、城市群内所有次级中心 2 小时到达。

三是成渝经济区内建成连接成渝"双核"的多条快速通道。1995 年，重庆到成都开通第一条高速公路即成渝高速，促进了沿线区县经济高速增长。之后，渝遂高速、渝武高速、渝邻高速、垫邻高速相继通车，成渝经济区高速公路网逐渐形成，促进了成渝之间的紧密联系。目前成渝"双核"间有 6 条高速公路相联：第一条是成渝高速公路（成都-内江-永川-重庆），1995 年建成，420 千米；第二条是成南-渝邻高速公路（成都-南充-广安-邻水-重庆），2005 年建成，340 千米；第三条是成-遂-渝高速公路（成都-遂宁-铜梁-重庆），2007 年建成，295 千米；第四条是成南-南渝高速公路（成都-南充-武胜-合川-重庆），2008 年建成，260 千米；第五条是成渝复线高速公路（成都-简阳-乐至-安岳-大足-重庆），是成渝两地最近的高速公路，仅 210 千米，目前重庆段已经建成通车，四川段已快竣工；第六条是成渝环线高速公路（成都-雅安-乐山-江津-绵阳-重庆），2013 年全面建成，1200 千米。

目前成渝经济区两地已建和在建 9 条高速通道：达万、达渝、邻垫、南渝、成遂渝、成安渝、宜泸渝、成渝及南大梁高速公路。未来还将新增 5 条通道，即南充-重庆潼南、泸县-重庆潼南、自贡-隆昌-老成渝、资阳-安岳-潼南-广安、巴中-广安-重庆。2009 年，成渝间开通和谐号动车，促进了成渝两地更加频繁的交流。2013 年，成渝环线高速公路建成，系全国里程最长、连接城市最多的高速公路环线，从成都经绵阳、遂宁到重庆潼南、铜梁、江津，再经合江、泸州、宜宾、乐山、雅安返回成都，该环线把成渝经济带扩展为真正的成渝经济区，沿线城镇主动融入其中。2015 年年底成渝客专建成通车，成渝两地

1 小时即可通达。经济区内还建成了绵阳-成都-乐山城际客运专线，重庆主城-万州城际客运专线也即将建成通车，未来还将新建川南城际铁路、成都-新机场-自贡-泸州城际铁路、达渝城际铁路、重庆-合川、重庆都市圈环线铁路等城际铁路。成渝两地经过多年的道路及交通建设，现在已经形成了较为完善的综合道路交通网络体系。2013 年重庆市公路通车里程数为 12.28 万千米、高速公路通车里程为 2312 千米、铁路通车里程数为 1380 千米、轨道交通通车里程数为 170 千米；成都市公路通车里程数为 2.25 万千米、高速公路通车里程数为 592 千米；四川省铁路通车里程为 3514 千米。

成渝经济区基本形成四通八达的铁路网络。成渝经济区联接华南、华东、华北、华中、西北、西南的铁路通道，以及沿边境对外国际运输通道和大型铁路枢纽已基本建成。铁路往西北方：有成兰、成都-马尔康、成都-康定、西(宁)成铁路；东北方向有襄渝、郑万和西(安)成铁路；东向通道有渝利、万宜铁路；东南方向有渝怀、渝黔、隆黄、成贵铁路；西南方向有成昆、渝昆铁路。其中，渝湘（重庆-长沙）高速铁路，可以联接华南地区；成都至上海快速客运专线（成都-重庆-武汉-合肥-南京-上海），可以联接华东地区；襄渝铁路复线（重庆-达州-安康-西安-北京），可以联接华北地区；郑渝昆铁路干线（郑州-重庆-昆明）、成昆铁路复线（成都-昆明）、渝黔铁路新线，可以联接西南地区；兰渝（兰州-重庆）铁路干线，可以联接西北地区；渝利铁路线（重庆主城-湖北利川）、续建宜万（宜昌-万州）铁路、安张常（安康-张家界-常德）铁路，可以联接华中地区。成都与西安、昆明、重庆、贵阳的高铁也在修建之中。渝黔新线（重庆-贵阳）、郑渝铁路（重庆-郑州）、黔张常铁路（黔江-张家界-常德）已全面动工。渝昆铁路（重庆-昆明）、安张铁路（安康-城口-奉节-张家界）已纳入规划。渝长铁路（重庆-长沙）、渝西铁路（重庆-西安）正积极争取纳入全国中长期铁路线网规划修编。

成渝经济区已建成干支结合、航线优化的航空运输网络体系。机场建设方面，以重庆江北国际机场和成都双流国际机场为中心，以万州、黔江、绵阳、南充、达州、乐山、宜宾、泸州等支线机场为重要节点，打造成干支结合，航线优化的航空运输网络体系。加快重庆江北国际机场三期扩建工程，以及成都双流国际机场国际货运站、第二跑道和航站楼工程建设，把重庆江北国际机场和成都双流国际机场建成我国西南地区和长江上游地区的航空枢纽。推动经济内旅游支线机场的前期研究工作，优化机场布局，提高机场密度，大力开辟国内航线。成、渝也是与东南亚和南亚综合空中直线距离最近的西南城市之二，这使成渝经济区能成为"一带一路"战略空运、陆路结合的最佳地点。

2. 依托区域交通路网建设发展区域经济

近年来，成渝经济区加快铁路、公路、水运、航空等交通基础设施互联互通，为推进成渝区域经济和城市群一体化发展奠定坚实基础。

首先，依托成渝交通枢纽，打造成渝特色经济带。近年来，四川省政府就发展成渝经济区拟定了"一极一轴一区块"的细化布局，以此作为建设西部经济发展高地和加快成渝经济区发展的重要抓手。"一极"就是成都"都市圈"增长极，"一轴"是成渝通道发展轴，"一区块"是指环渝腹地区块。此外还有沿长江发展带、成内渝（成都、内江、重庆）发展带、成南（遂）渝（成都、南充、遂宁、重庆）发展带、渝广达（重庆、广安、达州）发展带、成绵乐（成都、绵阳、乐山）经济带。成渝交通枢纽线的建设将成渝两市和中部各城市联接起来，有力地促进成渝经济区区域的联系与合作，推动了成渝地区中部洼地崛起，为区域一体化格局的形成奠定了基础。

其次，交通基础设施改善增强了成渝与区域性中心城市的紧密联系。从历史上看，四川的南充、广安、遂宁、达州、泸州诸市，属于川东北和川南经济区，属于重庆的腹地和辐射区。重庆直辖后，由于分属于不同的行政区划，四川与重庆原来紧密的经济联系被行政区划分所阻隔，影响了这些区域性中心城市与核心城市的协作。近年来，与重庆毗邻的四川达州、广安、泸州、资阳、内江、遂宁等多个区县，依据自己的区位优势和资源禀赋，制定了经济发展战略，努力融入重庆经济发展体系中。

达州市提出了全域融入重庆，与成渝双核共振，为了尽快融入重庆经济发展体系中，达州制定了融入重庆的配套产业规划和优惠政策，着力实现农副产品供应、能源供给、汽摩配套、商贸旅游和人才交流等方面的区域合作。加快承接重庆装备制造、机电及配套产业转移。加快推进现代农业产业化，把达州建设为成渝经济区的"米袋子""菜篮子"和"果盘子"供应基地。加快旅游业发展，把达州建成为成渝经济区休闲娱乐的后方花园。即将修建的达渝城际铁路将达州融入重庆1小时经济圈。

广安提出了"立足四川，面向重庆，努力建设成渝经济区重要的增长极"的战略思路。广安作为国务院确立的四川省唯一的川渝合作示范区，从地理位置的毗邻合作到主动融入，把区域合作升华到国家战略高度，按照《川渝合作示范区建设总体方案》，渝广两地在基础设施上实现互连相通，产业发展协同配套，公共服务对接共享，生态环境共建共治，力争使广安纳入长江经济带国家战略。广安市积极构筑成渝经济区区域性现代商贸物流中心、红色文化生态旅游中心，建设新型工业基地、现代农业基地、休闲旅游度假基地、文化创意和影视制作产业基地、现代服务业基地。泸州也提出凭借成渝经济区中间地带区位优势和交通优势，承担起成都、重庆两大城市及成渝经济区与南贵昆经济区的资源、产品等中转和交换重任；同时，在融入重庆经济圈，全面提升自身产业、技术、人才等综合实力基础上，辐射和带动滇黔毗邻地区实现共同发展。

遂宁市作为成渝两个核心城市的最佳连接点和辐射点，努力融入成渝经济圈。在成渝经济区四川部分"一极一轴一区块"的规划中，遂宁是唯一一个既进入成都都市圈增长极，又列入成渝通道发展轴，且纳入了环渝腹地经济区块的城市。遂宁依托成南、遂渝高速公路及达成、遂渝铁路的地利优势，拉近了遂宁同成渝两市的距离。在公路方面，未来将建成遂绵（遂宁-绵阳）高速公路、遂内（遂宁-内江）高速公路、遂资（遂宁-资阳）高速公路和遂广（遂宁-广安）、遂巴（遂宁-巴中）高速公路；在铁路方面，还将增建遂宁至达州复线，遂宁至重庆复线，同时规划建设绵阳-遂宁-资阳-内江-自贡-宜宾城际铁路、遂宁-资阳-眉山-雅安铁路、涪陵-广安-遂宁铁路项目。遂宁市强力推进遂宁与成都同城化发展，全面融入成都平原经济区，全力打造现代服务业聚集区。同时承接重庆产业转移，全面融入重庆都市经济圈[①]。

最后，借助交通基础设施改善，打造成渝城市群高效联结网。畅通高效的现代综合交通运输体系是地方经济与社会发展的重要支撑。依托重庆、成都"双核"和区域性中心城市，形成了若干辐射带动能力强、经济联系紧密、体系结构合理的城市群。目前以重庆和成都为中心，已形成了沿交通通道、沿江河流域及向平原和盆地集中的放射状城镇结构体系，每万平方千米拥有城镇近百

---

① 四川经济日报（数字版）：魅力遂宁：融入成渝 建国内知名休闲度假旅游目的地，2014-07-21。

座，高于西部的 25 座和全国的 45 座。目前已初步形成了重庆发展核心区、成都发展核心区、成绵乐发展带、成内渝发展带、成南（遂）渝发展带、渝广达发展带，川南城市群、东北部城市群正在形成之中。

3. 成渝经济区道路、交通基础设施存在的问题及其改进措施

成渝经济区规划在成渝两地交通一体化方面，提出以重庆、成都两大综合交通枢纽为支撑，以铁路和高速公路为骨干，共同构建以"五横三纵"为骨架的综合交通运输网络的目标。依据《重庆市五大功能区交通发展规划》，重庆市提出建成国家公路运输枢纽、长江上游航运中心、西部最大铁路枢纽、门户性复合型航空枢纽的目标，把重庆市打造成为长江上游地区综合交通枢纽、西部地区国际交往和物流门户、全国城乡交通统筹发展先行示范区。成都市也提出建成西部高速公路枢纽中心、全国铁路第五大枢纽中心、中西部门户枢纽机场等目标，但目前离这一发展目标还有较大差距。

一是成渝两大核心城市交通网络仍难以满足需求。成渝通道以成遂渝铁路、成遂渝高速、成渝铁路、成渝高速等通道为主，最慢的需要 5 个多小时，最快的成渝间的铁路动车组也需要 2 小时，成渝高铁开通将在一定程度上缓解成渝两地交通压力，但与城镇人口及两地交流人口的快速增长相比，仍难满足两地人流、物流和轴线辐射范围内的需求。

二是受道路、交通条件等因素制约，成渝经济区的辐射带动作用仍未有效发挥。重庆、成都两极连接周边城市快速通道及城市群内部交通网络发展滞后，难以满足区域内城市群间的紧密、快速交通联系的需求，导致成渝城市群"双核"独大，资源过于向核心城市集中，吸纳了周边城市的发展空间。中等规模城市衔接配套不足，城市体系断层明显，导致核心城市对于周边城市吸纳能力有余，幅射能力不足，影响了两大核心城市对周边区域的辐射、带动作用。

三是经济区内铁路路网密度不高、线路等级偏低，区域性高速公路网络尚未形成。现有道路交通网连接了区域内发达都市，而偏远地区城市（区县）、农村交通状况仍然未从根本上好转，同时区域内现代交通网尚未完全融入全国道路及交通网络中，影响了成渝交通枢纽地位。

为此，成渝经济区应建立以重庆、成都为枢纽的内畅外联、通江达海抵边的多层次综合交通体系，构建以铁路、水运为骨干，有机结合铁路、水路、公

路、航空、轨道交通、有轨电车等多种运输方式融合发展与无缝衔接的综合立体交通网络，形成一体化发展可靠、高效、协调的大公共交通体系。

加快铁路建设，特别是高速铁路、城际铁路、成渝动车组的建设。至2020年以重庆为枢纽形成"一枢纽十四干线"铁路网；以成都为枢纽形成"二环十射"铁路网。达州、绵阳等区域级流通节点城市与全国主要交通骨架网络实现互联互通，主动融入"一带一路"战略之中。成渝经济区需加强对外铁路大通道建设，增加多条出川渝铁路，主动融入京广、郑渝国家高速铁路干线网络，构筑以重庆、成都为主枢纽连接兰州、西安、郑州、武汉、长沙、贵阳、昆明等周边省会城市4小时快铁交通圈，至珠三角、长三角、环渤海海湾8小时快铁交通圈，全面建成贯通南北、连接东西、通江达海的快速铁路网络。

在公路建设方面，加强与周边省区公路连接，强化对西部地区的辐射带动作用。重庆高速公路网形成"三环十二射多联线"格局，实现"四小时重庆、八小时周边"。成都从卫星城到中心城区和天府新区，未来至少有两条轨道连通，半小时即可到达，卫星城全部通地铁。加强区域内公路通道建设，在区域性中心城区之间形成环状高速公路系统，增强区县之间的便捷联系，有机衔接高速公路与城区外围结构性干道，形成循序渐进的对外客、货组织方式。特别是加强区域内区市县出境公路、断头路、长江过江通道建设和农村公路改造，完善等级公路网。

水运建设方面，以长江干线和嘉陵江、渠江、岷江和乌江等干流高等级航道为重点，在长江沿线适当增设内河港口一类口岸及后续监管场所，积极争取在重要外贸港口开展启运港退税试点，形成"一干两支"叶脉状航道网络和不同层次的现代化港口体系，建设干支连接、水陆联运、功能完善的内河水运系统，使航线里程数、货物通关能力、集装箱标准箱等有显著提升，提升长江黄金水道外贸货物进出口能力。优化机场的布局，形成分工协作、功能齐全的机场空间格局；提高民航机场的保障能力，优化航线的网络结构、拓展周边国家及欧美的国际航线与航班，提高客货的运输能力。

以铁路、高速公路为依托，构建一体化内外衔接系统。将铁路客运站、汽车站点与周边规划路网相衔接，使站区周边交通通畅、便捷，集成铁路、公路长途客运、公共交通、非动力车等多种交通方式，实现城区内部、城区与对外交通之间的高效、快速、安全转换。在进行道路、交通的建设规划的同时,要考虑到多建一些客运和货运枢纽站,便于旅客和货物的分散,快速到达目的地。

此外,在成渝两地要合理规划促进城市群的发展。通过发展"成渝直线经济联盟",或川渝走廊城市协调机构,进一步建立健全利益协调机制、信息沟通机制、人才交流机制,破除体制壁垒,构建起区域间利益分配与成本分担机制。将川渝走廊毗邻城市纳入综合规划,这些联盟城市要根据各自城市的特色优势,来定位自己的城市功能,进而发挥各城市之间的比较优势和产业优势,通过合作促进区域中心城市尽快崛起,实现各地区均衡发展,形成同城效应。

三、成渝经济区区域公共服务一体化建设状况

公共服务领域合作及一体化建设是成渝经济区区域合作的重要内容。《成渝经济区区域规划》指出社会事业发展应以改善民生为重点,加快教育、卫生、文化、就业和社会保障等社会事业发展,逐步推进基本公共服务均等化,促进社会发展与经济发展相协调。近年来,川渝两地政府在卫生计生、社会保障、医疗保险、文化旅游等领域开展了有效合作,促进了两地公共服务协作及一体化建设。

1. 成渝经济区在公共服务领域方面的合作协作

第一,成渝经济区在卫生计生领域方面的合作。近年来,随着重庆市建设城乡统筹综合配套改革实验区、国家五大中心级城市、西部开放高地,吸引了来自四川的劳动力,2013 年在流入重庆的 211 万外地人中,四川人占了 134 万人,占了六成多,体现了川渝一家亲传统[①]。据重庆 2012 年流动人口动态监测数据显示,全市 723 万流动人口(包括市内跨区县转移流动人口),约有 18.53% 的流入人口来自于四川。川渝之间对流动人口管理服务加强了区域合作,推进流动人口管理服务"一盘棋",渝西川东的七区九县流动人口计划生育协作会实现了信息共享,双向反馈、双向管理。每季度对流动人口进行一次清理、办证、验证、登记工作,及时向户籍地区县提交流入人口名单,在免费生殖健康检查和生育服务证、婚育证明办理等方面实现区域合作。

---

① 重庆晨报:不愿走太远 去外地务工的重庆人少了,2014-03-13。

成渝经济区还在卫生计生领域加强合作。2015年10月,重庆市与四川省卫生和计划生育委员会签署了《关于加强川渝卫生计生战略合作工作备忘录》,提出两地在政策规划、省际医疗机构合作、搭建医疗卫生合作平台、共建质量控制体系、探索医疗美容医师互认、建立卫生应急和重大疫情联防联控等领域加强合作协调。双方提出在公立医院综合改革、分级诊疗、社会办医及计生卫生特殊人群帮扶政策制定方面加强交流借鉴。四川省选择16家医疗机构、重庆市选择了12家医疗机构进行跨省异地就医联网即时结算。双方共同搭建医疗卫生学科平台,建立医师进修学习与医师培训互派、异地挂职交流等机制;建立跨省优势临床专科的双向转诊制度,开展检验结果互认,推进医疗美容师跨区域执业。构建公共卫生事务协同治理机制,建立卫生应急技术交流、联合培训演练、信息通报、突发事件卫生应急处置协作、传染病联防联控等机制(刘佩佩,2015)。

第二,成渝经济区在人力社保领域加强合作。《四川省人力资源和社会保障事业发展"十二五"规划纲要》指出,促进成渝两地的社保待遇资格认证、待遇支付等就近、就地办理,相互承认。以全省统一开放的人力资源信息网络系统为支撑,促进人力资源信息和人才信息共享,并在就业与失业登记管理服务、就业岗位信息发布、就业指导、就业扶持政策咨询、就业岗位推荐等就业服务领域努力实现"同城化"管理。推进成渝两地建立区域范围内职业技能培训、技工教育、转移就业协作机制,促进资源共享,实现互利合作。完善相关政策措施,打破行政壁垒,促进成渝两地人才合理有序流动。成渝两地将在劳动关系、劳动监察、劳动人事争议仲裁工作方面进行协作维权,建立健全劳动保障监察协作执法机制和劳动人事争议仲裁跨地区重大案件调解处理机制,初步实现劳动者就业、社会保障权益能够就近、就地维护。

第三,成渝经济区积极探索社会保险一体化管理、互认互通模式。成渝两地在社会保障政策制定方面加强协调合作,积极推进了两地政策的一体化。积极促进成渝经济区范围内城乡社会保险费征缴、社会保险待遇支付、参保缴费年限计算、定点医疗机构和定点零售药店医药费用结算、个人医疗账户及就医管理办法等社会保险政策逐步一体化。2013年3月,重庆市人力资源和社会保障局与四川省人力资源和社会保障厅签署了《重庆市和四川省医疗保险异地就医合作框架协议》①。协议约定以实现双方参保人员异地就医即时结算为目标，通过明确双方责任，建立有效的工作机制，分阶段实施的多种合作模式，逐步建立异地就医结算合作制度和异地就医协查机制，稳步推进两地异地就医经办管理的合作，最终实现双方医疗保险参保人员的无障碍就医、结算。广安市作为成渝合作的示范区，2013年与重庆市人力资源和社会保障局签署了《重庆市和广安市医疗保险异地就医即时结算合作协议》，双方就渝广两地"药品目录"和"诊疗项目目录"对接、定点医疗机构和定点药店管理、网络连接、异地医疗费用拨付、医务人员培训、就医服务监督达成协议，推进两地医疗保险异地联网即时结算工作。2015年6月，经过两年多的努力，川渝医保跨省异地就医实现联网即时结算，凡重庆市城镇职工医保参保人员、四川省本级、成都市、广安市城镇职工医保参保人员，在双方指定的各10家异地联网结算定点医院住院就医时，持有社保卡就能实现即时结算。异地就医即时结算政策的推出极大满足了异地居住人员就医服务需求，避免异地就医费用垫资压力大、报销周期长等问题，也避免异地就医不公平性问题。在未实现异地就医结算之前，异地就医不仅要全额垫付，且报销门槛费增加5%，报销比例降低5%，这对于异地就医人员极不公平。

在养老保险合作方面，川渝两地积极促进城乡社会保险费征缴、领取养老、失业保险待遇资格认证、各项社会保险待遇支付等通过信息网络系统逐步实现就近、就地办理，相互承认。2014年四川省出台了《四川省企业职工基本养老保险关系转移接续经办规程》，实现参保人员在全国跨省（自治区、直辖市）和省内跨市（州）转移续接，基本养老保险关系业务通过网上办理和相关资料电子化传送，并实现与部级转移接续平台无缝连接。重庆市也出台了养老保险转移接续办法，为川渝流动人口养老保险的转移续接提供了便利。

第四，成渝经济区在科技文化领域的合作。川渝地区经济社会发展阶段同步、科技文化资源丰富、科技文化产业基础雄厚为合作发展创造条件。相较而言，四川在科研机构、科研人才等方面具有相对优势，而重庆在科技成果转化平台建设尤其是技术交易平台建设等方面具有相对丰富的经验，加强两地科技

---

① 参见省医保局发布的《川渝两省（市）人社部门签订医疗保险异地就医合作框架协议》，载四川省人力资源和社会保障厅网站，http://www.sc.hrss.gov.cn/zwgk/zwyw/201303/t20130319_1130.html。

合作可以把有限的资源集聚起来以产生规模效益。近年来，成渝两地积极推进两地科技文化领域合作，以促进区域内科技文化资源优势互补和科技文化产业规模快速发展。早在 2007 年，四川省科技厅与重庆市科学技术委员会签署的《川渝科技合作协议书》，该协议提出，推动两省市科技领域全面合作，实现科技资源的相互开放和共享，实现了科技专家库成员共享，建立川渝科技合作联席会议制度，联合开展川渝科技创新战略研究，实现重点实验室、工程技术研究中心、中试基地、大型公共仪器设备等科技资源共享，组建川渝产业协作和战略联盟。筛选一批具有川渝特色资源的科技项目和共性技术开展联合攻关，双方共建科技基础，共享大型科学仪器、科技文献信息、自然科技资源、科技成果信息等；合作实施人才培养与培训计划。同时，为增强西南地区各省市自主创新能力和产业竞争力，西南地区六省市科技厅（委、局）成立"西南片区产学研联盟"，联合设立"西南片区产学研联盟基金"，建立科技创新资源公共服务平台，拟开展重大创新项目和重大科技专项合作。此外，成渝地区还在科技资源共享、联合科技攻关、鼓励产学研合作等方面也加大了合作。

川渝两地在文化发展方面合作基础深厚。2004 年以来川渝相继签署了《加强川渝两省市文化合作，共谋文化发展的协议》《推进两省市广播电视业产业发展的合作协议》《加强两省市旅游合作的协议》，促进了两省市文化旅游合作。2011 年签署的《重庆市成都市统筹城乡文化发展区域合作框架协议》制定了成渝两地工作交流协调机制，两地在文化体制改革、公共文化服务体系建设、文化产业发展、文化遗产保护等方面加强经验交流。共同打造立足川渝文化的品牌文化项目，共同推动文化支柱产业发展，以市场手段整合两地演艺市场，整合成都艺术生态区和四川美术学院的艺术教育资料，做大做强演艺产业和艺术市场。

第五，成渝经济区在旅游领域的合作。相比华东城市群、珠三角城市群旅游联合开发，成渝经济区的旅游合作相对较晚。成渝经济区具有丰富的旅游资源，如长江三峡国际黄金旅游带、红色精品旅游带、人文遗迹旅游带、历史文化和地震遗址旅游带、自然风景旅游带等。2011 年，四川省旅游局和重庆市旅游局正式签署了"城际旅游—成渝旅游经济合作示范区战略合作备忘录"，通过两地政府及旅行社的互推互送，使之成为两地游客最大的旅游目的地市场。例如，大足-安岳采取"客源共享、共同推介、共建线路"的合作方式。但总体上看，川渝旅游合作还处于相对较低层次。

2. 成渝经济区公共服务合作存在的主要问题

目前，川渝两地经济合作、交通互联等方面取得了显著的合作成果，但公共服务领域合作还略显滞后。近年来在公共服务区域合作中也暴露出了不少问题，如成渝经济区内部区域发展不平衡，协调程度不高，资源利用不够合理等问题，深度实质性合作不够。表现在如下几个方面。

（1）对于教育、科技、文化、医疗、社会保障等公共服务领域合作重视程度不够。西部大开发战略的实施和国家综合配套改革试验区的设立，为川渝合作创造了良好的机遇，也提出了更高的要求，但目前合作重点多放在加强区域间产业分工与协作、区域基础设施建设、高科技产业合作等方面，把经济合作作为区域合作的基础，资源配置更多集中于经济领域。而涉及教育、科技、文化、医疗、社会保障等公共服务的合作明显不足。

（2）公共服务领域的区域合作呈碎片化。受川渝地区行政区划、公共服务属性等因素影响，目前公共服务合作仍由各主管部门合作推动，主要通过定期或不定期会议、协议等方式进行，制度化程度较低。缺乏有效的制度规制和利益协调机制，一旦涉及核心利益问题，分歧立现，协作较难。合作发展的战略方向也不明确，多属应景式合作，缺乏长期战略规划。而公共服务统筹层次有省级统筹和区县统筹，导致公共服务制度不统一，服务及保障标准不一致，公共服务基础设施一体化程度低，区域范围内公共服务供给水平差异较大，导致公共服务各领域合作发展不均衡，如卫生计生领域开展了实质性合作，但文化教育领域的合作仍停留在概念框架层面。

（3）成渝经济区地方政府间公共服务合作层次不均衡。公共服务产品的公共属性决定了供给模式是以政府为主导，吸收企业和社会民间组织广泛参与，但成渝经济区公共服务供给目前主要还是政府供给，企业和社会民间组织参与不足。由于服务型政府建设、公共财政状况、自然历史条件等差异，区域政府间在公共服务方面的合作也存在较大的差异，由此带来合作深度、广度上的差异，这在区域公共服务合作效果上可以反映出来。比如，紧邻重庆的四川省广安市因为地理位置毗邻，两地经济融入程度较深，促进了两地公共服务领域的深度合作，因此，重庆、广安两地公共服务领域合作力度比其他地区要大，合作效果也较好。

（4）区域公共服务合作的理论研究略显单薄，公共服务合作实践效果不明显。目前学术界就成渝经济区合作的研究报告及著述主要集中在交通、城乡规划、商贸等经济合作领域，但关于教育、科技、文化、医疗、社会保障等公共服务合作的有份量的研究成果相对较少，导致公共服务区域合作政策与制度设计缺乏足够的理论支撑与理论指导，使得公共服务区域合作发展滞后，实际性合作推进缓慢。

3. 成渝经济区加强区域公共服务合作对策建议

成渝经济区的卫生计生、社会保障、科技文化等公共服务领域的合作成效直接关系到两省（市）经济发展活力，两省（市）可采取加强公共服务合作的政策措施。

第一，制定成渝经济区的基本公共服务一体化规划，大力实现公共服务均等化。成渝经济区实现区域协调发展，不能简单追求各地经济总量相等或接近，由于资源禀赋不同，产业基础不同，区位条件不同，加之市场经济的马太效应，各地区的发展不平衡现象难以避免。在市场经济条件下，区域发展可以不平衡，但公共服务必须均等化。成渝经济区应抓紧制定基本公共服务均等化规划，突破行政区划的界限，逐步实现对接共享并最终达到同一标准。其内涵包括公共服务政策制定协商、公共服务资源共享、公共服务要素趋同、关系转接流转顺畅、城乡公共服务均等化、保障待遇互认和指挥协同等方面。其范围包括公共教育、公共交通、基本生活保障、住房保障、就业保障、公共卫生与医疗保障等方面。成渝地区要健全城乡公共服务体系，对于农村、贫困地区、社会弱势群体等方面要有较大突破，提高公共财政保障能力，创新供给模式，逐步缩小城乡、区域、群体间基本公共服务差距，实现基本公共服务均等化。

第二，成渝经济区率先探索社会保障服务区域一体化。相对而言，在公共服务各领域中，社会保障领域最容易实现区域一体化，利益协调难度相对较小，政策推进层次较高，多由国家层面出台相关政策，切实经办好社会保险关系的转移接续。成渝经济区应从就业、养老保险、医疗保险、信息化建设等方面加强合作，应加快建立统一的人力资源市场，构建城乡一体化的社会保险，加快建立区域内医疗保险共同体，率先实现医疗保险定点机构互认互通，异地结算，根据一体化的经济圈和生活圈的要求完善相关的体制机制，优化资源配置。进一步加快区域劳动保障信息化共建共享，实现成渝经济区社会保障卡"全流通"。

第三，加强公共服务等领域的信息共享与服务合作。以电子政务信息资源和企业信用信息资源共享为切入点，逐步建立多领域、区域性的综合信息库。近期加快建立川渝企业信息共享平台、劳动力供求信息交换平台、大型精密仪器设备共用网络、文献信息资源数字化共享平台，建立行业性生产力促进中心和产业研发中心；共建共享社会服务信息体系，在信息共享、委托协查、案源移送、人员互动等方面加强合作。以科技开发和项目建设为依托，支持高等院校、科研院所和工商企业以多种方式吸纳人才，促进人才"柔性"流动。消除就业壁垒，加强劳动者权益保护，逐步形成跨区域劳动保障接续机制。

第四，逐步实现区域内常住人口基本公共服务一体化。统一区域基本公共服务最低标准，提高区域内欠发达地区基本公共服务水平，实现区域基本公共服务自由流转。实现城乡基本公共服务制度对接，加快完善农村基本公共服务体系。逐步把非户籍常住人口纳入基本公共服务一体化覆盖范围，重点保障非户籍常住人口最迫切的基本公共服务，推行常住人口居住证制度，切实解决流动人口的住房保障、子女接受义务教育和参加中高考等现实需求问题，切实提高非户籍人口基本公共服务享有水平。

第五，健全成渝经济区基本公共服务均等化的保障条件。构建由政府、市场和社会共同推进的成渝经济区基本公共服务一体化的模式，依据要解决的区域公共问题的性质，通过专业技术分析，探索科学合理、易于接受基本公共服务一体化的成本分摊和收益共享机制，尤其是科学的利益平衡机制。同时，成渝政府间需要设置区域公共服务合作的专司机构，或由中央部委中设立专司区域协调机构；或由地区合作产生；或中央牵头，成立类似于京津冀协同发展领导小组办公室的机构。此外还需要建立区域公共服务合作专家小组、公众小组等促进各方协作，共同参与政策制定、方案研讨、民众调研等。尤其是针对公共服务问题的专业性，专家团队需要进行方案优化、成本分析测算、技术模型建立等，致力于区域复杂公共问题的解决。

四、成渝经济区流域经济与治理状况

流域经济是一种新兴的、特殊类型的区域经济，它能充分利用流域内的公共资源，以沿线城市作为支撑，充分利用水利交通物流体系，结合陆上交通网点，共同推进沿线的综合发展。"流域经济既具有区域经济的一般属性，又具有水资源特征的专门属性"（覃成林，2011）。水资源是具有自然属性、社会属性和经济属性等多种属性的自然资源。因此流域经济也是以水资源为主的资源综合开发利用的特殊的区域经济。长三角、珠三角和环渤海经济区就是依托长江流域、珠江流域和黄河流域的我国著名的流域经济带，有力地支撑了区域经济的快速增长，并成为我国经济最发达的区域，可以说流域经济已成为我国经济增长的新引擎（赵亚洲，2009）。但是必须根据流域自然资源和社会经济发展状况，在不影响流域生态环境状况条件下对流域进行综合治理，实现流域环境、生态、人口、经济的协调发展。

所谓流域综合治理就是根据流域自然生态和社会经济状况以及区域经济发展的客观要求，以流域水资源综合开发为核心，以提高生态经济效益和社会经济可持续发展为目标，制定包括防洪、航运、水库、港口、水电、旅游及流域内的农业资源、矿产资源、土地资源和其他资源的综合开发方案。因此，要求沿流域各地区及城市对流域的开发进行综合考虑和整体谋划，采取统一规划、协调一致的行动，以实现流域的可持续协调发展。

流域开发需要通过普查、调查、勘测手段，广泛收集掌握流域的气候、地形、地质、气象、降雨量、水文、泥沙、矿产资源等自然条件的数据，调查供水、航运、发电、防洪、灌溉、水产养殖、旅游等项目的现状，统筹考虑流域的综合开发和协调利用。注重流域内生态系统的平衡，实现经济发展与生态环境的相互协调，达到流域内要素的互补与流动，形成合作优势，推动产业结构的战略性调整与产业合理布局。

1. 长江上游成渝经济区流域治理情况

成渝经济区地处长江上游和三峡库区，生态环境保护与建设任务艰巨。《成渝经济区区域规划》提出了经济区生态环境保护与建设的总体任务，提出要构建盆周生态圈、长江生态带、岷江生态带、沱江生态带、嘉陵江生态带"一圈四带"区域生态网络，实施长江防护林体系、长江上游水污染治理、天然林保护、退耕还林、石漠化综合治理、湿地生态恢复等一批国家重大生态系统修复工程。因此，如何克服成渝经济区生态环境建设与人口增长和经济发展的矛盾，化解经济增长带来的资源环境困境就成为成渝经济区生态环境建设的重难点问题。

2014年9月，国务院出台了《关于依托黄金水道推动长江经济带发展的指导意见》，《长江经济带发展战略规划纲要》也将于近期出台。两个文件中明确提出要发挥长江黄金水道的独特作用，建设现代化综合立体交通走廊，使长江经济带成为连接东、中、西开放合作走廊；立足长江上、中、下游地区的比较优势，促进中、上游地区有序承接产业转移，构建东、中、西互动合作的协调发展带。除经济发展目标之外，把生态文明建设目标提到新的高度，规划提出建成以长江干支流为经脉、以山水林田湖为有机整体，江湖关系和谐、流域水质优良、生态流量充足、水土保持有效、生物种类多样的生态安全格局，建设生态文明的长江经济带。把"江湖和谐、生态文明"作为四原则之一，提出要健全最严格的生态环境保护和水资源管理制度，促进三峡库区产业布局与区域资源生态环境相协调，防止出现污染转移和环境风险聚集。

（1）长江上游川渝地区的水运物流情况。川渝地区的水运体系以长江干线为骨架，嘉陵江、乌江、渠江、岷江等高等级航道为重要轴线，基本构建了长江水运主通道以及干支结合、水陆联运、功能完善的内河航运体系，依托于长江沿线的宜宾港、泸州港、重庆主城寸滩港、涪陵港、万州港等枢纽港区，以及南充、武胜、合川、永川、江津、奉节、武隆等重点港区，逐步建设丰都、忠县、云阳、开县、巫溪等港区，以打造区域性枢纽港，并着力建成集装箱、汽车滚装、大宗散货、化危品、旅游客运运输体系。截至2012年，川渝地区的内河航道运输线路总长1.65万千米，其中，运客量总计4532万人，旅客周转量总计1740亿人千米；货运量总计20 025.28万吨，货物周转量总计1842.95亿吨千米；重庆地区的港口货物吞吐量达到12 502.4万吨[①]。

---

① 数据来源：根据《重庆统计年鉴2013》、《四川统计年鉴2013》整理计算。

(2) 长江上游川渝地区的水利发展情况。近年来，川渝地区在江河沿岸重要城镇加强提水工程建设，在丘陵、山区重点加强大中型水库建设。截至 2013 年，四川省流域面积 50 平方千米及以上的河流 2816 条，总长度为 11.17 万千米；共有库容 10 万立方米及以上水库 8148 座，总库容 648.84 亿立方米，其中，已建水库 8072 座，总库容 290.20 亿立方米；在建水库 76 座，总库容 358.64 亿立方米。另外，共有 4 万个水电站、水闸、泵站以及 879 万余处地下水井、704 万余处农村供水工程；50 亩①及以上灌区 5.5 万处，灌区灌溉面积 3396.33 万亩②。重庆市共有流域面积 50 平方千米及以上河流 833 条，总长度为 3.59 万千米；共有水库 2996 座，总库容 120.63 亿立方米。其中，已建水库 2957 座，总库容 108.56 亿立方米；在建水库 39 座，总库容 12.07 亿立方米。共有水电站1506 座、水闸 29 座、泵站 7883 座、农村供水工程 113.79 万处、塘坝 14.8 万处，其中，在规模以上水电站中，已建水电站 636 座，在建水电站 68 座；50 亩及以上灌区 2.58 万处，灌溉面积 686.46 万亩③。江河沿岸的重庆、万州、涪陵、江津、长寿、永川、合川、乐山、宜宾、泸州、资阳、南充、广安、达州等城区加强防洪工程建设、水库和河道治理，防治山洪灾害。

(3) 长江上流川渝地区沿线城市的发展定位与职能分工。成渝经济区的主要中心城市大都分布在成渝城市群范围内，该城市群以重庆和成都为"双核"，主要范围包括四川省内的成都、德阳、绵阳、乐山、广汉、新都、双流、简阳、资阳、内江、宜宾、泸州，以及重庆市主城九区、万州、涪陵、合川、永川、江津、等区域性中心城市。重庆市发挥制造业基础雄厚的优势，形成了电子、汽车、装备、化工等产业集群，大力发展集成电路、液晶面板、物联网、机器人、石墨烯和纳米新材料、新能源及智能汽车、页岩气、MDI 一体化、生物医药、环保装备十大战略性新兴产业。在内河运输方面，重庆充分利用长江黄金水道，布局了主城、万州和涪陵 3 个枢纽港区，以及永川等 5 个重点港区，以已投入使用的寸滩港和正在建设中的果园港等为代表的一批大型化、专业化、机械化码头，届时将成为长江上游最大的集装箱集散中心、大宗散货集

---

① 1 亩=666.7 平方米。
② 四川省普查办，四川省第一次全国水利普查公报，四川省水利厅，2013 年 5 月。
③ 重庆日报：重庆市第一次水利普查公报，2013-06-19。

散中心、大宗生产资料交易中心①。与此同时，鉴于三峡库区生态环境的脆弱性，在主体功能分区上设置了渝东北生态涵养发展区和渝东南生态保护发展区，加强生态环境保护，提供生态产品，发展生态经济。成都市则大力发展金融和商贸，依托雄厚科技力量和优势科技资源，以都市经济区为核心构建中国西部最大的双核城市群，形成西部开发重要的战略支撑点。经济区内的三、四级中心城市都是地级市，具有区域性中心城市的职能，在规模、职能等级上与一级中心城市重庆市和成都市形成了比较合理的分工。例如，绵阳市是我国重要的电子工业生产和国防科研基地，也是国家设立的"科技城"，其发展定位是将绵阳建成以技术创新为特色的西部经济强市；涪陵区是长江与乌江交汇处的港口城市，是乌江流域的物资集散地，发展定位于建成重庆成都经济区的制造业基地，辐射重庆中部地区的经济中心；万州区定位为辐射渝东、川东和鄂西地区的物流中心和交通枢纽；宜宾市的发展定位是西部开发的区域性中心城市，长江上游和川滇黔结合部的经济中心；泸州市的定位是中国西部化工城，长江上游和川滇黔渝结合部的交通枢纽和商贸中心。

2. 长江上游成渝经济区在生态环境保护等方面的合作

成渝经济区地处长江上游，是整个长江经济带的生态屏障，成渝经济区的发展规划目标之一便是建成长江上游生态安全的保障区。因此，需要在成渝经济区的"一圈四带"（盆周生态圈、长江生态带、岷江生态带、沱江生态带、嘉陵江生态带）统筹经济建设、环境保护、资源利用与经济社会发展，加强重点流域和地区环境综合整治，构建生态屏障，保障长江上游生态安全。

（1）成渝经济区积极开展生态屏障建设。作为长江上游的生态屏障，要在长江上游进行天然林保护、退耕还林还草、防护林等生态建设，以涵养水源、保持水土、拦截泥沙、减少泥沙流入库区。《四川省林业推进生态文明建设规划纲要（2014—2020年）》颁布，提出了构建自然生态空间规划体系、重大生态修复工程体系、生态产品生产体系、生态文明制度体系、生态文化体系"五大体系"，推进天然林资源保护工程二期、退耕还林工程、湿地保护与恢复工程、川西藏区沙化土地治理工程等"十大工程"，实施生态红线保护行动、森林保育行动、湿地保护与恢复行动、荒漠化治理行动、物种拯救行动等"十大行动"，并

---

① 重庆日报：国内最大规模内河枢纽港：重庆果园港2015年建成，2014-04-27。

提出在 2020 年全面建成长江上游生态屏障。

重庆自直辖以来，在生态环境治理方面做出不懈努力，实施"青山绿水工程"和"蓝天、碧水、绿地、宁静"四大行动，大力建设城镇污水处理设施、工业废水处理设施，大力实施退耕还林、水土治理工程。《重点流域水污染防治规划（2011—2015 年）重庆市实施方案》对城镇集中式地表水、饮用水、水源地等水质标准、跨省界断面、污染严重的城市水体和支流水环境质量、主要水污染物排放总量和入河总量等方面提出了明确达标要求，要求水环境监测、预警与应急能力显著提高。2013 年，重庆市基于五大功能分区的发展战略，将渝东北定位为生态涵养发展区、渝东南定位为生态建设保护区，该发展定位着眼于国家战略的需要，注重三峡库区的青山绿水，维护生态多样性，变绿水青山为"金山银山"，实行"面上保护，点上开发"，工业企业进园区，走绿色、循环、低碳的发展之路。在对区县考核指标体系中，加入了生态环境保护、农业、旅游和扶贫工作的考核，因地制宜地发展特色经济。2014 年，重庆环境保护工作会议提出了以改善民生为宗旨，以提高环境质量为核心，以服务经济发展为主线，以解决损害群众健康的突出环境问题为重点，深入研究生态文明涉及环保领域的改革事项，深化环境保护改革，积极推进生态文明示范建设。推进生态红线划定工作，制定与五大功能区相适应的环保政策，严格执行环境影响评价制度，强化环保"三同时"管理，强化总量减排倒逼作用，持续推进环保"五大行动"，深入推进《重点流域水污染防治规划（2011—2015 年)》项目实施。

成渝经济区其他地区地方政府积极推动退耕还林、荒坡治理、封山育林等措施，实施流域两岸生态绿化工程造林。注重湿地、国家级森林公园、保护区的开发利用，森林覆盖面积逐年提高，水土流失得到有效治理。各地还注重新型工业化建设，探索生态建设产业化、产业发展生态化的道路。成渝经济区还共同争取国家生态环境建设投入和建立生态补偿机制。

（2）成渝经济区环境合作治理。成渝地区加强环保领域合作，可以全面推动成渝区域环境资源高效利用，促进突出环境问题的有效解决，对长江流域生态环境保护意义重大。2013 年成渝两地签署环境保护战略合作协议，提出在加强大气污染联防联控、水环境保护、农村环保合作、环境管理与准入合作、应急联动机制合作、环境督查合作、政策法规合作等 10 个方面加强合作（祝楚华，2013）。并共同推进国家规定的火电、钢铁、石化、水泥、有色、化工六大行业及燃煤锅炉方面的污染治理，严格执行成渝城市群大气污染特别排放限值。共同建立长江上游联防联治的水环境管理机制，开展环境监测合作，共同实施污染物排放总量控制制度，按资源承载力和环境容量进行产业和重大项目布局。双方共同开展灰霾天气成因、细颗粒物（PM2.5）与臭氧等污染物来源解析、大气污染物跨界输送问题解析及相关对策研究等。双方将建立战略合作联席会议制度，每年定期在成渝两地轮流召开战略合作会谈。

近年来，成渝两地采取了若干举措合作治理水环境污染。例如，2006 年川渝联动处置跨区域突发污染事件；2009 年同饮一江水，成都环保出重拳，川渝共治库区污染；2012 年川渝联防大气污染，启动实施成渝大气联防联控规划；2013 年，为加强应急联动机制合作，共同开展突发环境事件应急处置方法研讨，提高突发环境事件的应急处置能力，重庆与广安就签署了《共同加强嘉陵江渠江流域水污染防治及应对突发环境事件框架协议》等生态环境保护、建设合作协议，共建华蓥山生态公园、嘉陵江生态经济示范带，合作开发嘉陵江、渠江流域信息系统，联手打造长江上游生态屏障。相关企业也积极行动参与到川渝生态合作中，如重庆绿和环境保护工程有限公司近年来大力参与川渝合作，服务成渝经济区入手，建设小城镇生态污水处理场。2014 年以共同推动成渝通关一体化建设为重点，开展全方位合作与交流，共同促进丝绸之路经济带和长江经济带建设。2014 年，重庆市环保局和四川省环保厅实施《长江三峡库区及其上游流域跨省界水质预警及应急联动川渝合作协议》，提出加强区域流域联防联控。

3. 成渝经济区在建设长江上游生态屏障存在的问题

（1）跨区域的生态环境合作良性机制仍未有效建立。目前跨区域污染事件仍然频出，制约环境治理走向跨区域合作的有政治因素，也有经济和社会诸多因素，究其根源还在于现行行政体制的分割性。目前的环境合作是靠行政领导承诺来保证，缺乏法律效力和稳定性。合作行动的制度化程度相对较低，基本停留在各种会议磋商上，加之由于各地经济发展等差异影响到环境合作目标的达成，国家对于生态投入的重点侧重于三峡库区，而对于上游地区和下游影响区投入不足。

(2) 目前成渝经济区的河流污染现象有加重趋势。长江上游沿线仍有大量化工企业，还分布着钢铁厂、炼油厂及石油化工基地，部分江岸线基本上被化工项目所占领。尤其是西部地区在承接东部地区产业转移过程中，吸引了"三高"企业到西部投资，出现了污染项目从城市向农村、从发达地区向落后地区转移的趋势。三峡工程建成后的库区次级河流受干流顶托的影响，回水段水流缓慢，面源污染中的氮磷大量到回水区聚集，自养型的藻类等水生生物大量快速生成繁殖、移民安稳致富中农业面源污染问题，以及长江上游地区退耕还林还草政策的持续性等问题都需要尽快解决。

(3) 生态环境保护机制需要创新。成渝经济区的水体污染和空气污染加重，生态用地面积减少，生态空间资源缩小，农村环境保护薄弱，一些地区耕地污染超标；污水处理厂、地下管网等建设与运营等资金需求巨大，许多污水处理厂建成后处于闲置或半开半停，维持正常运行也不过 1/3。生态环境保护制度体系不够完善，企业履行生态环境保护的社会责任尚未落实，社会监督机制有待加强，生态环境保护机制需要进一步创新。

(4) 城镇化和城市基础设施建设带来更大的环境压力。川渝地区正处于快速城镇化阶段，城镇化的加快推进和城镇化密度快速增加，城市生活污水等排放量急增，加重城市河流有机污染。但目前生态环境保护与建设资金缺口加大，如何加大生态环境保护与建设的资金投入是一个亟待解决的问题。

4. 成渝经济区的流域环境治理的对策

(1) 建立流域管理常设机构，加强流域治理。长江流域必须建立强有力的开发治理机构推动流域管理创新。成立"长江上游生态保护与环境治理委员会"，由中央有关部委和有关省市领导构成，赋予明确的职责，减少行政分割带来的负面影响，统筹规划和协调流域的生态环境保护治理和重要自然资源的开发，制定统一的长远规划和相应的战略措施。完善区域环境污染治理的法律体系，制定完备的具有可操作性的区域污染防治法。形成制度化、多层次的环境合作组织体系，建立地方间横向协调管理机制，包括信息通报机制、跨区域突发环境事件应急协作联动机制、区域生态补偿机制、区域统一的区域政府间合作政策体系，培育市场和社会组织力量参与环境公共事务治理机制。针对目前三峡库区水环境安全和长江流域生态环境保护等问题，建立环境应急联动、污染事件联合调查及环境联合执法机制，共同应对跨流域（区域）环境污染等突发事件。

（2）加大生态环境治理的公共财政投入。流域综合治理是公益性工程，主要体现社会效益、生态效益，难以市场化运作。因此，必须建立以公共财政投入为主、社会积极参与的投入机制。要落实各级财政在流域生态环境综合治理等方面的经费投入，并要随着财政收入增长而适度增长，要在用地、税收等方面对流域治理采取优惠政策。同时需要制定跨区域统一的生态环境保护规划，以水资源、水环境的保护和治理为突破口，加强流域治理，建立和完善生态补偿机制，加强对于水源地区生态环境的财政补偿转移支付。多渠道筹集资金，全面发展流域内的现代化产业、交通、水利、能源、信息等基础设施的建设，实行综合开发，完善流域经济，实现经济增长、生态平衡。

（3）优化流域产业结构。基于成渝经济区存在人口和产业密集、人地矛盾尖锐、生态环境脆弱、经济基础薄弱、产业结构层次较低等生态问题，为维护区域生态安全，需要进行产业结构升级，选择生态环境友好的主导产业。实现长江上游经济带与长江上游生态屏障建设共建，寻求经济发展与生态环境保护的平衡发展，在发展中保护，在保护中发展。流域地区应结合主体功能分区的功能定位，依据不同县域的资源、环境承载力，引导流领地区形成建立在自身资源禀赋基础上的产业结构，积极发展生态农业、生态工业等，避免高污染和低水平重复建设项目上马，狠抓工业污染治理，严格项目环保准入，抓好污染企业挂牌整治，加强岷江、沱江、金沙江等重点流域污染治理。恢复自然生态，形成低碳的生产方式和绿色的消费模式，构建安全的生态屏障。

（4）合理建设水利设施，加大流域水生态保护。统筹规划和科学布局供水设施，在重要城镇加强提水工程建设，在资源性缺水地区实施相应的调水工程，在丘陵和山区重点加强大中型水库建设。加强江河沿岸城镇堤防工程建设，加大防洪控制性水库和河道治理力度，防治山洪灾害。按照最严格水资源管理制度的要求，严格控制污染物排放量，加快重点河流工业和生活污水处理，使水污染问题基本得到遏制，提高全国重要水功能区水质达标率；加强水资源监测、保护与管理，水源水质基本达标，加强饮用水水源保护；依靠自然生态修复措施、工程措施、植物措施与耕作措施相结合，加强水土流失治理，逐步建成完整的水土流失防治体系。加强水生生物资源保护，使自然保护区、重要湿地、风景名胜区、少数民族聚居地等生态环境优先保护区域得到有效保护，为生态文明建设提供有力支撑。

第四章
成渝经济区区域战略定位与公共治理目标

成渝经济区区域公共治理目标体系取决于其战略定位和发展现状。本章根据成渝经济区区域发展战略定位，对区域总体实力进行评估，并对其与发达地区的发展差距进行比较，研究为实现成渝经济区区域发展战略而催生的跨行政区公共治理问题，由此明确成渝经济区区域公共治理的目标体系。

第一节 成渝经济区区域战略定位

成渝经济区是我国重要的人口、城镇、产业集聚区，是西部地区经济基础较好和增长潜力极大的区域，是"一带一路"战略的关键支撑区域，是长江经济带的重要组成部分，是提升内陆开放水平乃至全国提升国家综合竞争力的重要支撑。

作为成渝经济区内的两个特大城市，重庆市和成都市是国家确定的统筹城乡综合改革发展试验区。加快成渝经济区建设，对于我国全面建设小康社会，缩小区域发展差距，具有极其重要的现实意义。

近年来，成渝经济区经济社会发展取得显著成就，成为西部地区经济发展的领头羊。成渝经济区内各单元同处西部、毗邻接边、文化相通、习俗相近、情感相融，在自然资源、地理空间、产业发展、人文环境等方面互补性强，产业关联度高，合作基础好，具备推动区域公共治理的先天优势。

成渝经济区属亚热带季风性湿润气候，具有优良的自然禀赋，自然环境优越。区域内年平均气温在16～18℃，常年降雨量1000～1450毫米，流经的重要河流有长江、嘉陵江、岷江、青衣江、横江、大渡河、越溪河、西河、府河、青白江、沱江、涪江、渠江等，水系丰富，人均水资源量达到2044立方米，远远高于全国平均水平（1726立方米）。区域内的水能和天然气等能矿资源储量大，开发条件好，是我国能矿资源最富集、开发潜力最大的地区之一。区域内生物资源繁多，林木资源丰富，生态环境保护较好。全区域森林覆盖率达到39%，远远高于全国平均水平（20.4%）。区内拥有4000余种野生植物，50余种国家重点保护的珍稀野生动物。成渝经济区是长江上游生态安全的保障区，是西部大开发大开放的重点区域，同时又承担着维护长江上游生态安全的重大历史使命。从根本上转变成渝经济区经济发展方式，使成渝经济区成为经济发达、社会和谐、资源节约、环境友好的改革示范区，既是实现成渝经济区可持续发展的必然选择，也可以推动信息化和工业化深度融合、工业化和城镇化良性互动、城镇化和农业现代化相互协调、工业化与绿色化有机统一，为全面实现"五化同步"提供示范。

成渝经济区交通运输基础设施体系完整（图4-1），区域内部的铁路、高速公路总里程已经分别超过4000千米和3500千米，已建成民用机场9个，港口货物年吞吐能力超过13 000万吨，已经形成了航运、铁路、公路、内河、管道运输彼此衔接、互相补充、快捷高效的综合交通运输体系，具有较大的区位优势。充分发挥区域比较优势，全面加强区域协作，借助"一带一路"战略机遇，突出面向欧洲、东南亚和南亚的开放，研究并用好国家对成都与重庆全国统筹城乡综合配套改革试验区、成渝经济区、两江新区、天府新区、重庆保税港的一系列扶持政策，扩大政策叠加效应，将使成渝经济区进一步引领西部大开发、大开放，全面推动区域经济社会协调发展。

重庆市是西部地区唯一的直辖市，是我国五大中心城市之一，拥有国家级新区两江新区，是长江上游地区最大的贸易港口，是全国五大铁路枢纽之一，拥有我国第一个内陆保税港区和第一个"水港+空港"双功能合一的保税港区。成都市是西部地区连接华中华南、联系西北西南、沟通中亚南亚东南亚的物流枢纽和经济走廊，是西南地区各种生产要素和商品的核心集散地，拥有国家级新区天府新区。

成渝经济区产业基础较好，是西部地区经济较发达的区域，经济总量超过西部地区的四分之一。成渝经济区是我国粮食、油料、水果、蔬菜、中药材、

第四章 成渝经济区区域战略定位与公共治理目标

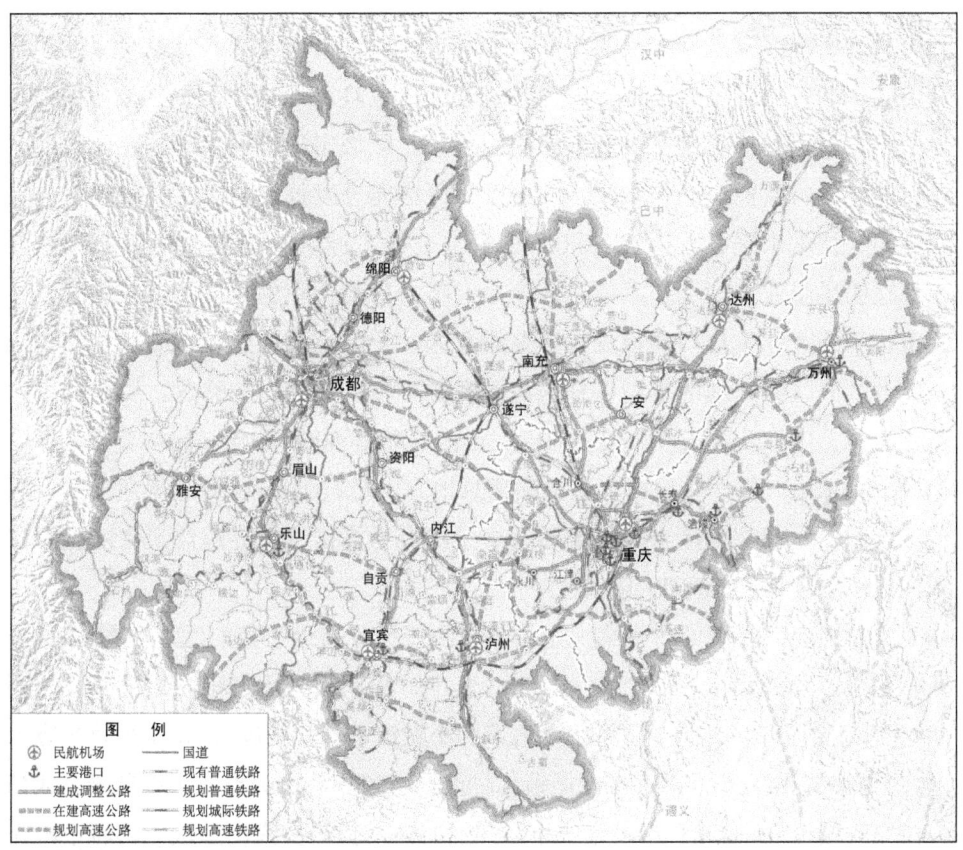

图 4-1 成渝经济区交通运输体系（文后附彩图）

资料来源：《国家发展改革委关于印发成渝经济区区域规划的通知》（发改地区〔2011〕1124号）

茶叶、畜禽、水产养殖、蚕桑、林竹产品等特色农林产品的主要产区。成渝经济区已在整体上进入工业化中期，具备又好又快发展的良好条件和较强的辐射带动能力。区域内天然气、铝土矿、煤炭、磷矿、芒硝、岩盐等资源富集，具有巨大的开发潜力。成渝经济区工业化水平较高，产业基础雄厚，行业门类齐全，产业配套能力较强，已经形成了以能源化工、航空航天、电子信息、机械装备制造、汽车摩托车、冶金、环保建材、轻纺、生物医药、特色食品等为主导的优势产业体系，是我国重要的国防科技工业基地、装备制造业基地和高新技术产业基地，从零部件生产到整机组装，上万亿元产值的电子产业、装备工业、汽车产业等一系列大的产业集群正在成渝经济区城市群形成，成渝经济区工业经济发展梯度明显，产业关联度高，产业链互补性强，具有较强的协作空间。成渝经济区第三产业发展较快，成都市和重庆市是我国西部地区重要的金融中心，拥有相对完善的银行、证券、信托、保险和各类金融中介服务机构，形成了布局合理、功能互补的金融组织体系。区域市场辐射力强，是西部地区重要的物流、商贸中心。未来，成渝经济区应充分发挥比较优势，依托优势自然资源、技术水平、人力资源和产业基础，大力发展特色优势产业，加强培育和打造明星企业、专利技术、名牌产品，努力打造特色优势产业链，培育具有竞争优势的产业集群，建设现代产业聚集区，全方位增强区域核心竞争力。成渝经济区的气候和地貌类型多样，旅游资源丰富，民族历史悠久，以成都市为中心的蜀文化和以重庆市为代表的巴文化传承绵延 5000 余年，区内有都江堰—青城山、乐山大佛—峨眉山、大熊猫栖息地、大足石刻等 6 处世界遗产和世界地质公园，是西部地区自然资源和人文景观最为丰富、世界遗产最多的旅游资源富集地带，是我国重要的旅游目的地。

成渝经济区城镇分布密集，是西部地区城镇分布最密集的区域（图 4-2），拥有重庆市和成都市这两个特大城市，其中，重庆市为国家中心城市。此外还拥有 6 个大城市、数量众多的中小城市和小城镇，城市密度 1.76 个每万平方千米，全区域城镇人口 4046 万，城镇化率达到 43.8%，已经形成了以重庆、成都为核心的城市群。2013 年，重庆市和四川省共同提议要突出重庆成都城市群作为引领西部地区发展的国家级城市群的战略地位。随着大都市的发展，成渝经济区城市群将快速发展为中国第四大城市群。将成渝经济区城市群建设成为引领西部地区发展的国家级城市群，能够改善我国城市群数量不足、空间分布不合理等问题。

成渝经济区人口总量大、密度高，2014 年全区域户籍人口达到 10 312.67 万人，劳动力资源总数超过 6900 万人。区域内高等院校和科研机构众多，人力资源丰富，人才素质较高，教育和科研基础优良，科技实力与水平在西部地区乃至全国都具有明显的比较优势。成渝经济区目前共拥有各类高等院校 135 所，拥有职业技术学校 789 所，在校学生数超过 280 万人，专业技术人员数超过 210 万人，科技活动人员数超过 30 万人，大量的高水平专业技术人才和先进的科技研发水平为区域发展提供了强大的支撑，使得该区域能够展开多学科、跨行业、跨地域的联合攻关，有效地引导信息、生物、新能源、新材料等高科技领

第四章 成渝经济区区域战略定位与公共治理目标

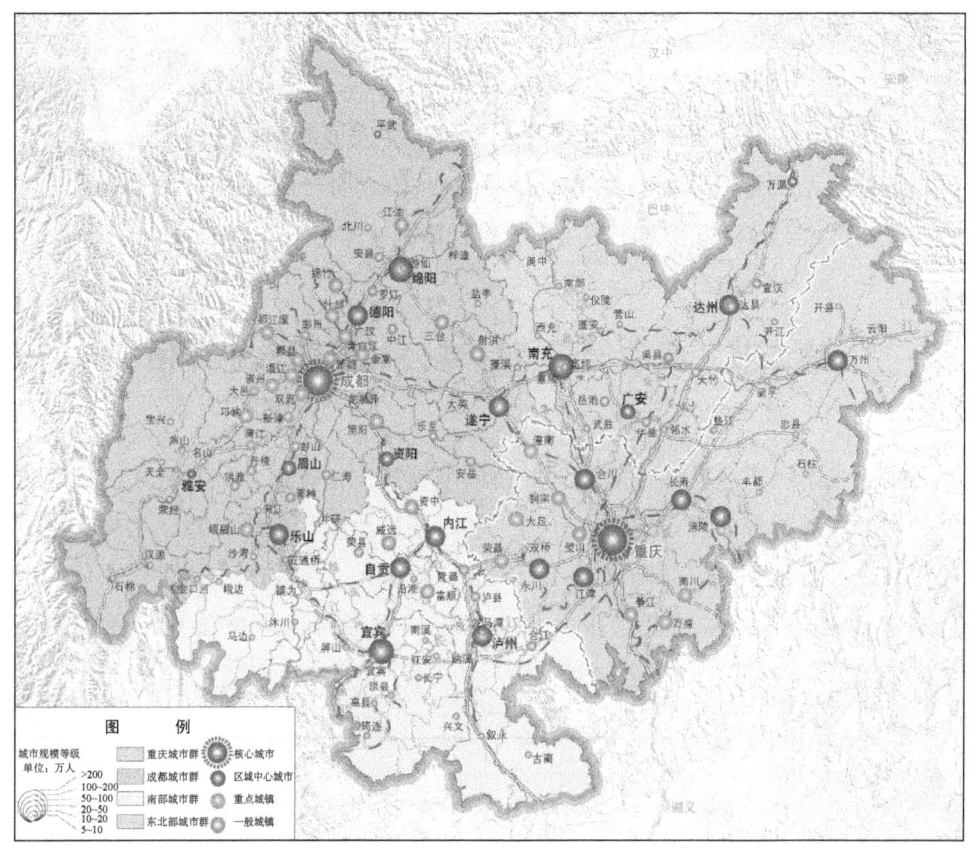

图 4-2 成渝经济区城镇体系（文后附彩图）
资料来源：《国家发展改革委关于印发成渝经济区区域规划的通知》（发改地区〔2011〕1124 号）

域和各种社会要素加速融合，催生新的学科前沿，孕育新的学科方向，激活创新基因、寻找创新突破点，建设创新型区域。

成渝经济区二元结构突出，区域差别和城乡差别明显。使用成都市和重庆市全部区市县的数据进行计算，可以得到，重庆和成都各区市县地方财政收入总泰尔指数值相对较大，例如，2007 年地方财政收入总泰尔指数高达 0.392（姜鑫等，2013）说明其地方财政收入的差异比较明显。2007 年 6 月，重庆市和成都市获批创建全国统筹城乡综合配套改革试验区。按照国家相关要求，从实际状况出发，重庆市和成都市着力推进各个领域的体制机制改革，争取在重点领域和关键环节率先取得突破，努力形成推动城乡统筹发展的体制机制，进而推进城乡经济社会全面转型、协调发展，为推动全国统筹城乡配套改革试验、实现城乡一体化发展发挥模范引领与示范带动作用。

由此可见，成渝经济区的基本战略定位是：全国重要的现代产业发展基地、全国深化内陆开放的试验区、全国统筹城乡发展的示范区、全国重要城市群发展区、西部地区重要的经济和金融中心、"一带一路"战略和"长江经济带"战略重点支撑区、长江上游生态安全保障区。

第二节 成渝经济区区域公共治理水平评估

基于成渝经济区区域公共治理的协同型模式，依据跨行政区公共治理所研究的综合区域治理、产业发展、交通水利、防灾治安、环境资源、文化教育、民生移民、卫生健康、休闲旅游九个议题，对各地公共治理水平进行评估，量化成渝经济区的公共治理水平，作为确定成渝经济区区域公共治理目标的依据。

一、评价方法

这里选择使用因子分析方法对成渝经济区区域公共治理水平进行综合评价，通过降低变量维数用少数几个随机变量来描述多个区域公共治理变量之间的协方差关系，并根据相关性的大小对变量进行分组，使得组内变量间高相关，组间变量不相关或低相关，每组变量即代表一个基本结构或因子。

二、评价指标与数据

经过筛选，这里使用各地区人均地区生产总值（元；x_1）、外商投资总额占GDP的比重（亿美元/亿元；x_2）、货物进出口总额占GDP的比重（万美元/亿元；x_3）、人均水资源量（立方米；x_4）、流动人口占比（%；x_5）、一般工业固体废物综合利用率（%；x_6）、人均一般公共服务财政支出（万元；x_7）、农村居民人均纯收入（元；x_8）、城市燃气普及率（%；x_9）、每万人拥有公共交通车辆（标台；x_{10}）、每千米铁路客运量（万人；x_{11}）、每千米公路货运量（万吨；x_{12}）、国际旅游（外汇）收入占GDP比重（百万美元/亿元；x_{13}）、规模以上工业企业 R&D 经费占总资产比重（%；x_{14}）、每千人口卫生技术人员（人；x_{15}）、每千人口社会服务床位数（张；x_{16}）、有线广播电视用户数占家庭总户数的比重（%；x_{17}）以及人均拥有公共图书馆藏量（册；x_{18}）共 18 个指标进行评价。其中，流动人口占比为"住本乡、镇、街道，户口在外乡、镇、街道，离开户口登记地半年以上人口"占抽样人口的比例。2012 年全国人口变动情况抽样调查的样本数据抽样比为 0.831‰。

各评价指标统一使用 2012 年统计数据，数据来源于《中国统计年鉴 2013》。

三、评价过程

为了进行科学评估，首先需要消除各指标变量在数量级和量纲上的差异，即对原始数据进行标准化处理。经处理后，在各指标变量前面加上字母 z 表示标准化后的数据。标准化过程使用的公式如下：

$$zx_k = \frac{x_k - \overline{x_k}}{S_k} \quad (4\text{-}1)$$

式中，x 代表指标变量，$\overline{x_k} = \frac{1}{n}\sum_{k=1}^{n} x_k$，$S_k$ 是无偏标准差。

在评估前，我们首先使用指标之间的反映像相关系数矩阵对指标进行筛选。为确保测量数据的准确性和质量，使用测量系统分析（MSA）方法对获得测量数据的测量系统进行评估，将取样适当性参数 MSA 小于 0.5 的指标删去。经过详细筛选，我们保留了前述 18 个指标。从取样适当性参数 MSA 的值来看，使用这 18 个指标进行评估是比较合理的。评价指标的反映像相关系数矩阵见附表3

应用所筛选的 18 个评价指标，计算出各指标变量的抽样 KMO 适当性检验和 Bartlett 球形检验结果，如表 4-1 所示。从结果来看，Bartlett 球形检验的 F 值等于 0.000，说明各观测变量来自正态分布总体，适宜应用因子分析方法进行评价。KMO 抽样适当性参数取值达到 0.8，观测变量之间的简单相关系数与偏相关系数比较大，适合使用因子分析方法展开研究。

因子分析中的特征值和方差贡献率、旋转后的因子贡献及贡献率如表 4-2 所示。从计算结果来看，前四个因子的特征值都大于 1（其中第四个因子的特征值为 1.005）。同时，这四个因子的累积方差贡献率高达 85.177%，按照惯例提取四个因子，即 $m=4$。

表 4-1　变量的 KMO 检验和 Bartlett 检验结果

KMO 抽样适当性参数		0.800
Bartlett 球形检验	卡方检验值	661.291
	自由度	153
	显著性	0.000

表 4-2　总方差解释表

因子	特征值和方差贡献率			旋转后的因子贡献及贡献率		
	特征值	方差贡献率/%	累积方差贡献率/%	特征值	方差贡献率/%	累积方差贡献率/%
1	9.998	55.543	55.543	6.935	38.527	38.527
2	2.884	16.022	71.566	3.416	18.978	57.505
3	1.445	8.029	79.594	2.748	15.267	72.772
4	1.005	5.583	85.177	2.233	12.405	85.177
5	0.807	4.486	89.663			
6	0.399	2.215	91.878			
7	0.323	1.794	93.673			
8	0.288	1.601	95.274			
9	0.229	1.272	96.546			
10	0.166	0.922	97.469			
11	0.130	0.721	98.189			
12	0.098	0.545	98.734			
13	0.073	0.406	99.140			
14	0.064	0.356	99.496			
15	0.041	0.227	99.723			
16	0.026	0.142	99.866			
17	0.015	0.086	99.952			
18	0.009	0.048	100.000			

应用回归法，求得四个单因子得分函数系数矩阵，如表 4-3 所示。

表 4-3　单因子得分函数系数矩阵

	因子			
	1	2	3	4
x_1	0.007	−0.021	0.125	0.112
x_2	0.204	−0.011	−0.149	−0.038

续表

	因子			
	1	2	3	4
x_3	0.094	−0.086	0.069	0.031
x_4	0.009	−0.330	−0.034	0.175
x_5	0.177	0.036	0.089	−0.267
x_6	−0.015	0.162	−0.086	0.185
x_7	0.024	−0.331	0.057	0.078
x_8	0.029	−0.037	0.052	0.168
x_9	−0.076	0.232	0.099	0.043
x_{10}	−0.146	−0.030	0.460	0.006
x_{11}	0.166	−0.014	−0.078	−0.020
x_{12}	0.196	0.069	−0.208	−0.052
x_{13}	0.125	−0.110	0.019	−0.009
x_{14}	−0.076	0.044	−0.215	0.534
x_{15}	−0.066	0.037	0.439	−0.167
x_{16}	−0.179	−0.106	0.106	0.510
x_{17}	0.070	−0.019	0.048	0.071
x_{18}	0.290	0.031	−0.110	−0.314

按照旋转后的因子提取结果，可以得到综合因子得分函数：

$$z=(38.527z_1+18.978z_2+15.267z_3+12.405z_4)/85.177$$

四、小结

根据综合因子得分函数，计算得到各地区公共治理水平的综合排序如表 4-4 所示。

表 4-4 2012 年各地区公共治理水平评估结果

分级（标准）	特征	地区	z_1	z_2	z_3	z_4	z	排序
第Ⅰ级（$z \geqslant 0.5$）	区域公共治理水平最高	上海	4.571	0.201	−0.840	−0.414	1.901	1
		北京	0.788	−0.592	4.191	0.554	1.056	2
		天津	0.725	0.416	0.527	1.132	0.680	3
		浙江	0.492	0.212	0.814	1.087	0.574	4
		广东	1.056	0.154	−0.258	0.600	0.553	5

续表

分级（标准）	特征	地区	z_1	z_2	z_3	z_4	z	排序
第Ⅱ级 （0.5>z≥0）	区域公共治理 水平较高	江 苏	0.328	0.107	0.010	2.131	0.485	6
		福 建	0.625	0.389	-0.231	0.085	0.340	7
		辽 宁	0.418	-0.030	0.064	0.116	0.211	8
		山 东	-0.640	0.621	0.043	1.684	0.102	9
		海 南	0.576	0.098	-0.203	-1.482	0.030	10
第Ⅲ级 （0>z≥-0.3）	区域公共治理 水平较低	重 庆	-0.311	0.286	-0.725	1.068	-0.051	11
		湖 北	-0.763	0.345	-0.021	1.027	-0.123	12
		安 徽	-0.459	0.495	-1.047	1.099	-0.125	13
		吉 林	-0.353	0.210	0.114	-0.301	-0.136	14
		宁 夏	0.018	0.388	0.069	-1.685	-0.139	15
		广 西	-0.021	0.455	-0.791	-0.793	-0.165	16
		陕 西	-0.665	0.170	0.960	-0.519	-0.166	17
		山 西	-0.294	0.553	-0.153	-0.962	-0.177	18
		内蒙古	-0.109	-0.136	0.125	-0.845	-0.180	19
		黑龙江	-0.579	0.208	0.113	0.085	-0.183	20
		江 西	-0.492	0.221	-0.743	0.525	-0.230	21
		新 疆	-0.618	-0.019	1.278	-1.267	-0.239	22
		四 川	-0.725	-0.030	0.463	0.054	-0.244	23
		湖 南	-0.691	0.367	-0.815	0.906	-0.245	24
		河 北	-0.622	0.368	-0.273	-0.112	-0.265	25
		河 南	-0.551	0.309	-0.897	0.292	-0.299	26
第Ⅳ级 （z<-0.3）	区域公共治理 水平最低	青 海	-0.742	-0.153	1.112	-1.278	-0.356	27
		云 南	0.040	-0.364	-0.696	-1.268	-0.373	28
		甘 肃	-0.571	0.083	-0.467	-1.001	-0.469	29
		贵 州	-0.289	-0.140	-0.945	-0.982	-0.474	30
		西 藏	-0.140	-5.193	-0.778	0.464	-1.292	31

根据评价结果，可以将各地区公共治理水平划分为如下四级。

第Ⅰ级：区域公共治理水平最高，即综合因子得分为 z≥0.5 的地区。达到这一标准的省级单元共有 5 个，依次是：上海（1.901 分）、北京（1.056 分）、天津（0.68 分）、浙江（0.574 分）和广东（0.553 分）。其中，上海和北京的综合因子得分高于 1 分，表明这两个地区的公共治理状况比较理想。

第Ⅱ级：区域公共治理水平较高，即综合因子得分为 $0.5>z\geq0$ 的地区。这样的地区共有 5 个，依次是：江苏（0.485 分）、福建（0.34 分）、辽宁（0.211 分）、山东（0.102 分）和海南（0.03 分）。

第Ⅲ级：区域公共治理水平较低，即综合因子得分为 $0>z\geq-0.3$ 的地区。这样的地区有 16 个，依次是：重庆（-0.051 分）、湖北（-0.123 分）、安徽（-0.125 分）、吉林（-0.136 分）、宁夏（-0.139 分）、广西（-0.165 分）、陕西（-0.166 分）、山西（-0.177 分）、内蒙古（-0.18 分）、黑龙江（-0.183 分）、江西（-0.23 分）、新疆（-0.239 分）、四川（-0.244 分）、湖南（-0.245 分）、河北（-0.265 分）和河南（-0.299 分）。

第Ⅳ级：区域公共治理水平最低，即综合因子得分为 $z<-0.3$ 的地区。这样的地区共有5个，依次是：青海（-0.356 分）、云南（-0.373 分）、甘肃（-0.469 分）、贵州（-0.474 分）和西藏（-1.292 分）。

从评价结果来看，重庆和四川的公共治理水平较低。在成渝经济区发展过程中存在着大量的区域公共问题，从近年的发展实际来看，成渝经济区的地方保护主义仍旧比较突出，重庆和成都等地方政府之间存在着比较严重的恶性竞争，阻碍了经济社会资源的自由流动和跨地区的经济社会合作，在产业发展、交通水利、防灾治安、环境资源、文化教育、移民民生、卫生健康、休闲旅游等相关领域合作的广度和深度尚需要加强，影响了区域一体化的发展进程。因此，需要通过跨行政区的公共治理，以跨行政区公共治理的理念冲破行政区划的壁垒，将跨行政区提供公共服务、解决区域公共问题、管理区域公共事务的职能作为地方政府治理的价值导向，把跨行政区划公共事务的管理和公共问题的解决纳入政府职能，建立跨区、市、县的互信与合作，全面提升区域整体竞争力。

第三节　成渝经济区区域公共治理目标

跨行政区公共治理，主要是借助相邻行政区之间的合作，充分运用各地区不同的产业、环境、文化、经济等各方面的资源，破除行政区域的隔阂，携手并进,解决跨行政区或区域性公共问题,降低跨行政区交易成本,协商解决单个地方政府无法解决的跨区域问题,以更加宏观、更为全面的整体性思维,提高跨行政区的综合发展能力和整体竞争力。

基于成渝经济区区域公共治理的协同型模式,结合成渝经济区发展实际情况,成渝经济区区域公共治理所研究的区域议题包括综合区域治理、产业发展、交通水利、防灾治安、环境资源、文化教育、民生移民、卫生健康、休闲旅游九个领域。其中,综合区域治理为主议题,其余八个议题为分议题。

一、区域治理

作为协同型模式中跨区域公共治理的主议题(表 4-5),成渝经济区区域治理需要各参与治理的主体以全区域整体一盘棋的角度进行思考,摒除各区(市、县)谋求自我利益的本位主义心态,建立跨区(市、县)的互信与合作,全面提升成渝经济区的竞争能力。

表 4-5 成渝经济区跨区公共治理目标——区域治理主议题

指标	治理目标	主要内容
跨行政区整合国土资源	行政区划优化	调整优化城市(镇)的行政区划
	省直管县(市)改革	省直管县(市)体制改革试点 经济发达镇镇改市体制改革试点
	平安边界建设	建立健全界线管理机制 处置边界纠纷
	地名公共服务工程	设置村庄地名标志 设置农村居民门牌 开通地名网站 开通地名问路电话服务热线 设置地名触摸屏
跨行政区治理规范化	区域治理规划	成渝经济区区域规划 成渝经济区流域治理规划 成渝经济区公共卫生规划 成渝经济区自然灾害防治规划 成渝经济区公共安全及应急管理规划 成渝经济区产业发展规划 成渝经济区基础设施规划 成渝经济区科技创新合作规划
	区域治理规章	成渝经济区区域合作联盟章程 成渝经济区合作市长宣言 成渝经济区区域合作推进方案 成渝经济区各专项合作备忘录

第四章 成渝经济区区域战略定位与公共治理目标

续表

指标	治理目标	主要内容
跨行政区治理形式	跨区治理实体化	"成渝直线经济联盟" 成渝经济区区域发展委员会 成渝经济区公共治理区域联盟 城市群联合体（市镇联合体）
	治理形式多样化	跨行政区（部门）合作协议 "泛西三角"区域合作框架协议 跨行政区流域治理"河长论坛" 公私合作伙伴关系
区域治理影响力	中央与地方合作	中央政府对跨界治理的介入 中央财政专项资金扶持
	与区域外的合作	与长三角、珠三角的合作 与港澳台的合作 与国外的合作
	跨区治理效果	跨区治理绩效评估 跨区治理经验推广及被采纳情况
跨行政区治理参与度	治理主体多元化	地方政府、企业/行业协会、居民/社区、社会组织、成渝经济区城市群产业发展协同创新中心
	网站建设	成渝经济区区域治理网

区域治理主议题要求通过跨行政区的调整与整合，达到国土资源的合理配置、永续与均衡发展。区域内的不均衡发展会造成建设项目的边际成本递增，在跨界治理中，要注重各行政区国土资源的均衡发展，针对实际情况有序地、适当地采取行政疆界重划，结合实际情况调整部分城市（镇）的行政区划，为可持续发展创造有利条件。适应城镇化、国家区域发展战略和综合配套改革试点要求，加强成渝经济区行政区划创新研究，在成渝经济区四川管辖的区（市、县）探讨推动省直管县（市）体制改革，积极开展经济发达镇行政管理体制改革，重点推动经济发达镇镇改市体制改革试点，优化中小城镇的空间格局，有效解决地方行政区划中的突出矛盾。积极推进成渝经济区平安边界建设工作，健全界线管理机制，妥善处置有关边界纠纷。积极拓展地名公共服务工程，探索开展村庄地名标志和农村居民门牌设置工作，开通地名网站和地名问路电话服务热线，设置地名触摸屏，构建覆盖城乡的地名标志体系。

跨行政区的发展规划是区域治理的重要依据。要以更大格局、前瞻性视野谋求区域整体发展，摒弃支离破碎各自为政的发展格局，通过多边合作来提升区域竞争力。2011年，国务院正式批复了《成渝经济区区域规划》（国函〔2011〕48号），成为该区域跨界治理的指导性文件。然而，该规划比较笼统，对具体跨区治理事务的安排不够具体。应以此为基础，探讨《成渝经济区流域治理规划》《成渝经济区公共卫生规划》《成渝经济区自然灾害防治规划》《成渝经济区公共安全及应急管理规划》《成渝经济区产业发展规划》《成渝经济区基础设施规划》等相关专项规划，形成"1+X"跨区治理规划体系。为推动跨区治理的规划化，还应针对性地谋划出台《成渝经济区区域合作联盟章程》《成渝经济区合作市长宣言》《成渝经济区区域合作推进方案》及各相关领域的专项合作备忘录。

要不断完善跨行政区治理形式。跨行政区治理应构建"成渝直线经济联盟"、成渝经济区区域发展委员会、成渝经济区公共治理区域联盟、城市群联合体（市镇联合体）等各种实体形式的组织机构，将跨行政区治理实体化、法治化，以强化公共治理的成效。成渝经济区的区域治理，还有赖于各种类型的跨行政区（部门）合作协议、"泛西三角"区域合作框架协议、跨行政区流域治理"河长论坛"、公私合作伙伴关系等多样化的形式，并不断丰富区域治理的内容。

要提升区域治理的影响力，争取由中央政府牵头并介入跨界治理，引导、鼓励并支持各区、市、县相互结盟、资源互补，并且在一些必要的领域注入财政资金给予扶持。地方政府则根据自身的区位、资源与环境条件，积极引导社会各界参与治理，主动与长三角、珠三角及港澳台展开合作，展现跨行政区治理的行动力。要对跨区治理展开科学合理的绩效评估，发现公共治理中出现的各种问题，提升治理效果，并向外界推介跨区治理的成功经验，以提升区域公共治理的影响力。

成渝经济区的跨行政区治理，要广泛吸纳地方政府、企业/行业协会、居民/社区、社会组织、成渝经济区城市群产业发展协同创新中心等各类主体的积极参与，通过成渝经济区区域治理网络等各种反馈渠道，凝聚民间及社会各界的共识，实现区域治理的总体目标，合作共赢、统筹发展。

二、产业发展

产业发展分议题的核心是如何有效整合成渝经济区的科技、人力资源，通

第四章 成渝经济区区域战略定位与公共治理目标

过推动跨行政区科技交流与共享、跨行政区标杆学习等手段，合作提升区域经济效益，切实促进区域经济发展方式的转变（表4-6）。

表4-6 成渝经济区跨区公共治理目标——产业发展分议题

指标	治理目标	主要内容
区域经济效益	提升区域行业经济效益	区域创新体系建设 促进企业清洁生产 发展循环经济
	区域产业结构调整	淘汰落后产能 鼓励区域企业兼并重组 传统产业升级 新兴产业培育
	区域产业布局优化	区域产业基地建设 跨行政区产业园区整合 城市群一体化发展 区域规模经济效应
	区域产业发展环境	成渝经济区投资洽谈会 区域城市投资促进机构合作宣言 成渝经济区产业市场研究 成渝经济区经济合作行动纲领 成渝经济区企业信息交流协议 成渝经济区农业合作协议 成渝经济区房地产业合作备忘录 成渝经济区商会合作协议 成渝经济区合作与发展金融论坛 成渝经济区旅游合作框架协议 成渝经济区外经贸合作备忘录
跨行政区科技交流与共享	跨区科技设施共享	区域科技创新平台建设 区域科技创新平台开放共享 区域技术标准检测公用中心 成渝经济区科技资源相互开放与共享具体办法
	跨区科技成果合作	成渝经济区科技组群（联盟）行动 跨行政区联合创新科技行动 区域科技人才培养行动 成渝经济区专业技术协作组织 区域科技合作联席会议制度 成渝经济区科技合作指南 成渝经济区科技合作协议书 成渝经济区知识产权合作协议 成渝经济区科技合作项目管理办法 联合共建成渝经济区科技创新体系实施计划
	跨区科技成果交流	企业科技创新合作交流会 成渝经济区技术市场和技术产权交易中心
跨行政区标杆学习	指标性业务分享	KPI指标（关键性业务指标）共享 业务指标管理经验交流
	跨区企业交流观摩	跨区企业实地观摩 成渝经济区发展经验简报交流

跨行政区产业发展分议题要关注区域经济效益的提升。建立区域公共研发平台，鼓励企业建设各类研发机构，完善技术创新服务平台，努力建设资本与技术配合的创新服务环境，大力发展中小型科技企业，造就一批高层次科技人才和优秀企业家人才，增强区域自主创新能力。将技术创新和区域低成本优势结合起来，通过设备更新、工艺创新、采用新材料和降低消耗等措施，把提升技术层次、差异化发展和低成本优势集合成为区域竞争优势。鼓励企业进行绿色设计、使用清洁能源和绿色材料、应用先进工艺技术流程和生产设备、提升管理水平、推动废弃资源回收与利用等措施，从源头上控制与削减污染物的产生和排放，实现清洁生产，提升资源产出率、能源产出率与水资源产出率，切实保护和改善环境。以"减量化、再利用、资源化"为基本原则，充分利用生产、流通和消费等环节产生的各种废物，在全社会构建起循环经济发展模式，促进经济与社会可持续发展。调整优化区域产业结构，淘汰落后产能，鼓励区域企业兼并重组，促进传统产业升级，积极培育战略性新兴产业，支持产业跨地区合理转移。优化区域产业空间布局，通过要素的合理流动和配置达到区域经济结构和产业空间组织结构的优化。加强区域产业基地建设，促进跨区产业园区整合，提升行业集中度，发挥区域规模经济效应。依托成都、重庆"双核"和区域性中心城市，培育形成若干经济联系密切、辐射带动显著、空间布局合理的城市群体系。完善区域产业发展环境，定期召开成渝经济区投资洽谈会，研究签订《区域城市投资促进机构合作宣言》《成渝经济区经济合作行动纲领》《成渝经济区企业信息交流协议》《成渝经济区农业合作协议》《成渝经济区房地产业合作备忘录》《成渝经济区商会合作协议》《成渝经济区合作与发展金融论坛》《成渝经济区旅游合作框架协议》《成渝经济区外经贸合作备忘录》等文件与协议，加大航空航天、电子信息、机械装备制造、汽摩制造业、冶金产业、新材料、化学工业、生物医药等重点行业的跨界合作，推进区域产业市场研究，深入了解区域需求和供给状况，为行业生产提供全面的市场信息，扩大区域产业交流与合作，加强产业空间经济技术联系，实现优势互补和共同发展。

突破行政区划界限，加强区域各类重点实验室、工程技术研究中心等技术创新平台和省部级高水平基础科技平台的建设，推动区域科技创新平台的相互

第四章　成渝经济区区域战略定位与公共治理目标

开放和共享共用，召开企业科技创新合作交流会，引导生产要素跨行政区合理流动，加强区域科技研发与交流，进一步提升科技进步促进经济发展的能力。促进各方通过交流合作降低科研成本，重点在能源与资源利用、生态环境保护、区域物流技术、区域公共安全、科技信息共享、农业产业化发展等方面加强区域科技合作，促进各方通过双边或多边的联合科技行动，提高科技资源利用率。健全区域科技合作体系，跨行政区开放与共享重点实验室、技术标准检测评价机构、工程技术研究中心和智库中心，使得区域内各单元能够共享大型公共仪器设备、共建科技成果交易平台、共用科技人力与信息服务，全方位推动区域科技资源共享。统筹编制区域内各区、市、县的科技开发机构名录或者要目便览，对可供开放共享的重点实验室、科研平台以及大型科研仪器设备、科技开发项目和科技需求进行全面、系统的调查摸底和综合归类，编辑出版《成渝经济区科技合作指南》。合作建设"成渝经济区技术市场和技术产权交易中心"，推动区域技术交易规范化发展。协作共建成渝经济区技术标准检测公用中心，共同开展行业标准检测技术研究，合作开展重点产品及技术的检测。围绕具有技术优势和行业特色的产业技术领域，协同组建成渝经济区科技联盟（或科技组群），如联合组建成渝经济区煤电磷化一体化产业技术研究开发组群等，联合制订区域行业科技发展规划，通过重点投资和合作研究，联合取得的科技专利和其他科技成果由科技联盟（组群）共享共用。支持高等院校、科研机构、行业企业针对制约成渝经济区经济发展的行业共性技术、核心关键技术和重大科技问题，展开联合科技攻关，推进重大科技成果转化与高新技术产业化。跨行政区共同构建开放式、多领域、全球性的技术人才培养网络，建设紧缺科技人才合作培训基地。跨行政区编制和修订成渝经济区科技合作战略与规划，联合制订《成渝经济区科技合作项目管理办法》《成渝经济区促进科技资源开放与共享实施意见》《联合共建成渝经济区科技创新体系行动计划》等，合作签订《成渝经济区科技合作协议书》《成渝经济区知识产权合作协议》，构建各市、区、县科技部门共同参加的区域科技合作联席会议制度，协调规范成渝经济区科技合作行为，商讨解决跨行政区科技合作中的重大问题，建立区域内的专业技术协作组织，完善区域内保护知识产权的执法协作关系，鼓励国际学术机构、区域外知名高校、科研机构、企业在成渝经济区设办事机构，多渠道联合争取资金,健全成渝经济区风险投资机制,提高区域科技创新能力。

为强化区域产业联系,还应促进跨行政区标杆学习,促使区域内企业将自己的业绩与一流公司相对比,鼓励区域内一流企业将其 KPI 指标(关键性业务指标)共享,加强业务指标管理经验交流,组织跨区企业实地观摩学习,通过编写和发送《成渝经济区发展经验简报》交流企业发展中的一些成功案例和做法,全方位提升区域组织管理能力。

三、交通水利

交通水利分议题的核心是跨行政区构建无缝衔接的公共交通运输系统、跨界整理交通管理资源,优化区域交通网络,突破行政区域限制,实现交通一体化(表 4-7)。建立全域统一的水利枢纽,全面改善区域基础设施条件,不断优化区域发展环境,降低经济社会发展的成本,加快区域经济一体化,提升区域整体发展实力。

表 4-7 成渝经济区跨区公共治理目标——交通水利分议题

指标	治理目标	主要内容
区域公共交通系统建设	跨行政区交通系统建设	区域铁路建设 区域公路网络建设 区域航道和港口建设 区域机场建设
	跨行政区交通系统规划	成渝经济区综合交通运输体系合作规划 成渝经济区公路水路基础设施规划 成渝经济区省际公路规划与建设备忘录 加快成渝经济区铁路发展战略合作框架协议 成渝经济区机场合作发展共同建议 加快成渝经济区水运发展战略合作协议
跨行政区运输系统能力提升	区域交通运输一体化	成渝经济区通关一卡通 跨行政区车辆查询系统 区域内统一运输市场
	区域物流规划	区域物流设施空间布局规划 成渝经济区现代物流发展合作协议 成渝经济区物联网
跨行政区水利系统建设	区域水利重点设施建设	成渝经济区重点水利工程建设 成渝经济区城市应急水源地建设 成渝经济区农村饮用水源地保护 成渝经济区防洪减灾设施建设
	区域水利设施建设规划	成渝经济区水利设施统筹规划 成渝经济区水利发展协作倡议书
	水利行业能力建设	成渝经济区水利协作联席会议制度 成渝经济区水利行业能力普查单位目录

第四章 成渝经济区区域战略定位与公共治理目标

按照区域交通运输合作发展的空间布局目标,以成都和重庆为核心,以区域内重要经济城市为中心,结合现有民航机场、铁路、高速公路、水运港口的空间布局与规划设计,研究编制《成渝经济区综合交通运输体系合作规划》《成渝经济区公路水路基础设施规划》《成渝经济区省际公路规划与建设备忘录》《加快成渝经济区铁路发展战略合作协议》《成渝经济区民用机场合作发展框架协议》《加快成渝经济区水运发展战略合作协议》等跨行政区合作框架协议,构建合作框架下的区域综合运输骨干网络,形成支撑运输服务的运输节点——综合运输枢纽。加强成渝经济区对外铁路大通道建设,构筑以成都市和重庆市为枢纽、四通八达的放射状铁路网。加强区域内城际轨道、公路通道和城市轨道交通的规划建设,加快长江干线航道治理,全面提高航道和港口运输能力。

加强区域物流设施空间布局的统筹规划,用一体化思维统领区域内各类物流资源的配置,加强区域内重要物流基础设施的衔接。加强区域内物流专业化、规模化和信息化建设,实现区域内货运车辆双程载货,提高道路货运资源利用率。建立区域内物流设施和相关工具的统一标准,发放"成渝经济区通关一卡通",实现区域货运资质互认,推进区域大通关,减少检查次数,简化检查流程,为货物进出口提供便捷高效的服务,切实推动区域物流一体化,大力降低区域物流成本。完善跨行政区域车辆查询系统,建立问题车籍资料互通网即时查询通报机制,增强区域运输安全。加强运输管理制度与规章的协调和配合,构建区域一体化的物流与运输市场。积极建设成渝经济区物联网,促进跨行政区域物质融通。

建立成渝经济区水利协作联席会议制度,多方面、多形式、多渠道开展区域水利协作。统筹规划和科学布局区域供水设施,签订《成渝经济区水利发展协作倡议书》,实现水资源按流域和区域的统一管理,共促水利现代化、信息化建设,加强重点水利工程建设,重点加强农村边远山区和干旱地区的小微型农田水利设施建设,强化农村饮用水源地和城市应急水源地的保护与建设,加大防洪控制性水库和河道治理力度,加快流域骨干防洪枢纽的建设,提供防洪安全保障。对成渝经济区水利行业单位进行普查,编制《成渝经济区水利行业能力普查单位目录》,全面了解区域水利行业能力建设状况,增强区域水利行业公共服务能力。

四、防灾治安

防灾治安分议题的核心是强化成渝经济区的救灾能力,建立跨行政区的救灾支援机制,整合区域救灾的人力、物力资源,共同构建跨行政区防灾救灾中心(表 4-8)。加强区域社会治安综合治理,强化行政区域界限管理,边际协作,有力打击跨边界犯罪,维护社会政治稳定。

表 4-8　成渝经济区跨区公共治理目标——防灾治安分议题

指标	治理目标	主要内容
区域防灾救灾系统建设	跨行政区防灾救灾体系建设	跨行政区防灾救灾中心建设 灾害防治专业人员配置 航空应急救援、应急通信、救援车辆、特种救援装备与专业工具 跨行政区灾害支援联防互助机制 灾害防治标准作业程序 防灾救灾资料库 高科技在防灾救灾中的应用 应急救援信息化 灾后恢复重建体系
	应急救援产业化	应急救援企业集群 应急救援产业联盟
	民间救灾团体建设	民间救灾团体救护装备配置 民间救援组织专业人员配置与训练
区域生产安全事故应急处置	跨行政区安全生产应急能力建设	应急物资储备 应急专业技术人员配置 应急交通工具配置 应急设施设备配置
	跨行政区安全生产协作机制	成渝经济区区域安全生产合作联席会议 成渝经济区质量技术监督合作框架协议 成渝经济区食品药品监管合作框架协议 成渝经济区特大生产安全事故应急救援工作协调组 成渝经济区安全生产事故应急处置协作方案 成渝经济区安全生产事故灾难应急预案 重特大生产安全事故应急救援专家组
跨行政区治安系统建设	跨行政区治安协议	成渝经济区刑侦协作框架协议 成渝经济区警务协作框架协议 成渝经济区区域治安协作联防协议 成渝经济区平安边界建设协定 成渝经济区法律服务合作协议书
	跨行政区治安机制	区域警务协作联席会议制度 区域刑侦工作情况通报机制 跨行政区重大刑事案件联合侦破机制 公安干部定期互派挂职机制
	区域治安信息化水平	成渝经济区刑侦协作网 道路交通管理协作

第四章 成渝经济区区域战略定位与公共治理目标

加强跨行政区防灾救灾体系建设，完善灾害防治专业人员和航空应急救援、应急通信、救援车辆、特种救援装备与专业工具的配置，完善灾害防治标准作业程序和防灾救灾资料库，加强各级政府部门、非政府部门以及私人团体之间的无缝合作，更好地预防、保护、应对、恢复、缓解地震、滑坡、洪涝、干旱、森林火灾等突发事故和自然灾害及其产生的破坏性后果，最大限度地减少人员伤亡与财产损失，实现跨行政区、跨部门自然灾害联防。促进高科技在防灾救灾中的应用，推动应急救援信息化，充分利用各种现代化信息技术工具与手段，直观监测、展示与分析灾害的分布范围和发展态势，据此制订对应的规避方案。完善灾后恢复重建体系，构建灾后重建的评价指标体系，保证灾后恢复重建工作的顺利进行。

以应急救援为核心业务，运用科技力量提升应急救援效率，培育关于应急信息互动、交通手段、技术装备、法律事务、物资保障、人力资源和生产储备等的企业群体，带动应急救援产业发展。加强民间救灾团体救护装备配置，支持民间救援组织专业人员配置与训练，推进民间救灾团体建设。

努力形成跨行政区的功能齐全、反应灵敏、相互协助的安全生产应急救援机制，加强区域间应急救援资源的共享与合作，快速、及时、高效、有序地处置各类重特大生产安全事故，做好应急救援工作。建立成渝经济区区域安全生产合作联席会议制度，提升当发生超出事故发生地省级安全生产应急处置能力的重特大生产安全事故或跨省级行政区的重特大生产安全事故时的应急处置能力。签订《成渝经济区质量技术监督合作框架协议》《成渝经济区食品药品监管合作框架协议》等，切实推进成渝经济区在质量技术监督领域的合作，积极推动区域食品药品监管合作。根据成渝经济区地域特点以及生产安全事故形势，研究编制《成渝经济区安全生产事故应急处置协作方案》。建立重特大生产安全事故应急救援专家组，在发生生产安全事故时参与事故应急救援工作。进一步提升成渝经济区各区、市、县安全监管部门（经济发展及劳工事务部门）联合处置重大特大生产安全事故能力，促进区域性安全生产监管水平的整体提升，实现安全监管和职业安全健康保护资源的有效利用和共享。

加大对跨行政区刑事犯罪的打击力度，签订《成渝经济区刑侦协作框架协议》《成渝经济区警务协作框架协议》等，完善刑侦工作情况通报机制，建立跨行政区重大刑事案件联合侦破机制，构筑打击、防范、控制犯罪活动协作平台，以打击流窜犯罪、系列犯罪为主要目标，实现区域联动和整体作战，为成渝经济区全面合作、共同发展提供良好的社会治安环境。推动成渝经济区合作签订《成渝经济区区域治安协作联防框架协议》，构建高效有力的区域治安协作联防机制，实现跨行政区域的区、市、县治安防范工作对接，建立起相对固定的协作机制与平台，建立干部交流制度，对各区市县公安干部定期进行互派挂职，加强各市警方相互之间的沟通。加强行政区域界限矛盾纠纷排查调处，签署《成渝经济区平安边界建设协定》，加强对区、市、县交界的"三不管地带"犯罪活动的打击，促进信息共享、整体联动，实现化解矛盾、打击犯罪、保境安民、维护稳定的目标。共同开发、建立犯罪信息实时共享、自动比对查控的"成渝经济区刑侦协作网"，提高跨行政区刑侦协作的信息化水平。配合成渝经济区交通运输一体化市场的建立，推进成渝经济区各区、市、县在交通工程设计、交通流量检测与统计、交通信息诱导、交通设施建设等方面的情况信息交流，建立交通事故逃逸区域联动截查机制，实现区域交通违法信息系统联网，使交通违法信息能实时传递。

五、环境资源

环境资源分议题的核心是实现跨行政区环境保护与资源开发利用（表4-9）。区域环境保护部门联手开展流域水环境保护、大气污染防治，建立区域环境保护合作机制，加强生态环境保护与流域治理，大力改善区域生态环境状况，发挥市场机制在资源配置中的决定性作用，建立长期稳定的能源与资源合作开发利用机制，优化区域能源与资源配置，形成优势互补、资源共享、错位发展的互利共赢发展格局，实现区域经济社会与生态环境的协调和可持续发展。

成渝经济区生态与环境保护部门应开展跨行政区联手合作，探讨签署《成渝经济区生态环境保护合作框架协议》，共同研究编制《成渝经济区生态环境保护合作与发展规划》《成渝经济区流域水污染防治规划》等区域专项规划，通过成渝经济区流域治理"河长论坛"、成渝经济区环境保护合作联席会议、流域生

第四章 成渝经济区区域战略定位与公共治理目标

表 4-9 成渝经济区跨区公共治理目标——环境资源分议题

指标	治理目标	主要内容
跨行政区环境保护	流域水环境治理	集中式饮用水源地水质改善 跨界断面水环境质量改善 流域 COD 排放量削减 成渝经济区工业企业达标排放 成渝经济区城市污水处理规模 成渝经济区城市污水处理率 流域水环境监管、水污染预警和应急处置能力
	跨行政区大气污染防治	区域大气污染物减排 区域脱硫脱氮技术交流 区域机动车尾气污染防治 区域绿色造林减碳计划 区域环保设备联合研发
	跨行政区环境保护监测合作	成渝经济区水环境监测体系 成渝经济区水环境监测信息报告制度 成渝经济区大气监测和发布平台 成渝经济区有害有毒物质监测平台
	区域环境保护机制	成渝经济区环境保护合作规划 成渝经济区环境保护合作协议 成渝经济区流域水污染防治规划 成渝经济区流域治理"河长论坛" 成渝经济区环境保护合作联席会议 流域生态环境利益共享机制 跨区农村面源污染合作治理机制 成渝经济区环境宣教合作交流机制 环境保护工作交流和情况通报制度
跨行政区生态保护与环保产业发展	区域生态保护合作	跨行政区生态功能区划合作 跨行政区自然保护区合作 跨行政区农村生态保护 跨行政区生物物种资源保护开发
跨行政区生态保护与环保产业发展	跨行政区固废处置及资源化	区域工业危险固废集中处置 区域建筑垃圾资源化利用 区域生活垃圾资源化利用 区域餐厨垃圾资源化利用 区域污泥再生利用 农业秸秆与林业"三剩物"资源化利用 区域可再生资源合作利用
	跨行政区环保科技和产业合作	环境保护重大科研开发项目合作 环境保护科技资源共享 区域环保设备制造业合作发展 成渝经济区环境保护产业合作网站
跨行政区资源开发利用	区域资源开发合作	跨界矿产资源合作开发 区域森林资源合作开发保护 区域水资源合作开发利用

续表

指标	治理目标	主要内容
	区域能源开发合作	区域天然气资源勘探开发 区域天然气管网建设 区域地热资源勘探开发 区域能源装备制造业合作发展 区域能源交易市场

态环境利益共享机制、成渝经济区环境宣教合作定期交流机制、生态环境保护情况通报制度等区域生态环境保护合作机制，构建成渝经济区水环境监测体系、成渝经济区水环境监测信息报告制度、成渝经济区大气监测和发布平台和成渝经济区有害有毒物质监测平台，全面展开水环境保护合作、大气污染防治合作、生态保护合作、环境监测合作、跨行政区固废处置及资源化合作、环境保护科技和产业合作，协同改善集中式饮用水源地水质和跨界断面水环境质量，削减流域 COD 排放量，全面推动工业企业污染物达标排放，扩大城市污水处理规模，提升城市污水处理率，完善流域水环境监管、水污染预警和应急处置能力。促进大气污染物减排和机动车尾气污染防治，实施区域绿色造林减碳计划，加强脱硫脱氮技术交流合作。

开展环保设备联合研发，在适度规模上实现跨行政区工业危险固废的集中处置，积极促进区域建筑垃圾、生活垃圾、餐厨垃圾、污泥、农业秸秆与林业"三剩物"以及可再生资源的资源化利用，推动可分解性塑料研发利用，构建循环经济模式。推动跨行政区自然保护区合作，加强跨行政区农村生态保护，加大生物物种资源保护开发，推动环境保护科技资源共享。鼓励环保设备制造业合作发展，开发成渝经济区环境保护产业合作网站，加强生态环境保护重大科研项目的合作研究。协作加强区域生态环境保护，促进区域社会经济与生态环境的良性互动与协调发展。

加强跨行政区资源和能源的合作开发与利用，推进矿产资源、森林资源和水资源的跨界合作保护与开发，促进区域天然气、地热资源的勘探开发，加大区域天然气管网建设，推动区域能源装备制造业发展，完善区域能源交易市场，加强区域煤炭、电力和油气市场建设，建立稳定长期的区域能源合作发展机制，实现能源资源的优化配置，切实促进区域内能源与环境的协调发展。

六、文化教育

文化教育分议题的核心是促进跨行政区文化教育资源共享及经验交流，建立文化教育资源共建共享机制，推进区域文化教育资源的开发、共享和利用，加强区域文化教育互动合作和教育信息沟通，增强文化教育为经济建设和社会发展服务能力（表4-10）。

表4-10　成渝经济区跨区公共治理目标——教育文化分议题

指标	治理目标	主要内容
跨行政区教育交流合作	跨行政区教育资源共建	跨行政区联合办学 跨行政区创新教育体制与机制 跨行政区师资双向互聘交流 跨行政区教育改革发展学术研讨 跨行政区科研项目合作 跨行政区国家和省部级重点学科建设 跨行政区国家和省部级重点实验室建设
	跨行政区教育资源共享	区域教育信息共享互通平台 大中专院校毕业生就业信息交流
跨行政区教育交流合作	跨行政区教育合作机制	跨行政区教育联席会议制度 成渝经济区教育资源共建共享工程计划 成渝经济区基础教育联动发展协议 成渝经济区数字教育资源合作建设协议 成渝经济区教育交流合作的框架协议 成渝经济区中等职业教育实训基地共建共享框架协议 成渝经济区城市群产业发展协同创新中心
跨行政区文化艺术交流合作	跨行政区文化资源共建	区域图书馆、博物馆、艺术馆、文化馆、艺术院团、院校艺术研究机构建设 区域文化艺术行业人才队伍建设 区域文化会展经济发展 区域非物质文化遗产保护利用
	跨行政区文化资源共享	成渝经济区民族文化节庆 成渝经济区文化艺术博览会 成渝经济区艺术家联展 成渝经济区文化艺术大讲坛
	跨行政区文化合作机制	成渝经济区文化艺术合作框架协议 成渝经济区文化艺术信息资源共享工程 "万村千乡"公益文化建设工程 成渝经济区电视媒体合作框架协议 成渝经济区电视媒体联席会议制度 成渝经济区电视媒体高峰论坛 成渝经济区文化馆联合论坛 成渝经济区出版论坛 成渝经济区出版合作框架协议

加强成渝经济区高等院校、大中专院校和职业院校的校际交流与合作，鼓励开展多种形式的联合办学，在办学体制、管理模式、教学改革、教育评估、师资双向互聘交流等方面加强交流与合作，共同创新教育体制与机制。

跨行政区开展教育改革发展学术研讨，推动跨行政区科研项目合作。加快成渝经济区城市群产业发展协同创新中心的建设，合作建立国家和省部级的重点学科和实验室，促进区域高等学校科技成果转化，实现跨行政区"政产学研用"一体化。

建立跨行政区教育联席会议制度，重点协调决定区域教育合作的重大事宜。实施"成渝经济区教育信息资源共建共享工程计划"，研究签订《成渝经济区基础教育联动发展协议》《成渝经济区数字教育资源合作建设协议》《成渝经济区教育交流合作的框架协议》《成渝经济区中等职业教育实训基地共建共享框架协议》等框架协议与意向书，促进区域教育资源共建共享。建立跨行政区高等院校、大中专院校、职业院校和科研院所毕业生就业信息的交流互联机制，实现全区域毕业生就业信息共享。加强区域内教育信息共享平台建设，推进教育信息资源的合作开发、共建共享，加快区域教育信息化、一体化进程。

积极研究签订《成渝经济区文化艺术合作框架协议》，积极开展"万村千乡"公益文化建设工程，实施"成渝经济区文化艺术信息资源共享工程"，加大区域图书馆、博物馆、艺术馆、文化馆、艺术院团、院校艺术研究机构建设，在区域公共文化服务体系建设、文化艺术繁荣发展、文化产业转型升级、文化会展经济发展、非物质文化遗产保护利用及文化人才培养等方面展开合作。建立成渝经济区电视媒体高峰论坛和联席会议制度，共同签署《成渝经济区电视媒体合作框架协议》，促进电视媒体信息资源的交换与共享，建立电视节目制作的互助和互惠机制，促进电视媒体广告业务沟通和合作机制，加强跨行政区的大型节目与大型活动的策划、协调和合作，全面推进区域内电视媒体合作与发展。创设成渝经济区出版论坛，签订《成渝经济区出版合作框架协议》，跨行政区建立出版业人员交流和委培、代培机制，交流出版业成功经验，共同推动出版业合作发展。

借助民族文化节庆活动、文化艺术大讲坛和文化博览会等形式，促进区域艺术文化信息共享互通，扩大大型文艺活动观摩与交流。建立"成渝经济区文化馆联合论坛"，扩大各区、市、县政府文化交流合作，以各种方式推进经验交流及讨论，凝聚区域地方文化共识。加强非物质文化遗产保护合作，交流观摩业务。通过成渝经济区艺术家联展，促进艺术家跨区创作、民众跨行政区参与艺术欣赏活动。

七、民生移民

民生移民分议题的核心是加强区域社会福利机构的合作与交流，动员和组织社会各界共同参与社会福利建设，共同推进成渝经济区社会福利服务事业发展（表 4-11）。建立跨行政区政府部门之间畅通的合作协调机制，跨行政区统筹实施扶贫生态移民工程，保障移民安稳致富。

表 4-11　成渝经济区跨区公共治理目标——民生移民分议题

指标	治理目标	主要内容
跨行政区社会福利合作	跨行政区社会福利机构建设	区域社会福利服务机构建设 区域社会福利机构规范化水平 专业社工或专职人员互派交流 区域社会福利服务体系信息化
	跨行政区社会福利服务	区域社会福利业务培训和研讨 区域社会福利咨询支持服务 区域社会福利标准化水平
	区域社会服务领域公私合作	民间社会福利服务机构发展 对非营利民间组织的政策扶持 民间社会福利机构规范化水平
	跨行政区社会福利服务合作机制	区域社会福利联席会议制度 区域社会福利工作协调机构 区域社会福利专题工作小组制度 区域社会福利合作发展计划 社会福利政策评估和机构评估机制 就业和社会保障课题合作研究 成渝经济区合作开展社会福利服务工作备忘录 社会组织与公益机构合作框架协议书
跨行政区城乡就业合作	区域职业人才合作培养	跨行政区职业教育合作 成渝经济区中等职业教育实训基地共享框架协议 跨行政区职业教育资源整合与共享
	跨行政区专业人才交流聘任	人才培养和干部交流合作备忘录 跨行政区人才交流平台建设 跨行政区专业人才交流会 跨行政区专业人才双向互聘

续表

指标	治理目标	主要内容
跨行政区城乡就业合作	跨行政区城乡就业合作机制	优化区域人口空间布局 区域企业工资分配调控指导体系 劳动争议调解仲裁工作体制机制 城乡劳动合同制度和集体协商机制
跨行政区生态移民合作	跨行政区扶贫生态移民工程	跨行政区扶贫生态移民规划 跨行政区扶贫生态移民工程
	区域扶贫生态移民保障机制	区域扶贫生态移民工作领导小组 区域生态移民安置补偿制度 区域生态移民申诉救济制度 生态移民对口支援保障机制 生态移民文化传承机制 生态移民政策落实机制

　　采取多种形式合作举办养老机构、社区服务机构，为跨行政区提供养老、就业等基本公共服务。加强福利机构服务设施建设、服务业务和服务人员业务培训的跨行政区协调。在成渝经济区内明确社会服务机构的建设标准、床位规模、供养人数、集中供养率、管理水平、服务质量等指标，特别是对农村社会福利服务中心实行统一的等级评定，推动社会福利机构的规范化管理。加快区域基层就业和社会保障工作平台、劳动和社会保障电话咨询、网上业务经办、劳动争议调解仲裁、劳动保障监察和劳动能力鉴定等信息系统建设，有效整合就业、社保、医保、劳动关系和劳动保障信息系统，实现业务协同办理。跨行政区互派专业社工或专职人员参与福利机构的服务与运作。开展社会福利业务培训和研讨，相互提供技术指导和培训资源，合作开展福利机构管理人员及专业技术人员业务培训，不定期地举行信息交流和理论研讨。积极引导专业服务社团为老人、残疾人、儿童、社区服务等方面提供跨行政区的咨询支持服务。推动签订《成渝经济区合作开展社会福利服务工作备忘录》《社会组织与公益机构合作框架协议书》等协议框架，共同建立合作协调机制，由各区、市、县社会保障和民政部门合作设立联席会议制度，定期或不定期举行工作会议，共同研究确定重大合作事宜。建立相应的工作协调机构，合作编制社会事业发展规划，定期向联席会议提交合作情况报告和相关对策建议。可根据实际工作需要，适时设立专题工作领导小组，研究制订合作项目实施计划，提出针对性的工作措施与方案，落实合作事项。深入推进跨行政区合作，共同开展就业和社

第四章 成渝经济区区域战略定位与公共治理目标

会保障事业发展课题研究，推进课题成果应用转化，不断探索就业和社会保障工作的新思路、新方法。研究探讨放宽社会组织准入门槛政策，促进政府、企业与公益机构的对接，打造社会公益项目品牌，在社区义工服务、环保公益、助学助残、扶贫济困、文明城市义工工作等方面开展广泛合作，通过项目合作、结对帮扶、定期走访、公益参与等合作方式，共同推进社会公益事业。建立有效的评估机制，包括政策评估和机构评估机制，定期或不定期对养老服务机构的服务水平和质量进行评估，不断提高养老服务水平和质量。

围绕区域产业布局、城镇体系、户籍新政、土地制度、社会保障、公共服务等对人口流动迁移的影响进行研究分析，优化区域人口空间布局，引导人口有序迁移流动，促进城镇化的健康发展。加强跨行政区人才交流与互聘，创新区域职业教育合作办学模式，构建多元化的职教集团、职教联盟、职教协作体，完善职业教育合作体制与机制，避免学校之间的恶性竞争和同质化，突出办学的特色和品牌，提高办学质量。打破条块分割和行政壁垒，加强职业教育资源的空间流动，加强区域职业院校间的校校合作、校企合作、校地合作，促进设施设备互通、教学资源互通、课程设置互通、扩大办学规模、人才师资互通。加强跨区人才交流平台建设，举办区域专业人才交流会，研究建立完善的区域人员互聘制度，实现区域专业人才双向互聘，促进区域人才资源的合理配置。建立区域开放合作的人才交流制度，引导高等院校、科研院所和企业高层次人才互聘工作。完善区域企业工资分配调控指导体系，保障区域企业职工工资按时足额支付和正常增长，开展工资集体协商"共同约定"行动，完善区域最低工资标准正常调整机制。建立跨行政区的劳动争议调解仲裁机制，完善区域基层劳动争议调解机构，及时妥善恰当处理争议案件。完善劳动争议仲裁办案制度，提高劳动仲裁办案的规范化和标准化水平，不断提高仲裁办案质量。建立跨行政区的劳动合同制度和集体协商机制，加强劳动合同和集体合同制度建设，巩固提高劳动合同签订率，扩大集体合同覆盖面。全面推进小企业劳动合同制度专项行动计划，促进区域小企业与劳动者普遍依法签订劳动合同、全员参加社会保险。

实施扶贫生态移民工程，推动成渝经济区生态移民安置房建设，实行统一规划、统一设计、统一施工、统一安置、统一管理。注重对移民户进行免费培训，保障移民就业，改善移民生活。加强政府部门之间的合作与协调，共同组织成渝经济区各区、市、县参与生态移民工程尤其是三峡工程移民后续安稳致富工作，共同探讨制订土地、住房、就业、教育、医疗、社保等生态移民配套政策，促进区域各项政策协调统一、有机衔接。在生态移民的过程中，应统筹考虑迁入地的资源与环境承载力，加强迁出地的生态恢复和迁入地的环境保护。移民过程中应充分把握各少数民族文化的自有属性和特征，对其进行有效的保护、传承。构建完善的移民政策落实机制，确保各项政策落实到位。建立完善的生态移民支援保障机制，逐步形成纵横合力的移民对口支援方式，鼓励跨行政区的结对帮扶。

成立区域扶贫生态移民工作领导小组，按主体功能区规划要求，科学制定区域生态移民及城镇化建设等方面的规划，统筹协调林业、水利、国土、环保等相关部门的工作，加强对生态移民工程建设项目的指导和督查，合力推进生态移民。研究制订区域生态移民补偿制度，从生态治理、移民安置、移民补偿、移民就业、移民原有文化保护等各方面，指导区域扶贫生态移民工作的开展。

八、卫生健康

卫生健康分议题的核心是通过跨行政区的通力合作，加强各方在卫生防疫的交流与合作，提升防疫人员应变能力，建立跨行政区防疫网络，做好适当防疫措施，减少病源传播机会，有效预防、控制和消除传染病的发生、流行（表 4-12）。强化对食品药品的监督管理，防止假冒伪劣食品药品事件发生。建立成渝经济区体育合作交流机制，构建合作交流平台，促进体育公共服务一体化，实现体育公共资源共享、优势互补，努力推动区域竞技体育水平提高，促进区域体育产业发展。

推动签署《成渝经济区传染病防治交流合作框架协议》，推动成渝经济区各方共同建立卫生防疫协作机制，建立跨行政区传染病疫情和突发公共卫生事件信息通报交流机制，一旦发生疫情，简化疫情通报的流程，依法及时如实通报，将传染病疫情信息的通报规范化。对于传染病疫情及相关资料，包括甲、乙类传染病的月报及疫情分析等，可定期进行跨行政区常规通报。对于区域突发公共卫生事件，例如重大群体性疾病、集体性食物和职业中毒、区域性传染病疫情等，除按法定要求及时如实上报外，要采取跨行政区紧急通报。探讨和

第四章 成渝经济区区域战略定位与公共治理目标

交流跨行政区传染病收治设施规划和建设，在筹划兴建有关设施时针对不同类型传染病特性进行整体规划和配合，联合研究分析有关传染病疫情的特性，作为收治诊疗传染病疫情的基础资料。

表4-12 成渝经济区跨区公共治理目标——卫生健康分议题

指标	治理目标	主要内容
跨行政区卫生防疫合作	跨行政区卫生防疫机构共建	跨行政区传染病收治机构建设 跨行政区传染病科研合作项目 跨行政区传染病专家及技术人员互访
	跨行政区卫生防疫信息共享	跨行政区传染病信息网络交流 感染控制和临床治疗数据分析交流
	跨行政区卫生防疫合作机制	成渝经济区防治传染病专家组 成渝经济区传染病防治交流合作框架协议 防治传染病专家组不定期工作会晤 防治传染病研讨会和学术会议 成渝经济区卫生防疫协作机制 突发公共卫生事件交流通报机制
跨行政区体育交流合作	跨行政区体育合作发展	跨行政区训练基地共建 跨行政区教练互派 体育产业跨区营运及管理 区域体育运动的观摩和交流 跨行政区体育比赛活动
	跨行政区体育交流共享机制	成渝经济区体育合作工作小组 成渝经济区体育交流与合作备忘录 区域体育科技与学术交流

积极开展成渝经济区有关传染病科研合作项目，加强传染病监控的交流与合作。开展有关卫生和传染病监控专业人员的培训和互访。加强区域医疗卫生科研合作，联合实施专家团队及卫生技术人员互访计划，推动相关专家及技术人员交流互换。鼓励医疗卫生领域专家学者进行不定期工作座谈，互相参与举办的专题研讨会和学术会议，加强学术交流，加强彼此对有关疫情、项目发展、培训及科技应用的了解。促进防疫相关单位对口交流，促进医疗卫生相关部门、疾病监控及医疗防治等单位展开对口交流。加强区域传染病信息网络建设，促进区域传染病信息网络交流，并安排专家互访。加强区域感染控制和临床治疗数据分析的交流，使各地可以充分掌握关于疫情防治的各项资料。跨行政区开展防治禽流感的培训、临床、信息、检测、化验、治疗等工作，联合加强禽流感的预防诊治。

鼓励跨行政区的体育团体和体育协会进行体育运动的观摩和交流，不定期轮流在各地举行不同水平的体育比赛，选拔、培养新秀运动员，提高运动水平。通过教练互派、训练基地共建、体育科技交流等互惠互利方式，加强精英运动员的培训，促进竞技和群众体育专项的合作与交流。促进体育产业的跨区营运及管理，形成体育产业信息交流渠道。促进区域体育科技与学术交流，建立高层代表团互访机制，定期评价、总结合作成果、提升合作效益。

九、休闲旅游

休闲旅游分议题的核心是通过区域多边合作，整合区域休闲旅游资源，提炼文化元素，相互协调、共同制订区域文化旅游发展战略，统筹规划，整体宣传，改善区域休闲旅游软硬件设施，研究制订区域统一的休闲旅游政策体系，共同推进区域旅游合作，促进区域各方旅游产品的互补和旅游市场的互动，建立统一的旅游服务网络、产品促销网络和信息共享网络，增进国内外吸引力和竞争力，共同推进成渝经济区旅游业合作和繁荣发展（表4-13）。

表4-13 成渝经济区跨区公共治理目标——休闲旅游分议题

指标	治理目标	主要内容
跨行政区休闲旅游合作交流	跨行政区休闲旅游资源整合	区域休闲旅游企业合作 区域旅游市场管理合作 成渝经济区旅游项目投资合作 成渝经济区旅游宣传促销合作 成渝经济区旅游人才培训合作 区域休闲旅游政策合作 民间社团组织和旅游企业的合作与交流
	跨行政区休闲旅游形象品牌打造	区域旅游精品线路策划 成渝经济区旅游信息交流沟通平台 区域旅游资源和产品的宣传促销 区域旅游招商引资项目库 区域旅游产品网络推广联盟
跨行政区休闲旅游交流机制	跨行政区休闲旅游合作规划协议	成渝经济区旅游市场开发专项规划 成渝经济区旅游合作框架协议 成渝经济区旅游市场合作与交流协议 成渝经济区旅游合作指导性意见 成渝经济区打造无障碍旅游区合作守则
	跨行政区休闲旅游合作机制	成渝经济区旅游合作工作制度 成渝经济区休闲旅游工作联席制度 成渝经济区休闲旅游检查落实机制 区域旅游管理部门定期会晤互访机制 区域旅游投诉和应急事件处理热线 区域旅游紧急事件处理预案 区域重大事件通报制度 区域旅游市场质量监控协调机制

第四章 成渝经济区区域战略定位与公共治理目标

加强文化旅游策划方案与宣传促销的合作，整合文化旅游资源，共同包装打造旅游精品线路，合作组织旅游宣传促销活动，积极组织参加区域内任一方举办的旅游会展和推介活动，完善成渝经济区各条旅游通道，尽快实现区域旅游无障碍。加强区域内各方旅游项目投资领域的合作，联合举办旅游投资项目洽谈会并向社会推介宣传。促进全区域旅游市场的合作管理，联合设立区域旅游突发事件的应急处理机制，合作建立区域旅游质监互动协作机制和信息共享机制，协作处理旅游突发事件，合作处理区域旅游服务质量投诉案件。加强区域各方旅游信息合作与交流，建立成渝经济区旅游产品网络推广联盟，实现旅游网站信息资源共享，扩大区域内各方旅游信息交流。促进区域内各方旅游企业之间的合作，鼓励和引导各地星级饭店、旅行社、A级景区（点）缔结业务合作关系，加强交流协作，共同推动区域旅游资源整合和旅游环境优化。加强区域内各方旅游人才培训的合作，共同建设高素质的旅游人才队伍。

完善区域旅游合作保障机制，共同研究编制《成渝经济区旅游市场开发专项规划》，合作签订《成渝经济区旅游合作框架协议》《成渝经济区旅游市场合作与交流协议》《成渝经济区旅游合作指导性意见》《成渝经济区打造无障碍旅游区合作守则》，建立健全旅游合作工作制度、休闲旅游工作联席制度、休闲旅游检查落实机制、区域旅游管理部门定期会晤互访机制、区域重大事件通报制度和区域旅游市场质量监控协调机制，设置旅游投诉和应急事件处理热线，完善区域旅游紧急事件处理预案，共同促进成渝经济区旅游市场的发展，提高区域旅游市场竞争力，推动域合作交流和经济社会的全面发展。

第五章
跨行政区公共治理典型经验借鉴

本章对欧盟、北美五大湖区、日本濑户、泛珠三角地区等国内外跨行政区公共治理的典型成功案例进行分析。本章研究这些案例中地方政府之间如何通过跨地区的经济社会合作，破除行政区划的体制壁垒，降低跨行政区交易成本，促进区域资源的自由流动，协商解决单个地方政府无法解决的跨界区域问题，总结其对成渝经济区推动跨行政区公共治理的借鉴意义。

第一节 欧盟跨行政区公共治理政策体系

一、欧盟区域治理的政策背景、目标

欧盟是一个集政治、经济为一体的，在国际上有重要影响的区域一体化组织机构。欧盟在区域一体化进程中，通过各种政策措施及实施工具，推动了欧盟区域经济协调发展、各成员国的团结和社会的稳定。

1988年以前，欧盟的前身欧共体对其成员国的区域政策进行协调与指导，推动形成了共同地区发展政策，设立欧洲地区发展基金，推进一体化进程。20世纪90年代以来，随着欧盟规模不断扩大，为了协调欧盟内部各成员国之间的利益，欧盟实施统一的经济政策和社会政策，逐步形成了比较完整的区域政策体系。欧盟设置了专门的区域政策制定和执行机构，构建了区域政策协调机制，并配合专门的区域政策工具和手段，保证政策实施效果。

欧盟的区域政策整体上经历了三个阶段。第一个阶段主要体现在1994～1999年欧盟结构政策中，其区域政策的目标主要是减少地区经济差距、提高落

后地区的竞争力。第二阶段主要体现在 1999 年出台的 2000～2006 年欧盟结构政策中，其区域政策目标主要是通过资助落后地区、扶持面临结构调整困难的地区、支持培训鼓励就业等，促进区域发展差距的缩小。其中，区域发展援助政策的总金额达 2600 亿欧元，占欧盟同期财政预算的 1/3 左右（刘勇等，2006）。目前实施完成的 2007～2013 年欧盟结构政策为第三阶段。其区域政策的目标是缩小地区差距，并致力于提高其他地区的区域竞争力，加大区域合作的力度，提升欧盟的整体竞争力（张晓旭，2010）。2007～2013 年，欧盟将其公共财政的 1/3（约 3360 亿欧元）用于保障政策目标的实现。

二、欧盟区域综合治理体系构建

为了实现区域一体化，欧盟构建了多层次综合治理体系，即超国家治理（欧盟层次）、国家治理（成员国层次）、地方治理（成员国地方当局层次）和社会治理（民间团体、行业组织层次）的立体网络式的互动关系，因而亦可称为"网络式的综合治理体系"（郁序忠和高德毅，2007）。作为超国家治理层次，欧盟在区域一体化进程中形成了由决策、行政、立法等多主体构成的组织架构。它的决策机构是欧盟理事会（Council of European Union），行政领导机构是欧盟委员会（Commission of European Union），立法机构是欧洲议会（European Parliament）。此外还专门建立了由欧洲委员会和各成员国政府官员组成的地区委员会，即欧洲理事会（European Council）。同时为了充分发挥社会治理的作用，欧盟也注意调动区域协会、银行、利益团体、政策联盟、政党、公共舆论等公共部门、私营机构与第三方部门在区域治理中的"合力"作用。

在这一治理体系中，多主体构成的组织架构是一个相互制衡的混合型的结构（曾令良，2008）。

三、多样化、协同化的治理手段

为了保证政策运行及效果，欧盟通过多管齐下的政策手段保证政策实施的有效性。

1. 完善的法制手段

为了保证合作组织与政策工具的合法性与有效性，欧盟制定了一整套法律体系。无论是 1957 年签订的《欧洲经济共同体条约》，还是 1991 年 12 月签署的《欧洲联盟条约》（通称《马斯特里赫特条约》），都对区域合作和区域一体化提供法律保障。第一部法律对欧盟的政策目标、政策工具及政策行为主体的组织架构，对超国家机构和主权国家在欧盟治理中权力分配（立法、行政和司法）进行了界定（杨逢珉和孙定东，2007）。第二部法律对欧共体建立政治联盟和经济与货币联盟确立了目标与步骤，并成为欧洲联盟成立的基础。

2. 多样化的经济手段

欧盟采用经济手段的目标是为了对存在区域公共治理问题的地区提供直接的财政资金援助；协调各成员国与欧盟、各成员国之间的地区政策平衡，实现区域间协调发展。

欧盟区域治理的经济手段，集中体现在多种扶持基金上面。这些扶持基金主要有结构基金、凝聚基金、团结基金和预备接纳基金。通过这些基金的组合使用，欧盟落实了区域协调政策，使落后区域追赶发达区域，重构那些衰败的老工业区域，振兴萧条的农村区域，扶持城市或国家跨界地区的滞胀区域，其中把推进整个经济增长，创造就业机会当作区域扶持的第一目标

3. 完备的社会政策手段

为了推动欧盟区域一体化，保持社会政策的一致性，欧盟成立后，逐步统筹成员国的社会再分配政策，构建了独特的社会政策体系。这些政策包括《社会政策白皮书》（1994 年）、《阿姆斯特丹条约》（1997 年）、《社会政策议程》（1999 年）等，主旨是通过提高社会政策的质量实现欧洲社会模式的现代化。

四、欧盟区域政策的效果

欧盟通过积极的区域政策目标，有差别地加大对落后地区的支持，不断促进区域经济协调发展。1988～2001 年，欧盟受援的落后地区人均 GDP 已从占欧盟 25 国平均水平的 63%提高到 70%，13 个受援落后成员国人均 GDP 已从欧盟 25 国平均水平的 68%提高到 81%（刘旭和王永治，2007）。区域政策的有效实施，使各成员国及其地区之间能够达到欧洲经济政治一体化发展所要求的经济聚合水平和社会凝聚力，并成为当今世界上发展水平最高、规模最大的区域一体化组织。

第二节　北美五大湖区跨行政区流域治理

一、北美五大湖流域公共治理的背景

作为世界上最大的单一地表淡水资源地带，北美五大湖的地表淡水资源占世界的20%，占美国的95%。20世纪初期，五大湖地区经济的高速发展导致当地自然环境生态迅速恶化，水土流失、水体富营养化、河流重度污染、物种灭绝、渔业资源匮乏等一系列问题急需解决。20世纪中期，五大湖地区经济增长速度放缓，随着钢铁等传统产业衰落，许多城市中心开始衰退，形成了所谓的"锈带"，地区竞争力明显降低。

二、北美五大湖流域治理的主要内容

针对北美五大湖的经济衰退和环境污染，美国与加拿大联合，对五大湖区域展开了跨国合作治理。其主要内容如下。

（一）北美五大湖流域治理的体制机制

北美五大湖流域的治理机构主要包括国际联合委员会、五大湖州长委员会、大湖渔业委员会等，各个治理机构建立了统一的标准和强化机制。国际联合委员会一般由6个成员构成，其中三个由美国总统任命，另外三个则由加拿大总理任命。国际联合委员会的一个主要工作就是有效预防和处理美加双方在水资源利用方面可能出现的冲突。

美国联邦政府与五大湖流域的相关州、当地政府、民间社团和其他机构一起设立区域性合作组织，以保护五大湖流域的生态环境和资源。联邦政府负责落实五大湖公共治理的资金，实施相关措施，并协调各个行政部门的行动。各政府部门定期向国际联合委员会提交有关五大湖流域治理的战略框架和工作计划，明确流域治理的长远目标、近期目标、工作期限、组织方式和实施措施等。

（二）五大湖流域治理的政策体系

1909年，美国和加拿大签订了《边界水资源条约》，这是美加双方最早签订

的边界水质保护协议，协议确定了防止水质污染和协调解决双边争端的相关原则和机制。协议约定，美加双方在利用五大湖水资源时不得造成危害，以有效防止两国跨界地区城市对五大湖水质产生污染。依据该协议两国还成立了国际联合委员会。

1972年，加拿大和美国签署了"五大湖水质协议"，将恢复并保持五大湖流域生态系统中的化学、物理和生物完整性作为目标。协议号召在流域内开展一项五大湖系统所受面源性（非点源性）污染的研究，依据该协议成立了土地利用活动污染五大湖国际咨询组（International Reference Group on Great Lakes Pollution from Land Use Activities，PLUARG）来承担此项研究。美国位于五大湖区的8个州的州长于1986年签订了"五大湖有毒物质排污控制协议"，其后加拿大的魁北克省和安大略省也在该协议上签字。这10个州、省通过该协议，协作对地下水污染、大气粉尘污染和非点源污染等进行联动治理，并实施了污染排放总量控制的相关手段。

其后，五大湖区域先后制定并实施了一系列旨在改善五大湖水环境的区域法律、法规、政策和治理项目。此外，美加双方的联邦政府和地方政府还相应制定了一批污染物排放标准和环境质量标准作为改善区域水环境的依据，并以适当方式和合理的机制参与流域管理过程，促进各方解决争端，保障各方利益。

（三）北美五大湖流域治理的保障措施

北美五大湖流域治理的经济手段丰富多样，其中最主要也最常用的融资渠道有财政投入、项目投入和流域机构服务收费这三种。此外，美加两国将水电资源开发和旅游资源开发的部分收入用于补偿流域治理。美国联邦政府、州政府和其他渠道每年注入五大湖流域环境治理与恢复的总投入超过3000万美元。

北美五大湖流域治理机构十分注重其科技支撑能力，五大湖流域治理机构拥有完善的环境监测与预警网络来进行数据采集、样本分析与信息反馈。五大湖流域设立了超过100个的水环境监测站，长期监测区域水环境指标质量，及时揭示与反馈各地段水质变化动态与趋势。五大湖流域治理机构利用这些环境监测体系，探明流域污染状况和污染源，大大降低了流域治理的损失与风险，促进了流域经济和环境的持续协调发展。

在北美五大湖流域的相关组织机构里，都设置了管理宣传的相关部门，负责宣传流域治理的相关知识，以提高公众环境保护意识；免费提供流域规划、技术报告和流域机构年度报告等宣传资料，便于社会公众了解五大湖流域治理的水文、生态和环境信息，查询相关政策法规，并且全程参与决策起草和执行过程，充分发挥社会监督作用。

三、北美五大湖流域治理的效果及经验

经过流域治理，五大湖流域基本恢复了流域生态良性循环。1977年五大湖流域的环境监测结果表明，排入五大湖的污染物总量明显减少，水质状况获得了显著改善。1985年以后，五大湖区域不断转变产业结构，农业及其加工业开始稳步增长，很多大都市区成功地由制造业中心转变为服务业中心，经济开始复兴，环境明显改善，人口由净迁出转变为净迁入，出现了"再城市化"的趋势。

第三节　日本濑户内海工业圈公共治理

一、日本濑户内海公共治理的背景

日本濑户内海位于本州、四国和九州之间，沿岸有11个府县，占日本国土面积的15.8%，人口超过日本总人口的1/4。20世纪中叶，濑户内海沿岸集中了钢铁、汽车、造船、化工、造纸、纤维等多种门类、数量众多的工厂。20世纪60年代中期开始，随着经济快速增长，大量的工厂和人口使得排入内海的工业和生活废水与日俱增。难以向外海扩散的污水聚集在濑户内海地区，使水质不断恶化，海洋生态平衡遭到严重破坏，导致赤潮发生的频率越来越高，面积逐年扩大，对区域经济社会发展产生重大影响。

二、日本濑户内海公共治理的主要内容

针对濑户内海日益严重的污染状况，日本政府采取了一系列的区域公共治

理措施。其主要内容如下。

（一）濑户内海治理的体制机制

为提升濑户内海治理的效果，日本设立了由濑户内海沿岸地区共18个府县和市的知事和市长参加的濑户内海环境保护工作会议制度。日本政府于1972年在整个濑户内海设立了700个观测站，配置各种自动化设备，展开广泛的水质调查，随时报告水质变化情况，开展水底沉积物净化，对内海中的污染颗粒进行回收，测量污染物的削减程度，构建并应用全海域大型水工模型分析污染物的扩散和迁移态势等。此外，日本还成立了海洋生物环境研究所和防止濑户内海水质污染研究会等相关科研机构对濑户内海环境保护展开专项研究。日本政府在1971年构建了模拟全海域的巨型水工模型，以此为基础进行全海域大型水工模型试验研究。根据该模型的试验研究成果，日本政府相关部门与濑户内海沿岸各府县市达成协议，严格控制相关厂矿的污染排放。

1976年，日本政府创立了由濑户内海的13个府县和5个市的渔业联合会、卫生自治团体、府县市联合会等民间团体组成的民间组织——濑户内海环境保护协会，宗旨是普及和提高公众对濑户内海环境保护工作的认识，协助展开濑户内海环境治理工作。协会的经费主要来源于日本环境厅的事业委托费和府县市民间团体的会费。该协会针对不同教育对象开展多种形式的宣传教育活动：创办濑户内海环境协会公报《濑户之海》；出版有关濑户内海的书籍；在内海沿岸地区举办各种演讲、研讨会；开展赤潮调查和水文调查；对会员所进行的各种海洋环保工作进行技术指导和资助；就内海治理问题征集各方建议，等等。

（二）濑户内海治理的政策体系

日本政府于1973年出台了《濑户内海环境保护临时措施令》，决定将排入濑户内海的工业废水总量削减一半，并在3年内逐步将有关污染排放量削减到规定标准。该法案于1978年更改为《濑户内海环境保护特别措施法》并成为保护日本濑户内海生态环境的永久性法律。该法案规定，濑户内海沿岸企业如果打算向公共水域排放污水必须提前向府、县知事提出申请。在府、县公示申请概要及有关书面材料后，向相关的市、镇、村长征求意见。此外，为了从根本上强化污染治理，日本政府陆续将污染严重的化工厂迁离了濑户内海。

三、日本濑户内海公共治理的效果及经验

由于日本政府的强力推进和民间团体的积极参与，濑户内海环境治理工作取得明显成效。自《濑户内海环境保护特别措施法》颁布实施以来，濑户内海的环境有了极大的改善，2007年濑户内海赤潮发生数减少到了20世纪70年代的1/3，被公认为濑户内海治理的直接成效；濑户内海的溢油发生次数从1972年的874次，大幅度下降到1995年的115次；自然保护区中的鸟兽保护区由1985年的729个增加到2000年的834个，保护区的面积由1985年的471 000公顷增加到2000年的528 000公顷（徐祥民和孔晓明，2007）。随着濑户内海和沿岸资源、环境的恢复和发展，濑户内海地区的经济增长也得到了促进，1990年濑户内海工业区的制造业产值是北九州工业区的3.4倍。目前，濑户内海工业区已经成为日本最发达的经济区。经过坚持不懈的努力，濑户内海沿岸生态环境得到显著的恢复与改善，使濑户内海经济社会保持快速发展。

第四节　泛珠三角地区区域公共治理

一、泛珠三角区域合作形成背景

广东省地区生产总值由1978年的185亿元增加到2014年的67 792.2亿元，高居全国第一位，人均GDP达到1万美元。在利用外资方面，广东省在1998年超越新加坡，2003年超越香港，累计实际利用外资达到1765亿美元，其中来自港澳的资金占到70%以上。广东省经济快速发展得益于粤港澳经济深度合作，此外粤港澳还在教育、卫生、科技、文化及管理经验和市场信息等各领域展开紧密的合作。

进入21世纪后，随着我国与东盟合作的不断深化，港澳两地加强与内地经贸合作的愿望更为强烈，期望通过合作进一步扩大发展腹地，提高辐射范围。在此背景下，构建对外开放的大平台，以此整合各方资源，发挥各自优势，谋划与港澳等地实现合作互利的共赢发展格局，共同打造泛珠三角区域合作关系，推动大珠三角区域实现一体化发展成为相关各方的共同选择。

二、泛珠三角区域合作体制机制

泛珠三角区域充分发挥各方的优势和特色，合作通过了《泛珠三角区域合作行政首长联席会议章程》《泛珠三角区域合作与发展论坛暨经贸洽谈会承办方产生办法》《泛珠三角区域合作专责小组工作规程》（试行）《关于泛珠三角区域合作涉港澳事务工作规范的意见》《"泛珠三角"区域科技合作联席会议制度》等一系列制度，建立了完善的工作制度，形成了泛珠三角区域合作的行政首长联席会议制度（行政首长联席会议秘书处工作制度）和政府秘书长协调制度、泛珠三角区域合作日常工作办公室工作制度、泛珠三角区域合作部门衔接落实制度、泛珠三角区域合作日常工作办公室联络员制度等相关合作机制，不定期发布《泛珠工作简报》，向外界推介合作成果及经验。通过上述制度体系和合作机制，泛珠三角区域不断拓宽区域合作的领域和范围，逐步提高区域合作水平和层次，推动各方形成优势互补、互利共赢、共同发展的格局。

泛珠三角区域合作编制了《关于推进泛珠三角内地区域产业转移和合作的指导意见》（试行）《关于务实推进泛珠三角区域合作专项规划实施的工作意见》《泛珠三角区域合作发展规划纲要（2006—2020年）》《泛珠三角区域综合交通运输体系合作专项规划纲要》《泛珠三角区域合作公路水路交通基础设施规划纲要》《泛珠三角区域环境保护合作专项规划（2005—2010年）》《泛珠三角区域信息化合作专项规划（2006—2010年）》《泛珠三角区域科技创新合作"十一五"专项规划》等相关专项合作规划，对区域合作进行科学指导与规划。

三、泛珠三角区域合作的主要内容及形式

泛珠三角区域合作的主要内容和形式体现为"两大合作平台""十大合作领域"。泛珠三角区域合作的两大合作平台是泛珠三角区域经贸合作洽谈会和泛珠三角区域合作与发展论坛。洽谈会和论坛由"9+2"政府轮流承办，每年各举办一次。

2004年6月，首届泛珠三角区域合作与发展论坛在香港、澳门、广州三地举办，首届论坛的主题是"合作发展，共创未来"。在论坛上，广东、广西、江西、福建、湖南、海南、四川、贵州、云南共九省（区）政府，以及香港和澳

门特别行政区"9+2"政府领导人共同签署了《泛珠三角区域合作框架协议》。2004 年 7 月,首届泛珠三角区域经贸合作洽谈会在广州召开,内地和港澳政府部门、企业界、学术界等各界人士共 16 000 余人出席了开幕式。首届洽谈会签约项目共 847 个,总金额 2926 亿元。

泛珠三角区域成员之间签订了《泛珠三角区域合作框架协议》《关于推进泛珠三角内地区域产业转移和合作的指导意见》(试行)等一系列区域合作协议,形成了"1+X"区域合作的协议框架。其中,《泛珠三角区域合作框架协议》是泛珠三角区域合作的主协议。根据《泛珠三角区域合作框架协议》,泛珠三角区域在区域基础设施建设、产业发展与投资、劳务交流与权益保障、贸易与商务、农业开发与农产品购销、区域旅游发展、信息化建设、科教文化交流、区域卫生防疫、生态环境保护等十个领域深入推进区域合作。此外,泛珠三角区域还积极推进与长三角、环渤海两大区域的交流合作,签署了《关于区域合作组织间开展工作交流与合作的协议》,促进三大经济圈互联互动。

四、泛珠三角区域合作的成效

泛珠三角区域合作取得了令人瞩目的成就。自《泛珠三角区域合作框架协议》签订以来,泛珠三角区域基础设施建设显著改善,各省(区)之间的互联互通逐步加强,产业转移与承接步伐不断加快,各方贸易关系与商务往来日渐密切,区域公共服务合作有力推进,区域合作体制机制不断健全,成为我国区域合作的典型与示范。

通过洽谈会和论坛这两大合作平台,泛珠三角区域合作取得了显著的成就,推动各成员方经济社会持续快速健康发展。2004~2007 年前四届洽谈会累计签约项目超过 1.4 万个,签约总金额超过 1.6 万亿元,而且签约项目落实情况良好,履约率高。通过泛珠三角区域合作,内地相关省份与港澳之间在商品贸易、商务服务、产业转移、能源合作、文化旅游等经济与产业领域不断深化交流合作。同时,全面推动基础设施、食品安全、卫生防疫、环境保护、劳务派遣等相关层面的交流合作,推动泛珠合作惠及各省(区)民众。通过举办泛珠三角区域行政首长与东盟国家商务部官员对话会,泛珠三角地区积极参与中国—东盟自由贸易区建设,建立起我国与东盟合作发展的新桥梁。

第五节　国内外区域公共治理经验总结

欧盟、北美五大湖区、日本濑户、泛珠三角地区等国内外跨行政区公共治理的成功案例，从治理背景、体制机制、治理目标、治理手段、治理内容及政策体系来看，各具特色，都取得了显著的治理效果，为成渝经济区公共治理提供了丰富的参考经验与启示。

欧盟区域政策的最大特点是在整个欧盟范围内设计了明确的区域划分体系，使欧盟的区域政策具有直接的针对性。欧盟区域政策可供借鉴的经验：要注重提高劳动力技能，优化区域人力资源布局，有序促进人力资源流动和交流，提高落后国家和地区的人力资源素质，通过人力资源的合理配置促进经济社会快速健康发展。

北美五大湖流域公共治理的成功依赖于其健全的法律体制、快速高效的管理机构及其相互协调机制，以及先进的科学技术支撑等。北美五大湖流域的公共治理由政府、企业和公众共同参与，以生态管理为基础，充分发挥制度和组织优势，协调流域内各方利益，充分利用经济和技术能力，对整个流域进行全面协调的、有计划可持续的治理。在维护和改善生态环境质量的基础上，逐步促进全流域社会经济的可持续发展。

在濑户内海的治理过程中，由日本政府发挥主导作用，建立具有针对性的法律框架，实现依法治海。通过环境保护工作会议制度协调地方政府利益，并注重运用民间团体的宣传教育功能，发挥科研机构对公共治理的决策支撑作用，从而形成了多主体共同参与的有效治理模式，被公认为内海环境公共治理的成功案例和典范。

我国泛珠三角地区各成员方签订了"1+X"区域合作的协议框架，设立了《泛珠三角区域合作行政首长联席会议章程》等相对完善的工作制度，形成了泛珠三角区域合作部门衔接落实制度相关合作机制，编制了《泛珠三角区域合作规划纲要》等相关专项合作规划，建立了洽谈会和论坛这两大合作平台，通过各种机制、手段和措施深入推进多领域、全方位、高层次的区域合作，泛珠三角区域合作为深入实施国家区域发展总体战略提供了经验和示范,成为全国促进区域协调发展一大典型案例。

从欧盟、北美五大湖区、日本濑户、泛珠三角地区等国内外跨行政区公共治理的典型成功经验来看,推动成渝经济区跨行政区域公共治理,需要建立起常态化的组织机构与管理体制,构建明确的跨行政区公共治理的目标体系,创新跨行政区公共治理的机制,不断丰富与完善公共治理的手段,扩展公共治理的范围与内容,引导地方政府、高校和科研院所、企业、居民、社会组织等多元主体参与治理,并对跨行政区公共治理的绩效进行科学评价,切实推动地方政府之间的合作,以整体性的区域治理思维,协商解决单个地方政府无法解决的跨界区域问题,提升区域公共治理的效果,提高区域综合发展能力和整体竞争力。

第六章
成渝经济区区域公共治理体系、机制与模式构建

第一节 成渝经济区区域治理体系构建

随着成渝经济区区域一体化进程的加速推进，成渝城市群的快速崛起，成渝经济区面临着区域协调、城乡统筹发展的重大挑战。如何在推进区域、城乡发展的协调性、可持续性基础上，形成一个良好的区域治理体系，成为当前成渝经济区可持续发展的关键，可以在比较和借鉴国内外区域治理经验基础上，形成一种新的治理结构和体系。

在区域治理结构和体系的构建中，强调区域合作和网络式、多元化的参与结构，逐步形成跨区域、多主体的治理模式，以达到政府、市场和社会的良性互动，从而构建起政府、市场、社会之间的"网络化的治理模式"（马文娟，2014）。在当前成渝经济区区域治理体系中，也是如此。

一、成渝经济区区域政府治理体系构建

我国实行的是单一制的国家行政管理体制，与联邦制的地方分权模式不同，采取的是中央集权模式，即"国家权力集中统一于中央政府，地方各级政府统一服从于中央政府，受中央政府的领导和监督，执行中央政府的法律、法令、政策指示和命令"（皮纯协等，1986）。实行这种制度，目的在于强调中央政府的集权和权威，它对国家统一、民族团结，对推动社会经济的发展，保持社会的统一与稳定具有积极作用。在区域治理上它是以中央政府作为区域治理

第六章 成渝经济区区域公共治理体系、机制与模式构建

的主导者和区际政府利益的调控者。在跨行政区域发展规划编制与决策、区域政策工具的制定、重大基础设施建设项目的设计、重大利益关系的宏观调整等方面均以中央政府为主完成,但由于当前我国区域治理问题的层次性、多样性、复杂性,涉及区域各级政府、企业和其他利益相关者,如果将所有跨区域公共事务的治理都交由中央政府完成,势必带来公共治理的低效与不可持续。原因在于中央的宏观管理解决不了千差万别的区域公共问题、中央与地方之间的信息不对称、地方政府间的利益博弈等。跨区域公共事务治理要求中央与地方要合理界定与划分权责关系,从而明确中央与地方政府在区域公共治理中的职责定位。

1. 明确政府参与区域公共治理的职责定位与参与治理的方式

政府是一个国家为维护和实现特定的公共利益,按照区域划分原则组织起来的政治统治和社会管理组织。政府的行为主要发生在公共领域,政府的行为一般以为公共利益服务为目标。其中,通过颁布和制定的法律法规和政策构成了区域制度环境的基础,并且为区域治理提供指导、帮助和监督,地方政府是区域治理的主要决策者和执行者。当前应对成渝经济区公共事务与问题进行分类,如根据公共产品与服务的外溢性明确哪些是成渝经济区全域性公共事务与问题,哪些是局部性的公共事务与问题,哪些是专有性公共事务与问题,然后明确各级政府的职责。对全域性的公共事务与问题,应由川渝两地省市政府合作协同治理;对于局部性的公共事务与问题,应通过区域内相关地方政府合作治理;对于专有性公共事务与问题,应由政府相关职能部门运用政策工具,采取专项治理。为了明确成渝经济区各级政府职责,一方面,应制定地方性的法律法规,从制度上明确各级政府权责,规范区域治理行为,为区域治理营造良好环境;另一方面,构建区域公共治理的政策工具,整合区域财政、税收、货币、金融政策工具,特别是通过地方税种、税收政策整合,纵向和横向转移支付手段的运用,调整区域间利益关系。

2. 厘清和理顺区域政府间、政府与市场、政府与社会的关系,构建区域治理结构

一是区域政府间关系。面对区域公共问题,区域政府之间应该平等伙伴关系。但是我国科层制的行政管理体制使区域政府面对区域公共问题时,常常陷

入"集体行动逻辑"和"公地悲剧"的陷阱。因此,要构建明晰的地方政府间在区域公共治理上的协作关系。

从总体上说,区域政府间关系,与中央上下级关系不同,是基于一种公共的利益目标而形成的平等合作伙伴关系,因此,要保证政府间在区域公共治理上长期合作、协调一致,应构建政府协同治理模式。这一模式的重点是对政府治理组织结构的重构,通过区域治理组织的结构重构形成组织内部利益相关者激励与约束机制。包括构建决策机制、需求表达机制、信任合作机制、利益协调机制、绩效评估机制、监督机制等来明确划分地方政府权利与责任、成本与利益、评估与监督等,并运用配套政策措施保证机制的运行。借鉴中央政府权威模式和治理手段,在成渝经济区治理中,应构建区域化政府,以实现对区域政府间利益与行为的调控。

二是政府与市场、政府与社会的关系。成渝经济区各级政府通过规制,明晰政府与市场、政府与社会在区域公共治理中的关系,政府是区域治理的主导者和利益调节者,要运用各种政策机制整合区域内企业、非营利组织、公民等利益相关者资源,建立平等协商机制,就重大区域公共事务进行协商、谈判,形成共识,并制定相关的行动策略。目前由四川省产业经济发展促进会,联合北京大学中国城市管理研究中心、成渝经济区城市群产业发展中心等共同发起设立了成渝经济区发展论坛,由成渝两地轮流承办。此外,由川、渝工商业联合会牵头组织了成渝经济圈商会合作峰会。它们为成渝经济区各级政府、企业和社会民间组织提供了一个沟通交流的平台,同时也为政府提供了一个广泛联系企业和社会组织的渠道,搭建了一个政府与企业、政府与社会联系的桥梁。

二、成渝经济区区域市场治理体系构建

区域市场治理体系是指在某一经济区域内,为了发挥市场在资源配置中的决定性作用,通过一系列的制度设计,规范政府(包括中央政府和各级地方政府)、企业、个人等市场经济活动主体之间的交易关系与经济行为,从而达到规范交易秩序,降低交易费用、稳定交易预期的目标。

长期以来,各行政区利益受最大化的驱动采取种种措施,引发了区域利益博弈与利益冲突,带来了地区封锁、市场分割、合作缺失、各自为政等,使成

第六章 成渝经济区区域公共治理体系、机制与模式构建

渝经济区始终难以形成区域协同发展的体制机制和市场治理体系，导致结构锁定和利益固化。因此，构建区域一体化的市场治理体系是区域市场治理的优先考量因素，着力提高区域市场化程度和水平，利用好市场导向和利益调节机制，是成渝经济区协同治理的关键。

首先，培育市场主体，实现区域市场一体化。成渝经济区行政壁垒及政府地方保护主义行为，造成区域市场一体化进展缓慢，表现在人才、土地、资本、技术等要素配置的主导权还主要掌握在各级政府的手中，地方政府过多地运用行政手段干预市场经济行为。借助党的十八届三中全会对市场作用的新界定及政府职能精简放权，要改善政府对市场的过多干预，通过各种政策措施营造公平竞争的市场环境，为企业特别是民营企业营造良好的外部环境，同时通过国有大型骨干企业的改革，破除市场垄断现象，推动各类市场主体竞争格局的形成。

其次，构建区域生产要素市场和专业化市场。一是加强区域生产要素市场建设。通过对现行政策及相关规定的清理，在工商、税务、财政、金融、商品检验、技术监督、行政事业性收费等方面，逐步消除对区域内人才、资本、技术、信息等资源跨区域流动和市场准入的限制，让要素市场能够更加自由地流动，从而提高区域要素资源的整体配置效率。二是加强区域专业化市场建设。着眼于区域大市场、大流通，构建区域市场体系，进一步加快各专业市场体系整合与协同，逐步建立一批现代化、规范化、与国际接轨的高端市场；通过资源优化配置，大力发展国家级产权交易市场；联合组建和培育跨省市、跨行业的企业集团，联合筹建区域性发展银行和离岸金融市场（蔡玉胜，2014）；建立统一的金融机构和金融市场规范，包括银行业系统、证券业系统、保险业系统运行的规章制度和法律规范，共同培养金融从业人员，构建具有良好专业素质和道德素质的金融队伍；加强金融市场信息基础设施与技术基础设施建设，推动金融市场的分工合作和一体化，协同打造成渝经济区"金融高速公路"；通过产业园区共建模式，实现科技资源和产业资源融合，带动区域性人才市场和技术市场的形成。

最后，强化区域行业协会建设，推动民营经济发展。制定各种政策措施打破行政区阻隔，推动行业协会整合组建跨区域行业协会和行业联盟；加强区域

行业协会组织架构设计和条件建设，特别是信息平台建设，实现信息资源的共建共享；赋予区域行业协会在企业征信体系建设、行业服务标准制定、行规行约和行业技术标准制订等方面权力，促进成渝经济区人流、物流、资金流等各种要素更自由地流动；充分发挥区域行业协会在政府招商引资、产业发展规划、产业政策规则制定中的参谋咨询作用，推动政府与行业协会合作模式的创新。

三、成渝经济区区域社会治理体系构建

所谓区域社会治理，广义上讲就是政府、企业、社会组织、个人，通过平等伙伴关系，依法对区域社会事务、社会组织和社会生活的规范和管理过程。区域社会治理强调运用法制手段，发挥社会组织和个人在区域社会事务中的作用。

当前成渝经济区具有大量区域社会问题，如汶川大地震后灾区民众的社会保障问题、三峡库区百万移民安稳致富问题、城乡差距不断扩大的问题、区域不同社会阶层分化与矛盾问题、区域公共安全问题等。特别是由于城市化、工业化快速推进带来的社会各阶层的利益分化、冲突和矛盾，并呈现出多样化、复杂化、尖锐化趋势，在经济发展同时教育、医疗、养老等社会保障制度建设滞后，社会领域问题不断积累，成为引发区域公共问题的重大隐忧。

因此，必须构建政府为主导，企业、社会组织、社区和个人全面参与的"多中心"治理模式，充分发挥政府机制、市场机制和社群机制在区域社会治理中的作用，实现政府公共治理与社会自我调节、居民自治良性互动，推动区域社会治理模式创新。

1. 充分发挥政府在区域社会治理的职能作用

实现区域社会治理是政府的主要职责。一是政府及时了解与掌握社会发展形势，研判社会发展趋势、编制社会发展规划。二是构建社会治理自组织机制，包括区域利益协调机制、城乡统筹机制、社会保障机制、公共服务供给机制、社区自治机制等。三是制定保障社会治理自组织机制运行的政策法规[①]。

---

① 参见四川省司法厅与重庆市司法局签订的《关于服务成渝经济区战略合作框架协议》。

第六章 成渝经济区区域公共治理体系、机制与模式构建

通过财政、税收等政策调整，完善区域利益共享与补偿；制定工业反哺农业、城市反哺农村的政策措施，推动城乡统筹发展；加快推进公共服务型政府建设，扩大公共财政支出，实现基本公共服务均等化和区域公共服务一体化；通过社会管理体制改革，赋予基层社区更大自治权力，推进基层群众的社会自治。

2. 充分发挥社会组织在区域社会治理中自我调节作用

社会组织在区域社会治理中具有政府不可替代的作用，但受全能政府的影响，我国社会组织发展滞后，作用发挥有限。为此，一是要制定有效的政策措施，大力扶持社会组织的发展，营造多方合作的政策环境和法制环境。二是充分发挥社会组织在区域公共服务提供中的作用。在政府承担基本公共服务主体责任的同时，通过竞争性选择方式让部分基本公共服务由社会组织提供，建立服务对象及第三方组织的供给绩效评估，弥补政府供给的局限性；允许社会组织加入，即依法在民政部门登记成立或经国务院批准免予登记的社会组织，以及依法登记成立的企业和机构[①]。

3. 充分发挥公民在区域社会治理中的自治作用

当前我国居民参与社会治理主要途径是通过社区组织参与，即通过投票推选出来的民意代表所构成的社区组织代行参与职责。为此，一是通过基层社区的"四实践"，即民主选举实践、民主决策实践、民主治理实践和民主监督实践，全面推进居民自治制度化、规范化、程序化（李立国，2013）。二是充分发挥社区组织在协助政府及派出机构在就业、社会保障、基础教育、医疗卫生、文化体育及社会治安等基本公共服务的供给作用。三是引导居民参加社区活动，鼓励和动员居民积极参与社会治安综合治理、生态环境保护、社会救助、开展群防群治、调解民间纠纷等活动，推进居民社会自治能力的提升。四是制定居民参与社会治理的政策措施，通过激励机制的构建、范围和途径的拓展、内容和方式的创新，发挥居民在基层社会治理中的主体作用，促进政府治理与居民自治良性互动。

---

① 参见咸宁新闻网，2015-08-21。

第二节　成渝经济区区域治理机制构建

成渝经济区区域治理机制构建应联系成渝经济区特殊的区域情况，针对区域公共问题，以成渝经济区一体化发展为目标，构建政府为主导，市场为主体、社会多元参与的跨区域公共事务协同治理机制。

一、建立成渝经济区区域公共治理的决策机制

公共治理决策，包括决策主体、决策程序、决策对象、决策效果评价，是一个政府和各种社会政治力量都参与其间的政治过程。成渝经济区区域公共治理决策机制的构建，是一个区域多元治理主体参与成渝经济区公共政策制定与实施的政治过程。但是由于成渝经济区涉及两个省级行政区政府及所辖市（区、县）政府，它们之间是平等的伙伴关系，因此，首先应建立起政府间沟通协商机制，构建区域政府间协商模式，共同参与区域公共治理决策。

1. 川渝高层政府协商模式

通过构建区域治理组织架构，加强对区域治理的领导与指导，实现各区域政府间相互协商、达成共识，推进区域合作的重大战略和规划内容的决策与实施。区域治理组织架构可分为如下几个层次。

第一层次：成渝经济区区域治理委员会，作为最高议事协调机构，由省市一级党政领导首脑组成，设置共同的办事机构，拟定共同的议事规则，形成共同的决议，尽快促成成渝经济区区域发展规划整体推进，在区域治理委员会下确立两省区最高行政首长担任成渝经济区区域治理轮值主席，每年举行一次联席会议，研究决定区域合作治理重大事宜。

第二层次：设立成渝经济区区域治理中心。该中心是区域治理委员会下的办事机构。该中心为常设的跨区域事业性机构，依据成渝地区政府的有关文件取得相应地位，面向成渝经济区政府各有关部门开展各个合作项目的落实和督导工作。成渝经济区区域治理中心作为一个法定机构设立，不占行政机构编制，可在成渝政府权限范围内确定。成渝经济区区域治理中心可参考以往专责小组的工作内容，分别设立财政预算、政策法规、重大基础设施、产业规划、

第六章 成渝经济区区域公共治理体系、机制与模式构建

区域创新、生态保护、公共事务等多个内部职能机构，分工推进四川、重庆各项合作的落实。成渝经济区区域治理中心设立主任、副主任，其主任和副主任由两地政府推荐人选，并轮流担任，中心其他人员为专职工作人员。该中心运作经费由成渝经济区设立专项基金予以保障。这一创新举措的目的是将成渝经济区区域合作的机构专门化、常态化，工作人员专职化，推动区域合作取得实效。

第三层次：设立成渝经济区区域治理监查评估委员会。成渝经济区区域治理监查评估委员会属于决策执行监督检查层面，设立这一机构将有利于保障成渝经济区区域治理的有效推进。

成渝经济区区域治理监查评估委员会主要职责：对成渝经济区政府联合制定的决策实施情况进行监查和评估，包括对具体的工作目标、工作进度、实施效果进行综合评估，特别是对资金使用与效果作出评价，通过评估确保工作执行有力，符合预期，并进一步完善工作方案。成渝经济区区域治理监查评估委员会直接向成渝经济区区域治理委员会负责。该委员会可参照政府监察审计机构对人员要求，设立内部职能机构，配备相关工作人员。

2. 区域政府间协商模式

建立成渝经济区内市、区长联席会议制度，会议由各城市轮流承办，讨论城市间的重大问题，达成共识，分别实施。在市长联席会议制度中，尤其强调政府间的自愿合作制度创新。这些城市可以采取各种合作方式，组织开展实施重大基础设施建设项目，重大战略资源开发，生态环境保护及跨行政区域生产要素流动等重大合作项目等。

3. 次区域政府间协商模式

在成渝经济区内部，还存在许多次区域经济圈，构建次区域经济圈政府间的合作模式，对于缩小成渝经济区区域发展差距，推进成渝经济区区域协调发展具有重要意义。2007年10月20日，四川、重庆启动了川渝31个毗邻地区合作互动工作协调机制，并签署了合作互动框架协议，在成渝经济带中部，已经形成了"渝西川东八区县经济区"，成立了八区县经济社会协作会；2007年12月在荣昌县召开了第一次会议，八区县县委、政府轮流主办协作会；2015年主办方特别邀请了毗邻的永川区、富顺县和龙马潭区参加协作会，召开了渝西川

东八区县（8+3）经济社会发展协作会第七次会议。自协作会成立以来在新型农村合作医疗住院互认、畜牧区域联防及交通、农业、旅游、环保、商务、劳务、水利、柠檬产业等方面进行了广泛的合作。

自 2007 年提出"合遂南广经济圈"以来，四区（市）在交通基础设施建设、产业产链式合作、新兴旅游产业带谋划、公共服务体系建设等方面合作不断深化。

由于该经济圈（区）在川渝接壤地区，打破了四川与重庆的行政界线，因此，川渝要从政府层面给予更多的政策支持和便利条件，促进合作向纵深推进并取得实质性成效。

4. 政府部门协作模式

建立公平、透明、规范、有序的市场环境，完善各部门衔接落实制度，推进工商、税务、质检、投资、知识产权保护等协议落实；加强信息沟通，通过各专业部门间的沟通协调，提出针对具体合作项目及相关事宜的工作措施，完成合作事项的实施工作；为了减少合作交易成本，可在两省市之间进行部门整合，设立若干专门委员会，提高合作效率。

5. 非政府与民间的自愿合作组织合作模式

发挥非政府组织的作用，特别是发挥学术研究机构、民间商会、行业协会在区域合作中的作用，以民间力量推动经济合作。一是鼓励川渝两地商会、行业协会及其他民间组织投身于川渝合作治理。政府通过制定各种政策措施，搭建各种合作平台，鼓励和支持两地企业开展各种形式、各种内容的合作与交流；鼓励和支持非政府与民间组织利用自身优势与条件，在跨区域的特殊领域开展合作，推进跨区域公共事务的治理；鼓励和支持组建跨区域的企业协会、行业联盟，积极协助政府制定区域行业发展规划，区域共同市场规则，营造区域市场公平竞争环境，发挥市场机制在资源配置中的决定性作用。二是成立专业性的咨询服务机构。例如，设立成渝经济区区域治理咨询委员会，主要负责向成渝经济区区域治理委员会提供专业咨询，就合作治理所涉及的各种经济、社会、环境、法律等专业问题进行研究，提供决策咨询意见。该委员会除聘请相关领域官员、专家、学者外，还可邀请国外专家、学者参与其间，建成成渝经济区区域公共治理的智库机构。

二、建立成渝经济区区域治理需求表达机制

要建立完善的需求表达和参与机制，使地方政府及其他参与公共治理的主体有机会表达自己的需求和愿望，有效克服区域治理中信息不对称现象。

1. 完善公共治理民主决策，扩大公民参与决策权

在涉及公共利益，特别是在与公民利益直接相关的区域规划制定、政策与决策形成过程中应加强公开听证，邀请有关方面的专家、民意代表或一般公众进行公开的探讨和论证，广泛听取社会各利益群体的意见。可采取实地走访、问卷调查等形式展开公众调查，以获取或了解公众的意见和建议，反映公众对区域规划、政策和决策的意愿及评价。可吸收专家、民意代表或一般公众组建咨询委员会，以加强地方政府与社会公众的联系，提高区域规划、政策和决策的科学性、可行性和公信力。

2. 加强网络基础设施建设，完善传统的需求表达途径

加强区域公共治理的网络基础平台建设，设立"成渝经济区区域公共治理网"，把区域公共治理组织机构、相关政策、政府间合作、政府与民间组织合作、区域治理进展情况，以及社会公众意见建议等信息进行宣传介绍，实现资源共享。同时充分利用新媒体，如网上论坛、短信、微信、微博、在线听证会等，实现政府与社会公众的信息互动，畅通需求表达的渠道。提高社会公众利用网络获取信息资源和表达自身利益需求的能力，政府应鼓励社区举办各种形式的培训，提高居民利用网络表达自己的意愿和诉求能力。

3. 发挥民间组织在偏好显示与传递过程中的作用

民间组织在了解社区居民的需求偏好上比政府更有优势。一是民间组织具有社群机制和庞大的网络体系的优势，能够更全面了解社区居民多样化需求；二是民间组织成员大多来自于基层，与居民联系密切，具有良好的沟通渠道和方式，了解居民的真实愿望和个性化需求。因此，民间组织在了解和反映社情民意方面，具有政府所不具有的优势。这是由于信息不对称，政府用于信息搜索的成本非常高昂且容易被利益集团所利用，民间组织恰恰可以弥补这一缺陷。

4. 改革现行户籍制度，促进人员跨行政区域流动

依据蒂布特"用脚投票"理论，鼓励居民自由迁徙，实现区域公共治理的帕累托改进。因此，应在成渝经济区改革户籍制度，推动有能力在城镇稳定就业和生活的农业转移人口及其他常住人口有序落户城镇，促进人员跨行政区域流动，通过"用脚投票"反映居民的需求，推动区域公共治理实现"善治"目标。

三、建立成渝经济区区域信任合作机制

建立从民间到政府的信任合作机制，对于成渝经济区公共治理尤为重要。从成渝经济区形成的历史看，川渝地区由原来四川省一个省级行政区统一管理，到川渝分治，离心力增大，再到共建成渝经济区，需建立政府、企业、社会公众间的信任合作机制。

1. 建立稳定的合作对话交流制度

一是健全重庆市长、四川省长定期会晤制度，进一步商讨成渝经济区公共治理的重大事项。二是深化川渝政府部门间的联系沟通制度，针对"十三五"期间成渝城市群发展、城市群产业协同发展、基本公共服务区域一体化、道路交通基础设施一体化、资源环境保护与联动等公共治理问题展开磋商交流。例如，2015年5月21日，重庆市人民政府和四川省人民政府联合签署《关于加强两省市合作共筑成渝城市群工作备忘录》（简称《备忘录》）。根据《备忘录》，两省市将共同推动交通、信息、市场一体化，共同加强公共服务互助、资源环境保护与利用联动、产业发展合作，并建立双边合作工作机制，加强规划引导和政策互动，力争到2020年，成渝经济区成为国家重要的统筹城乡发展先行示范区，成渝城市群成为国际知名、国内领先、辐射带动西部地区发展的重要增长极。三是举办成渝经济区发展论坛。每年邀请政府官员、企业家、专家学者就成渝经济区公共治理专题问题进行研讨。四是在政府网站中及时将政府合作、政府与企业合作、政府与民间组织合作信息在政务网络上公开，实现信息资源的共用共享。

2. 构建区域信用体系

综合运用健全的规章制度和先进的信用管理技术进行区域信用管理，提高

第六章 成渝经济区区域公共治理体系、机制与模式构建

区域信用主体的信用意识，营造、优化区域诚信环境，形成诚信惩戒机制，为跨行政区公共事务治理提供公共信任。要避免地方政府行为的短期化倾向，克服区域内部的恶性竞争，使得治理主体在实现自身局部利益的同时不损害区域整体利益，共同追求长远利益和合作共赢。在区域信用体系建设中，地方政府要真正依法行政，加强监管，提供服务，提高行政透明度，使地区内政府与企业之间、政府与居民之间、企业与企业之间、企业与个人之间、个人与个人之间的利益得到保障，并为区域内的合作信任提供良好的制度保障。

成渝经济区各城市之间可探讨签署《成渝经济区共建信用宣言》《成渝经济区信用体系建设合作备忘录》《成渝经济区信用体系建设区域合作推进方案》等信用体系框架，通过制度化的手段提升区域信用水平。可通过主办"成渝经济区信用体系建设"高端论坛，不断探索完善成渝经济区区域信用体系建设的发展方向和内容。探讨开通成渝经济区信息共享平台，着力推动成渝经济区内的政府信息、企业代码、企业名称、经营范围等信用信息的共享查询，向全区域提供信用工作动态、政策法规、企业基础信息、信用培训等信息，形成制度化的区域信用体系。

3. 构建自主自理的区域合作机制

地方政府和社会公众的共同利益需要通过基于合作的区域公共治理才能实现。为了促进成渝经济区的一体化发展，应该在跨行政区划、跨行政层级的不同政府之间构建自主自理的区域合作机制，建立并实现公共合作载体或平台共享，努力降低地方政府追求自身利益的狭隘性、盲目性、自利性和短期行为，实现区域共同利益的最大化或最优化。要加强跨行政区域公共基础设施的建设与共享，完善区域经济领域基础设施、社会领域基础设施和生态环境领域的公共基础设施。由于区域基础设施建设为区域经济协调发展、城乡统筹发展提供条件保障，地方政府间为了本地利益会相互游说、相互竞争，甚至出现"零和博弈"，因此，需要构建自主自理的区域合作机制，通过制定大家认可的合作机制来规范合作行为，同时最高区域决策机构要进行统筹兼顾，在保障社会公共利益最大化的同时，适当兼顾一些地区特殊利益，通过利益关系的协调，推动区域政府间的有效合作。

4. 制定区域合作的法律文件，实现地方政府合作治理的规范化、法制化

尽快建立各方共同遵守的合作法规体系和加强合作的实施细则，可以研究制订《成渝经济区区域合作治理章程》《成渝经济区区域合作治理条例》等，使得各地方政府在处理区际关系时有法可依。通过成渝经济区区域协作和区际交往法规体系的建设，建立区域一体化的基础设施网络，统一开发利用区域自然资源，促进区域人才交流与互聘，开放区域共同市场，协调各地方政府的政策行为，营造无特别差异的区域政策环境，合作推动重大招商引资项目洽谈，统筹整治和保护区域生态环境，全方位提升成渝经济区的核心竞争力。

四、建立成渝经济区区域利益协调机制

当前区域经济发展中，行政主导型经济特征、"分灶吃饭"的财税政策使得成渝两地在产业对接、流域协同治理、基本公共服务一体化方面的合作上存在诸多困难，因此，建立区域政府间利益协调机制十分重要。

1. 设立利益协调管理机构

在现行行政区域不变的前提下，在成渝经济区区域治理中心下设立成渝经济区经济协调管理办公室，作为跨行政区域的管理机构，主要负责对区域经济发展进行有计划的调节和控制，统一规划、协调和实施成渝经济区内经济事务，形成对各区域经济和社会发展的具有约束力的行政机制。为了加强这种行政机制的有效性，在设立跨行政区域管理机构的过程中，可充分发挥上级政府（中央政府）的作用，由上级政府（中央政府）牵头，不仅可以体现上级政府（中央政府）对区域利益协调的意见和态度，并且便于地方政府接受利益协调方案。

2. 建立财政政策协调机制

区域利益冲突的一个主要问题是由税收问题导致对招商引资项目的恶性竞争，应重点加强财税政策的区域协调。当前，在我国税收制度中，注册地负责对本地注册企业的税收征收和管理，企业税收是政府财政收入来源的最重要途径，因此，地方政府会千方百计地采取各种优惠政策鼓励企业落户本地，同时也会想方设法地阻止本地企业，特别是大型骨干企业的外迁。这样就不利于成渝经济区区域产业集群发展和区域产业竞争力的形成。为此，需建立成渝经济

第六章 成渝经济区区域公共治理体系、机制与模式构建

区政府财政部门定期沟通与协商机制，成立成渝经济区财政委员会。首先可在地方财政政策上进行协调，为统一地方税税种与税率打下基础，条件成熟后可统一地方税税种与税率，统一协调财政补贴政策，避免非市场化的恶性竞争与财税资源大量流失。

3. 建立金融政策协调机制

川渝两地同属西部，在国家产业布局中，属于中偏低层次，在川渝产业布局中同质化也较为严重，对资源需求存在结构性矛盾，形成对要素资源的竞争。为此，一是加强对投资与招商引资政策的协调。在区域产业，特别是同构性较强的电子信息、汽摩、化工、医药、物流等产业上，必须通过川渝高层政府的协商，在投资与招商引资政策上进行协调，避免恶性竞争。二是搭建成渝经济区的投融资平台。由成渝两地共同组建政策性公司，作为成渝合作建设基础设施、工业园区等项目的政策投融资平台，政府全资拥有，凡有可能引入私营部门投资的项目，该平台可将项目包装后面向社会招标，引入私营部门。三是探索多种融资模式。加强企业与政府的合作，采用 BOT、BT 等多种模式引入企业与政府合作，充分发挥市场的力量，使区域合作形成多主体参与机制，如两地政府与第三方企业共建工业园区，就可以采用 BT 模式引入社会资本参与。

4. 建立公共服务政策协调机制

成渝经济区公共服务供给的关联度较大，要实现区域公共服务供给政策的基本协调。积极形成区域公共服务供给机制和政策协调机制，在区域公共安全、公共卫生、环境污染、疫情防治、自然灾害、重大基础设施建设等方面构建相互衔接的公共政策，形成区域合作与联动机制。同时在户籍制度、就业制度、社会保障制度上尽快缩小区域间、城乡间的差别，对区域内流动人口实行流入地与流出地统一的双重管理，对流动人口实行非歧视性政策，着力实现公共教育、医疗服务、政务信息、个人诚信等的区域一体化。

5. 建立成本分担与利益补偿机制

所谓成本分担机制，就是在区域治理中依据公平公正的原则实现治理成本分摊到每个成员单位。为此在成渝经济区公共治理中区域治理主体无论是政府还是市场，围绕着区域治理的成本，要按照市场机制来讨价还价，在讨价还价

中达成共识，实现利益平衡。同时探索成本分摊方法，对于合作治理项目，通过各项投入指标（如基础设施建设投入、生态环境保护与治理的投入、社会公共服务的投入等）划分投入的比例并进行分担。此外区域治理存在一定风险，特别是区域经济治理中可能出现项目亏损、市场主体撤资、政策环境变化及一些不可抗拒因素，双方要保持充分的协商，共同承担可能的公共治理风险，协商化解风险的方法。所谓利益补偿机制，就是在区域治理中由于成本分担与利益分配不对等，存在利益分配不均衡状况，就需要建立一种"谁污染谁治理、谁受益谁补偿"的制度安排，把区域治理建立在区域利益互补的基础上。例如，针对区域合作带来的生态问题建立生态补偿机制。

一是针对发展条件好的城市向一般城市进行产业转移过程中带来的环境破坏，转移方要向受让方进行一定的补偿。尤其是工业项目的转移，合作双方通常只看税收、产值、土地等指标，而极少注意到环境污染和能源消耗这些隐性问题。对于关系到区域可持续发展的这一关键问题，受让方要有条件地接受转移方的产业转移，转移方要在资金技术、人才、设备等方面协助受让方解决项目带来的环境污染和能源消耗问题。二是积极探索市场化生态补偿模式。利用市场机制的作用，使用生态资源使用权、排污权交易等市场化补偿方式。通过合理界定水资源产权关系，建立水资源使用权出让、转让和租赁的交易机制，实现水资源的合理配置和有偿使用；通过区域内环境污染物排放指标的市场化买卖制度，逐步推进政府管制下的排污权交易，运用市场机制手段降低区域环境污染治理成本，提高环境治理效果，引导鼓励生态环境保护者和受益者之间通过自愿协商实现合理的生态补偿。

五、建立成渝经济区区域绩效评估机制

在市场失灵和政府推动的前提下，没有区域治理绩效评价机制，区域治理是难以持续和有效推进的。因此，建立成渝经济区区域公共治理绩效评估机制，对于客观评价治理效果，从而完善区域公共治理政策与举措具有重要价值。

1. 构建成渝经济区公共治理绩效评估体系

在指标体系设计上应涵盖经济、社会、环境等方面，具体包括产业优化与

布局、城乡统筹、公共服务、基础设施、生态环境保护、流域治理等多方面内容。在评估指标设计的维度上，不仅要关注公共治理的投入视角，而且要关注公共治理的产出视角；不仅要关注公共治理的行为及其过程，而且要关注公共治理的效率、效益、回应性及公平性等。通过评估反映政府、企业、非政府组织等多元主体对区域治理的效果，特别是通过评估使地方政府在跨区公共事务和改善区域公众生活质量等方面具有竞争力。

2. 构建成渝经济区公共治理绩效多元评估机制

在成渝经济区跨区公共治理绩效评估过程中，应以满足顾客需求为导向，充分调动公众参与监督评估的积极性，形成第三方参与评估的多元评估机制。让社会公众深入了解、监督和参与绩效评估活动，判断公共治理支出的合理性，改善政府部门和社会公众之间的关系，形成政府与公众之间的良性互动，增强公共政策对社会公共需求的反应力，提高社会公众的满意度和对政府的信任程度，改善政府的形象，增强社会公众的凝聚力，有利于化解各种利益冲突和各种社会危机，构建和谐的社会关系。

跨区公共治理绩效评估结果要向社会公众公开，通过绩效评估构建起高效的评估信息传递网络，将绩效评估的结果反馈和扩散给各部门和社会公众，从而实现信息公开，提高政府部门的透明度。绩效评估能够提高跨区公共治理项目的信息化程度，有助于及时发现并完善公共治理项目的缺陷，从而促使地方政府面向社会公众优化配置公共资源，增强公共治理项目的可持续发展能力。通过绩效评估过程和结果还可以暴露出跨区公共治理中的其他一些问题，从而增强公共治理工作的针对性和实效性。

3. 构建区域公共治理绩效评价立法体系

通过立法规范和指导公共治理绩效评价行为，克服目前政府绩效评价中的随意性和不规范性问题。通过立法可以构建一个科学合理的评价指标体系和保障评价运行的管理体系，以及保证评价结果运用的激励机制，这样可以客观地了解政府间在区域公共治理中对区域规划、政府契约执行情况、效果，客观地了解政府间合作情况，更有效地促进政府职能转变，提高公共服务能力与水平，提升政府的社会公信力。

六、建立成渝经济区区域监督制约机制

区域治理主体的积极性是受利益驱动的，而区域治理主体在区域治理中可能存在搭便车等机会主义行为，影响区域治理的效果。因此，在成渝经济区需要建立监督制约机制，保障政策措施的有效运行。

1. 构建区域公共治理监督体系

该体系内容包括谁监督、监督什么、怎样监督等内容。在监督主体上，建立政府、企业、非政府组织、社会公众等多主体的"协同"监督，形成监督合力；在监督内容上重点是区域治理政策、重大合作协议的执行情况；在怎样监督上制定完善的法律法规，做到有法可依，保障监督的落实。

2. 建立区域公共治理约束机制

为了防止区域经济合作中的机会主义行为，行为约束机制是必不可少的，因此，需要通过合作规则制定和执行来推进区域治理。合作规则制定并执行满足三个条件：一是规则形成是合作主体基于平等伙伴关系通过相互协商和利益博弈的结果，体现了参与主体的愿望并得到一致同意。二是规则不是口头的约定而是以文字的形式固化存在，是成文的制度性规范。三是具有保证其正式执行的约束机制，对违反"游戏规则"和机会主义行为者将给予严厉的惩罚以使违规者望而生畏。成渝经济区区域公共治理涉及各方利益主体，为了保障各方利益有必要制定一个大家共同遵守的合作规则。当前成渝经济区各级地方政府应在川渝高层政府组织下，通过沟通协商制定区域治理的合作条约和规则。在合作条约和规则中除明确规定合作的内容外，应包括各方权利、责任和义务的规定，以及保证条约执行监督及违规处罚，对违反区域合作规则所造成的经济损失和其他方面的损失，作出经济赔偿规定，以正式方式维护区域合作规则的激励与约束机制。同时，成立"成渝经济区公共治理监查委员会"，监查区域合作治理的推进，同时充当各级地方政府间利益纠纷的调解人，由委员会对违反规则的行为作出裁决和处罚。

第三节　成渝经济区区域公共治理模式构建

借鉴科层制模式、市场化模式和中间型模式各自的优点，本书尝试建立一种区域公共治理的新模式——协同型模式。本模式将分权与集权相结合，注重区域公共治理的科学化，围绕"政产学研用"一体化，主张以区域公共治理合作协议和区域公共治理战略联盟为主要形式，强调地方政府、企业/行业协会、居民/社区、社会组织、面向区域发展的协同创新中心等多主体之间的协同关系，突出面向区域发展的协同创新中心在区域公共问题合作治理中的积极作用，要通过区域公共治理，努力将成渝经济区建设成为创新型区域。

一、协同型模式构建原则

区域公共问题治理的协同型模式，力求尽可能协调区域内各参与主体的利益，充分发挥其积极性，依托科学合理的机制体制，利用各自的比较优势，整合配置区域资源，通过多方合作有效解决区域发展中存在的问题。模式的构建遵循以下基本原则。

1. 政府主导、多元参与原则

协同型模式重视地方政府对区域合作框架的主导作用，政府的地位与角色是首要和主导性的。区域公共治理要求地方政府明确职能与责任，划清企业、居民、社会组织的权责界限和范围。地方政府应积极引导和鼓励各类主体参与治理，运用多种方式、手段满足多样化、复杂化的社会需求，并提供优越的治理条件，从而实现协同治理，并与其共享治理成果。

然而，政府不再是单一的抑或唯一的公共治理主体，应该面向区域所有城市，不排斥任何一个机构参与公共治理。区域公共治理的主体包括各地方政府、企业/行业协会、居民/社区、社会组织、面向区域发展的协同创新中心等。多元化主体通过平等协商方式，形成固定或松散的组织，构建起一个多元、复杂的网络体系，自愿参加区域合作治理，充分发挥各方的比较优势和合作的积极性、主动性，在合作框架内明晰地规定彼此的权利、义务和职责，实现区域合作的良性发展。

2. 平等独立、开放包容原则

区域公共治理各参与主体地位平等，具有相对的独立性，各治理主体间不存在上下级的领导关系，而是基于一个共同价值理念和愿望，本着共同的目标进入公共治理的合作框架中，按照自由、平等、公正、公开的基本原则，通过反复不断的协商、谈判，通过多方博弈，达成某项合作的协议或者组建某种机构，做出相关公共问题的解决方案，最终实现区域共同利益。公共治理中的行动、政策是多元主体共同协商的产物，公共治理效果则取决于各方利益主体互动协作，不存在命令服从与等级划分等不平等因素。

区域公共治理应该形成一个动态开放的系统，破除地方政府与区域高校/科研院所、企业、居民、社会组织之间的壁垒，吸纳一切有利于自身发展的人力、物力和财力，形成多元、开放、动态的组织运行模式，大力推动"政产学研用"的紧密融合，促进优质资源充分共享，提高资源利用的效率。在区域公共治理中要坚持非排他性和非歧视性原则，努力打破地方行政藩篱和地方保护主义壁垒，引导支持成渝经济区和西部地区各类力量开展深度合作，推动整合各方的优势资源，促进市场开放，加强沟通交流，促进区域共同发展。

3. 协同创新、公共价值原则

按照《成渝经济区区域规划》的战略定位，成渝经济区要"建成西部地区重要的经济中心、全国重要的现代产业基地、深化内陆开放的试验区、统筹城乡发展的示范区和长江上游生态安全的保障区"，必须依靠科技进步，提升区域的创新能力。因此，要面向成渝经济区经济社会发展的重大需求，围绕成渝经济区发展中亟须解决的系列经济、社会问题，积极整合成渝经济区各类创新资源，构建高度开放、深度融合、"政产学研用"高度结合的协同创新依托平台，大力推动协同创新，充分释放人才、资本、信息、技术等创新要素的活力，形成政府、高校、科研院所、企业等主体之间多层次的协同创新网络及稳定的成果共享机制，增强区域创新要素的有效集成，增强发现并解决重大问题的能力。

由于体制障碍，各地方政府与区域高校/科研院所、企业、居民、社会组织之间各成体系，资源分散，虽然也有各种合作，但基本上仍旧各自为政，难以

第六章 成渝经济区区域公共治理体系、机制与模式构建

形成合力,尤其是成渝之间长期明争暗斗,有时候出现恶性竞争,这种状况对于成渝地区的可持续发展极为不利。区域公共治理要遵循价值原则,引导区域内各利益主体以实现区域整体公共利益为最终目标。在协调解决区域内重大公共问题和制订区域公共政策时,地方政府要以最大限度地增加区域的公共价值、最大限度满足区域公共需求为职责,实现创新驱动和多极共赢的一体化,实现专业分工和协同发展的一体化,实现差异化竞争和公共利益的一体化,努力提高成渝经济区整体竞争力。

二、协同型模式中区域公共治理的目标

创新型区域公共治理的目标是:合作共赢、统筹发展。

区域经济发展和社会建设依赖于各治理主体之间的通力合作,各主体间以合作共赢、科学发展为目标而成为利益相关者。在治理过程中,从决策、需求表达、信任合作、利益协调、绩效评估、监督等治理机制入手,构建全区域持续健康和谐的公共治理氛围,形成有利于各主体和谐运作的规则制度,保障各参与主体利益和区域公共利益的实现,确保区域公共治理过程和谐运作、井然有序。

在区域公共治理过程中,要坚持科学发展观。大力引导高校和科研院所参与区域经济社会发展,主动参与区域规划的编制,参与区域公共决策过程,充分发挥其科研资源优势,深入调查区域发展中的各方需求,了解与反映公众意愿,为地方政府提供专业咨询服务,为区域公共治理提供智力支持,使得公共治理过程更加科学合理。同时,充分发挥第三方评估的优点,对区域公共治理绩效展开客观评估,不断提升公共治理的水平和科学性。

本书构建的协同型模式的框架结构如图6-1所示。

三、协同型模式中各主体的功能定位

地方政府与区域高校/科研院所、企业、居民、社会组织在各自的领域中是相互独立的,它们是平等的伙伴关系,各治理主体各尽所能、各司其职、各享其权,运用自己的核心功能在各自不同的领域发挥作用并承担应尽的责任,共同致力于区域公共治理的目标实现。

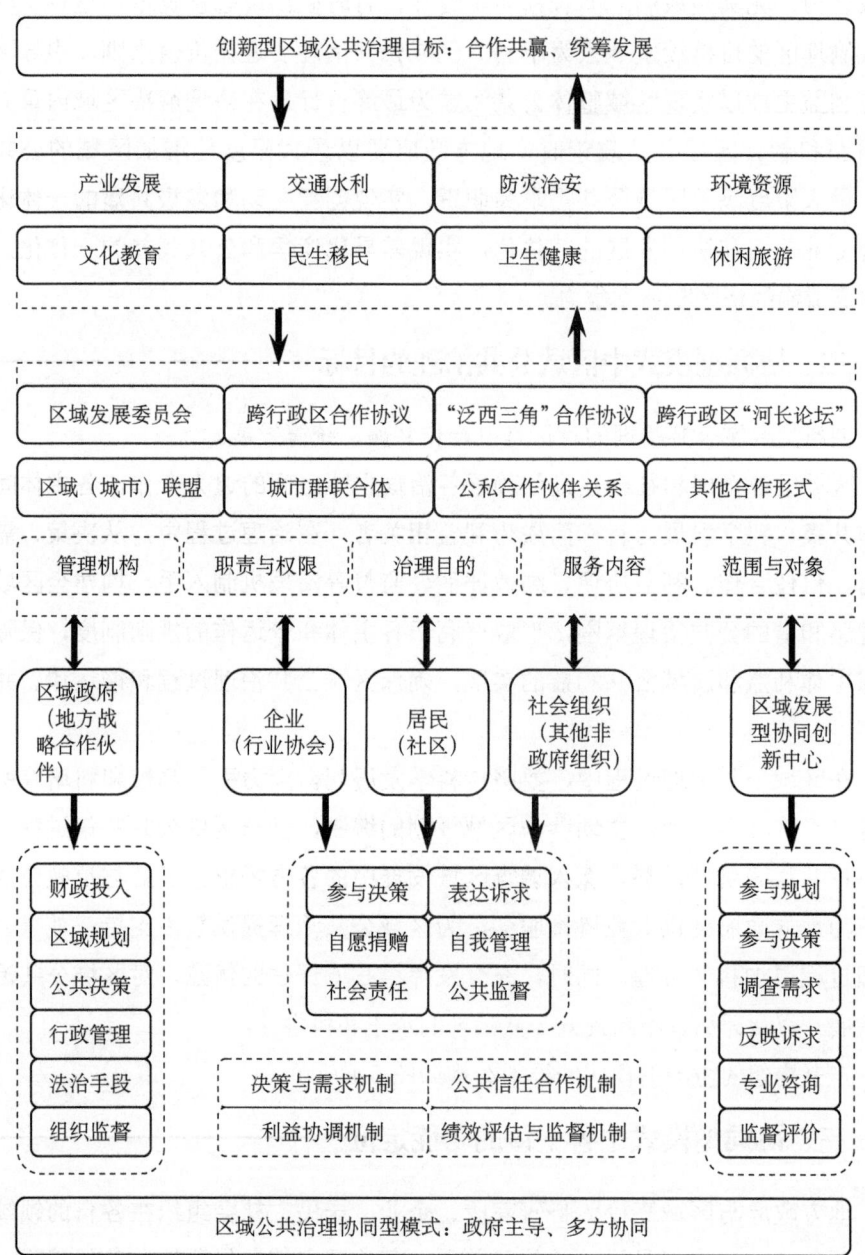

图 6-1 协同型模式的框架结构

第六章 成渝经济区区域公共治理体系、机制与模式构建

1. 地方政府

在有关水资源管理、垃圾处理、公共交通、风险与危机管理、环境污染控制等区域公共问题的处理方面,地方政府负责任的行动,对于区域治理规则的形成和有序运作发挥着至关重要的作用。

地方政府通过政策目标的设定和管理工具的选择,通过区域发展规划、区域资源配置、公共财政投入、公共政策设计、提供公共产品、组织监督评估等推动地区协同发展。

地方政府是区域城市行为的主要决定者。地方政府间要建立起紧密的"府际关系",明确政府之间的权力配置与利益分配,加强地方政府之间的交互活动、政府间决策过程及协调互动,加大区域资源整合力度,优化总体布局,消除地方封锁与保护、产业结构雷同、外部性问题突出等现象。通过地方政府之间的协商、协调与合作,优化调整公民和各种社会组织间的利益关系,构建区域社会和谐发展的共同价值观,满足相互一致的需求,有效解决区域性公共问题,促进区域经济社会一体化发展。

作为公共服务供给者,地方政府的一个功能是通过私人或社会组织购买公共服务。在购买公共服务的过程中,地方政府承担规则制定者和标准监督者的角色。购买的范围通常为服务供给效果容易测量的公共服务,如流域治理、垃圾处理、街道维护、废弃物处理、公共交通、供电、供水等方面。

地方政府要积极引导区域内的企业、社会组织和公众,建立起互惠合作的区域战略性伙伴关系,并使之具有自我管理的能力,有效解决区域内或跨行政区间有关社会治安、交通、消防、防疫、环保及教育等议题,以实现或增进区域公共利益。

2. 企业或行业协会

企业在追求利润最大化的同时要尽可能兼顾股东、职工等各方面的利益,保障员工的就业择业权、教育培训权、休息休假权、安全卫生权和保险福利权等。企业要肩负起应有的社会责任,提供满足消费者质量要求的安全可靠的产品,尊重消费者的知情权和自由选择权。

企业在加强区域环境保护中承担着极为重要的责任。企业必须以科学发展观为指引,按照"减量化、再利用、资源化"原则,推进企业清洁生产,设法

改变产品的工艺流程,提高技术含量,降低污染指数。要通过节能减排和循环利用技术与装备推广运用,从源头和全过程充分实现对资源的充分利用。通过余热余压回收、废弃物无害化处理等清洁生产技术的运用,实现在企业内部能量梯级利用、资源循环利用,以推动企业通过新技术、新设备实现资源综合利用,减少资源能源消耗和污染物排放,实现节约、降耗、减污、增效目标。通过产业链的补充和延伸,在企业之间形成"纵向闭合、横向耦合"产业链网,提高固体废弃物的综合利用水平和能源、水资源的集成利用度,最终实现物质、能量和信息在产业间的闭路循环,坚持绿色循环低碳的可持续发展道路,将环境治理和获取利润作为同等重要的问题来看待。

3. 居民或社区

鼓励居民积极参与区域公共治理,不仅可以方便地方政府与被服务者之间的直接对话和交流,也有助于增强公共治理对居民要求的灵敏度和回应性,提高公共治理的质量。居民参与公共决策,了解政策实施、结果、监督和评价的全过程,参与监督和评价政府的运作及其服务的质量,有利于增加公共治理的透明度和效果。居民参与不是被动地接受公共治理方案,更重要的是让其利益的代言人进入区域公共治理的决策团体,真正实现居民参与的效力。

居民个人或公民团体通过特定的参与途径,影响区域公共治理过程。在区域公共治理过程中,可以通过听证会、座谈会、书面征求意见、调查研究、列席和旁听、公民讨论、专家咨询和论证、社会舆论载体讨论等形式,或通过深入交流办法、基层意见搜集办法、社区意愿访谈、公民咨询委员会、建立面向公民的公共治理网站等其他方法,让居民参与到公共治理方案的立项、审批等程序中,让居民对公共治理方案发表意见、提出建议,治理部门可根据其意见和建议对治理方案进行修改完善,提高方案的可行性。

将民众表达利益和要求的权利合法化、制度化,建立公共治理决策项目的预告制度和重大事项社会公示制度。对关系社会公众利益的重要信息必须及时、全面地告知全社会居民,做到信息公开化、透明化,为居民提供及时、准确的信息,满足公民的知情权,使得居民能够充分表达自己的诉求、意愿,并维护自身权益。通过社情民意反映制度等回应机制,保证居民的意见和愿望及时反映到决策中枢系统,切实提高区域公共治理的成效。

第六章 成渝经济区区域公共治理体系、机制与模式构建

4. 社会组织

社会组织在某些公益性、社会性公共服务中有着独特的作用，地方政府与社会组织在公共治理中应形成良性的互动关系。社会组织参与区域公共治理，不仅有利于填补地方政府在公共服务中的不足，还能够在一定程度上影响区域公共政策，使其更贴近现实、贴近百姓。

社会组织参与区域公共治理，可以通过参与地方政府公共决策，为政府决策形成提供专业的意见和咨询建议，以推动政府决策科学、民主、公开。社会组织与政府合作提供公共服务可以通过与政府签订承包合同、公共服务社区化、特许经营、接受政府资助或享受免税待遇等优惠政策等方式实现。参与区域环境保护与治理，改善区域生态环境条件。参与社区建设，满足居民自我管理的需求。可以对弱势群体提供援助，承担一些具体的公益项目，促进社会公平。反映社会多元化需求，在地方政府和居民之间发挥沟通交流的作用。

5. 面向区域发展协同创新中心

教育部自 2012 年启动实施的"高等学校创新能力提升计划"（简称"2011 计划"）以协同创新中心为载体，通过机制体制改革和制度创新，大力推进校地、校企、校所、校校间的深度合作，建立战略联盟，形成政产学研用的协同创新模式，突破体制机制传统束缚，促进各种创新资源优化配置，推进教育与经济、管理、科技、文化事业的融合发展。

目前，我国协同创新中心一般分为面向科学前沿、面向文化传承创新、面向行业产业和面向区域发展四种类型。面向区域发展的协同创新中心，以地方政府为主导，以服务区域经济和社会发展为重点，切实推动地方政府、高校与当地支柱产业中的重点企业或产业化基地的深度融合，能够提高区域整体创新能力和竞争实力。2013 年，重庆市教育委员会下发文件，批准重庆工商大学牵头建设的"成渝经济区城市群产业发展协同创新中心"为"重庆市 2011 协同创新中心"。该协同创新中心属于面向区域发展的协同创新中心，由重庆市经济和信息化委员会、四川省经济和信息化委员会提供政策支持，协同西南大学、重庆交通大学、西南财经大学、四川大学、西南交通大学、重庆社会科学院、四川省社会科学院、重庆商社集团、重庆机电股份有限公司、重庆港九股份有限公司、重庆渝宁苏宁电器有限公司、重庆科瑞制药集团等成渝两地多家政府部

门、高校和院所及龙头企业,汇集了各协同单位的相关优质产学研资源。中心以成渝经济区重大需求为牵引,以构建协同创新平台与模式、体制机制改革为核心,以协同创新中心建设为载体,以创新资源和要素的有效汇聚为保障,坚持"高起点、高水准、有特色",充分利用重庆工商大学、西南财经大学等高校已有的基础,大力推进成渝经济区城市群内外高等学校与科研院所、行业企业、地方政府及国际社会的深度融合,充分释放人才、资本、信息、技术等要素的活力,服务成渝经济区城市群产业发展。

面向区域发展的协同创新中心参与区域公共治理和公共决策过程,能够为地方政府部门提供决策咨询和对策建议,尤其在区域规划布局编制、区域公共治理目标体系论证、区域公共政策制定、公共治理机制与模式设计、区域公共治理绩效评估等许多领域具有独特的优势,能够为区域公共治理提供专业指导和服务。面向区域发展的协同创新中心不同于一般的社会组织,它本身具有汇聚整合政府、高校、企业、社会多方资源的功能,其目标也是通过整合各方创新资源提高区域整体创新能力和竞争实力,与区域公共治理的目标和功能是一致的,能够便利地在区域公共治理方面发挥作用。

目前成渝经济区发展还存在"中间塌陷""产业同构"和"无序竞争"现象。促进成渝经济区的协调发展,可以依托成渝经济区城市群产业发展协同创新中心,从组织协调机制、高层互动、举办高端论坛、推进成渝经济区城市群川渝官员交叉挂职、联手会展、共同争取重大项目和政策这几个方面着手。成渝经济区城市群政府间的协调与引导,企业界的交流与合作,学界的思考与探索,都有助于成渝经济区城市群相关生产要素的合理流动和实现成渝经济区城市群各种资源的优化配置。

协同型模式中不同主体的功能定位与责任划分如表6-1所示。

表6-1 协同型模式中不同主体的功能定位与责任划分

内容	地方政府	企业 (行业协会)	居民 (社区)	社会组织	面向区域发展 协同创新中心
经费投入	财政投入,保障资本性支出和管理	企业捐助	居民捐赠	社会投入,用于资本性支出和管理	区域公共治理课题研究经费
公共决策	拥有决策权	参与决策过程、拥有知情权	参与决策过程、拥有知情权	参与决策过程、拥有知情权	参与决策过程、提供决策咨询

第六章 成渝经济区区域公共治理体系、机制与模式构建

续表

内容	地方政府	企业（行业协会）	居民（社区）	社会组织	面向区域发展协同创新中心
宏观治理	整体布局、规划、政策制定、购买公共产品、府际合作	反映诉求、贯彻落实规划和政策参与市场竞争、拥有知情权、提供公共产品	反映诉求、贯彻落实规划和政策	提供专业咨询服务、拥有知情权、提供公共产品	参与规划、区域公共治理目标体系论证、公共治理机制与模式设计、提供治理建议、反映诉求
微观治理	组织监控	解决负外部性、强化社会责任、自主治理	参与微观治理、反映诉求、自主治理	参与微观治理、反映诉求	提供专业咨询、指导、管理
监督评价	组织监督、评价	发挥监督作用	发挥监督作用	发挥监督作用	提供专业服务，客观评价

四、协同型模式中区域公共治理的主要形式

根据成渝经济区的实际情况，结合协同型模式的特点，在促进区域公共治理过程中，可以采用的形式主要有以下几种。

1. 成渝经济区区域发展委员会

可由地、市、区、县等地方政府自发形成区域公共治理组织——成渝经济区区域发展委员会（简称区域发展委员会），也可以吸纳企业和居民、社会组织参与。区域发展委员会对各市、区、县进行全局性和前瞻性设计，为各区域的超前发展和良性互动出谋划策，明确区域发展定位、发展目标，制订区域整体规划，协调、整合与推动区域发展政策，协调并整合推动区域内的重大关联项目，直接提供部分区域性特色的服务，协调筹措区域公共服务所需经费等。区域发展委员会的经费可以来自成员缴纳的会费，或者社会捐赠和公共服务收费。

在成立区域发展委员会前，应充分考虑区域的经济关联与互补性、资源禀赋、基础设施、自然环境、文化差异等各个方面。区域发展委员会的设立范围应该适度，并不是越大越好，治理范围越大，区域治理成本就会越高，治理的效果反而会降低。

本书以"成遂渝"区域发展委员会构建为例，给出区域发展委员会的基本架构设想。该区域在机械制造、轻纺食品、油气和精细化工、商贸物流、特色农业等产业发展领域有高度相关性，并且自然资源和人文环境相似性较高。

为提升区域整体竞争力，协助区域内各地方推动各项重大计划或跨行政区

建设开发事业，以兰渝、渝遂铁路，成南、渝遂、渝南高速公路，嘉陵江为纽带，在互利合作的基础上，可由重庆主城、合川区、铜梁区、潼南县、成都市、遂宁市、南充市、广安市八市（区、县）合作设立"成遂渝"区域发展委员会，构建跨市（区、县）的区域合作治理网络。其中，重庆主城区职能由重庆市相关部门代为实施。当然，具体构建该区域发展委员会时，委员会可以由实际有参与区域治理愿意的地方政府构成，操作中并不严格局限于上述八个市（区、县）。

"成遂渝"区域发展委员会所研究解决的区域议题涉及综合区域治理、产业发展、交通水利、防灾治安、环境资源、文化教育、民生移民、卫生健康、休闲旅游九大议题。其中，区域治理主议题（综合）由8个市（区、县）共同协调推动，其余八个议题则由各市（区、县）分别牵头负责予以推动。例如，文化教育由成都市牵头，具体交由其文化局、教育局负责。

"成遂渝"区域发展委员会可由8位常务理事及8～16位一般理事组成。常务理事由该区域内8个地方政府领导担任，一般理事聘任1～2位专家学者及产业企业界人士。委员会办公室可设在"成渝经济区城市群产业发展协同创新中心"，并由其聘任办公室主任，承担日常办公业务。"成遂渝"区域发展委员会组织架构如图6-2所示。

2. 成渝经济区跨行政区（部门）合作协议

跨行政区合作协议主要是由各地方政府自愿洽谈协商达成跨行政区合作协议以解决复杂区域问题，地方政府之间通常签订具有法律效力的合作协议。在协同型模式的跨行政区合作协议中，地方政府通过合作协议，可以在对方管辖领域互设治理机构，互派专业人员协助治理，建立灵活常态化的沟通机制，推动双方资源和信息共享，联合办理解决复杂问题等。这是成渝经济区域公共治理中最主要的形式。

对于某些公共问题，如果其治理成本较高，责权清晰，受益范围有限，地方政府可以签订服务协议，由甲方向乙方支付一定费用，乙方按照议定的价格、数量和质量解决甲方的治理问题或者为甲方居民提供服务。这种服务协议可以局限在一定时期内，也可以通过协商，甲方永久性地将某项治理职能转移给乙方，并定期支付相关费用。

第六章 成渝经济区区域公共治理体系、机制与模式构建

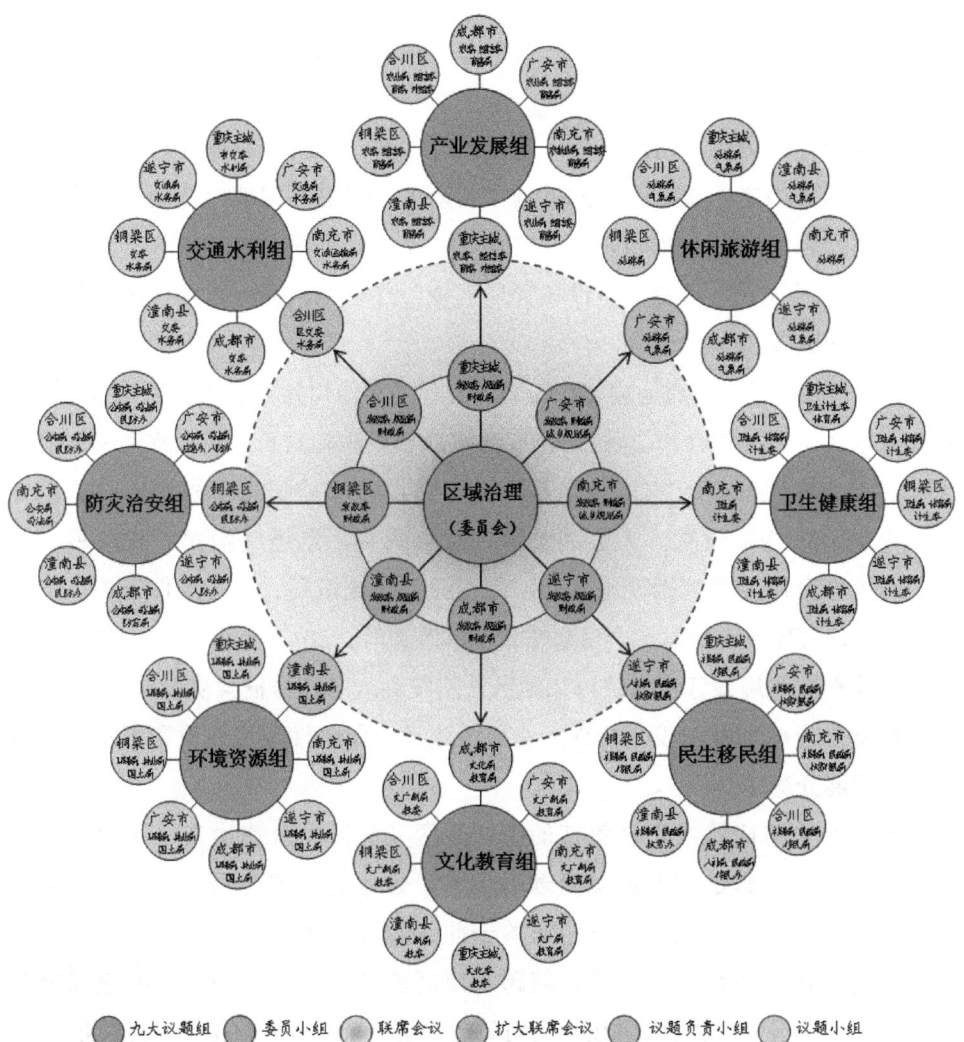

图 6-2 "成遂渝"区域发展委员会组织架构构想图(文后附彩图)

当前,成渝经济区已出现一些跨行政区合作协议。例如,2013 年 5 月,重庆市司法局和四川省司法厅共同签订《服务成渝经济区建设战略合作框架协议》,协议规定"支持和鼓励两地律师事务所互设分支机构,支持双方律师共同参与涉及成渝经济区建设的重点工程和重大项目,实行资源共享;建立双边行政接边地区人民调解工作联席会议制度,涉及双方的矛盾纠纷,双方会商解决;符合法律援助条件的务工人员,需要司法鉴定援助的,双方协调就近指定

司法鉴定机构提供司法鉴定援助；对涉及两地的重大疑难案件实施共同联合办理"①。

除了跨行政区合作协议以外，地方政府各部门之间可以签订跨部门合作协议，破除各部门之间长期存在的机制体制壁垒，促进不同部门之间相互携手，公共解决跨部门的公共难题。跨部门合作协议主要由同一地区或者不同地区的不同部门共同规划、出资、建设和管理某种公共设施，或者为全体居民共同提供某项公共服务。

2011年8月，交通运输部长江航务管理局和四川宜宾市政府签订《加快宜宾长江水运发展战略合作协议》，协议约定联合成立宜宾长江黄金水道发展协调小组，统筹规划长江宜宾段航运基础设施建设，保护长江干线宜宾段航运资源，在航运机构的设立、人员的整合、综合码头、航道整治建设和海事、航道、公安办公用房等基础设施建设，以及业务领域拓展、办公条件维护等方面加大合作，实现长江航运综合信息平台互联互通等。2012年9月，内江市人民政府与成都铁路局签订《加快内江地区铁路发展战略合作框架协议》，就区域重要铁路基础设施项目建设、公铁立交通道建设、保障性住房建设和用水管网改造等事项展开深度合作。

然而，当前成渝经济区签订的跨行政区（部门）合作协议还比较少，各地方政府之间合作的广度和深度远远不够，合作的领域有限，一些区域公共问题久拖不决，工作效率低下。有鉴于此，成渝经济区各政府部门之间，可以跨行政区合作协议的形式，就跨行政区流域水治理、跨行政区空气污染治理、跨行政区基础设施建设、跨行政区消防、跨行政区自然灾害防治、跨行政区传染病防治等领域积极展开合作，并引导企业、居民、社会组织和区域发展型协同创新中心等主体参与治理，降低区域公共治理的成本，提高治理效率。

3. "泛西三角"区域合作框架协议

充分发挥区位优势，加强资源与产业互补，以成渝经济区、关中经济区为主体，积极推进成渝经济区与西北地区的经济合作，重点加强与"关中—天水经济区"的合作，打造重庆、成都、西安"西三角"经济区，推进三地战略合

---

① 参见四川省司法厅与重庆市司法局签订的《服务成渝经济区建设战略合作框架协议》。

第六章 成渝经济区区域公共治理体系、机制与模式构建

作向纵深发展,强化成渝经济区对西部地区的辐射和带动作用。完善重庆、成都、西安跨行政区的公共治理机制,积极构建"西三角"区域合作和协调网络来解决区域公共问题。

进一步地,以"西三角"为基础,加强与主要经济区合作,加大与南(宁)贵(阳)昆(明)地区的合作力度,打造面向东南亚、南亚的重要出口基地和物流基地。积极构想、酝酿打造"泛西三角"的"6+3"区域合作框架协议,深化重庆、四川、陕西、贵州、云南、广西六省(自治区、直辖市)和香港、澳门、台湾三地的战略联系,在产业发展、交通水利、防灾治安、环境资源、文化教育、民生移民、卫生健康、休闲旅游等八大领域展开全面合作。在决策、组织和实施层面,可以建立政府行政首长联席会议制度、政府秘书长协调制度和部门衔接落实制度,定期举办泛西三角公共治理论坛(暨泛西三角区域合作与发展论坛)和泛西三角经贸合作洽谈会(或泛西三角投资贸易洽谈会),大力推进成渝地区与周边主要经济体的区域合作。

在更大范围,依托长江黄金水道,加强与长江三角洲地区和泛珠三角地区的合作,建立泛西三角、泛长三角、泛珠三角三大经济圈的战略合作。积极加强与港澳台地区的交流合作,提升区域合作治理的层次和水平。

4. 跨行政区流域治理"河长论坛"

2007年8月,江苏省无锡市印发了《无锡市河(湖、库、荡、氿)断面水质控制目标及考核办法(试行)》,明确提出将河流断面水质的检测结果"纳入各市(县)、区党政主要负责人政绩考核内容",这被认为是推行"河长制"[①]的起源。无锡市通过"河长制"这一水污染治理制度创新,构建了包括河流治理主体责任界定、责任监督、责任追究等政策措施,实现了治水模式的创新。

借鉴无锡市的成功做法,浙江、云南、河南、河北、贵州等地都陆续推行河长制,成渝经济区也推行了河长制。例如,2013年8月,重庆市万州区印发了《关于印发万州区主要次级河流水环境保护实施河长制管理工作方案的通知》,在苎溪河、五桥河、龙宝河、瀼渡河及其支流实施河长制治理。万州区的河长制管理实行区、镇乡街道、村(社区)三级分工负责制,对应落实河长、

---

① 江苏环保网:"河长制":从江苏走向全国,2011-02-08。

河段长、巡河长工作责任制。河长由区政府相关领导担任,河段长由相关镇乡街道行政主要负责人担任,巡河长由相关村(社区)主要负责人担任。"十二五"以来,四川省在府河、江安河、绵远河、威远河、釜溪河、西充河等重污染小流域综合整治中,全面实行了河长制,着力解决岷江、沱江支流和重点湖库污染问题。

然而,目前成渝经济区的河长制存在着明显缺陷,受行政体制影响,四川省和重庆市的河长制各自为政,相互割裂,四川省对其管辖区内的流域综合整治局限于本省,重庆市的河长制也没有向上游四川省延伸,没有形成一个整体治理的系统,极大影响了河长制的效果。不仅成渝经济区的河长制存在这种不足,江苏及其他省市的河长制都缺少一种跨行政区协同治理的区域公共治理制度设计。此外,从目前的制度设计来看,在河长制的推动过程中,大多数地方都过于重视行政长官和政府部门的作用,较少考虑流域治理的专业单位和专家学者的意见,不便于河长制在推动过程中采纳相关专业意见和建议。

有鉴于此,本书提出着力构建成渝经济区"1+4"分层级跨行政区流域公共治理的"河长论坛"(图6-3)。通过建设常态化的对话与合作交流平台,有效推动跨行政区流域的公共治理。

其中,"1"指的是在着力打造成渝经济区跨行政区流域治理"河长总论坛",由成渝经济区内各级河长、河段长、巡河长,以及湖泊的"湖长"、水库的"库长",环保、水利、国土资源等相关政府部门,流域重点水利工程指挥部,以及流域治理专业资质单位和流域治理专家学者等共同搭建总论坛,协同研究并推动全区域流域治理问题。"4"指的是搭建岷江、沱江、嘉陵江和长江四个分论坛,有针对性地研究解决重点流域水系的公共治理问题。各分论坛的基本组成架构与总论坛类似。

"河长论坛"是河长制的延伸与拓展,旨在突破行政体制障碍,弥补现行河长制的不足,通过构建跨行政区的流域治理平台,协同研究区域河道综合整治方案的制定、论证和实施,强化横向协调、形成长效管理,因地制宜实施"一河一策",跨行政区推动流域公共治理问题,推动流域水生态、水环境的持续改善,其基本架构设想如表6-2所示。

第六章 成渝经济区区域公共治理体系、机制与模式构建

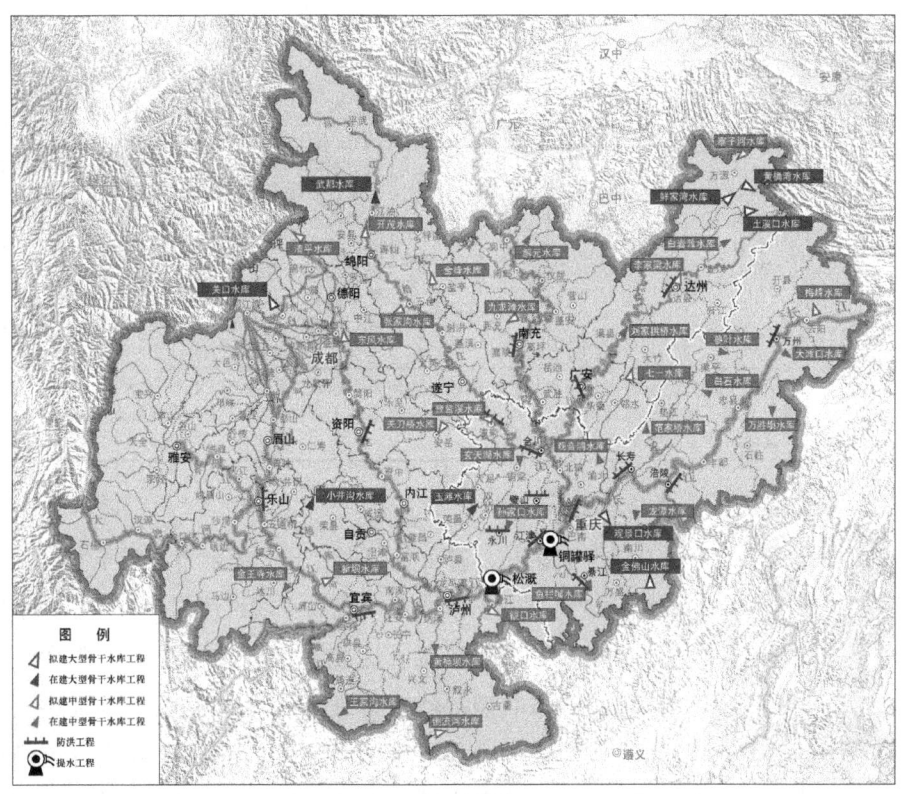

图 6-3 成渝经济区跨行政区流域治理"河长论坛"

表 6-2 成渝经济区跨行政区流域治理"河长论坛"基本架构设想

论坛层级		流域水系	一级河长	流域重点水利工程指挥部
总论坛	分论坛			
成渝经济区跨行政区流域治理"河长总论坛"	岷江分论坛	岷江、青衣江、横江、大渡河、越溪河、西河、府河	雅安、眉山、乐山、宜宾、泸州	金王寺水库、新坝水库、黄桷坝水库、小井沟水库、王家沟水库、倒流河水库、乐山防洪工程、宜宾防洪工程、泸州防洪工程
	沱江分论坛	青白江、沱江	成都、德阳、资阳、内江、自贡、泸州	清平水库、关口水库、东风水库、玉滩水库、资阳防洪工程、泸州防洪工程
	嘉陵江分论坛	涪江、嘉陵江、渠江	绵阳、遂宁、南充、达州、广安、合川、重庆（主城）	武都水库、开茂水库、金峰水库、张家沟水库、鹭鸶溪水库、关刀桥水库、玄天湖水库、解元水库、九龙滩水库、寨子河水库、黄桷湾水库、鲜家湾水库、土溪口水库、白岩滩水库、李家梁水库、刘家拱桥水库、潼南防洪工程、达州防洪工程、广安防洪工程、合川防洪工程、重庆防洪工程

续表

论坛层级		流域水系	一级河长	流域重点水利工程指挥部
总论坛	分论坛			
	长江分论坛	长江	宜宾、泸州、江津、重庆（主城）、长寿、涪陵、万州、永川、綦江、璧山	锁口水库、鱼栏嘴水库、金佛山水库、观景口水库、龙潭水库、孙家口水库、观音洞水库、范家桥水库、万胜坝水库、七一水库、白石水库、蓼叶水库、大滩口水库、梅峰水库、松溉提水工程、铜罐驿提水工程、永川防洪工程、璧山防洪工程、江津防洪工程、綦江防洪工程、重庆防洪工程、长寿防洪工程、涪陵防洪工程、万州防洪工程
备注		总论坛及各分论坛包括各级河长、河段长、巡河长，以及湖泊的"湖长"、水库的"库长"，环保、水利、国土资源等相关政府部门，流域重点水利工程指挥部，以及流域治理专业资质单位和流域治理专家学者等		

5. 成渝经济区公共治理区域联盟

2011年4月29日，包括安岳县、璧山县、大足县、简阳市、乐至县、龙泉驿区、双桥区在内的成渝两地区县，自发成立"成渝直线经济联盟"。在4月30日的成立大会上，7个市（区、县）负责人达成《成渝直线经济联盟大足共识》，共同签署了《成渝直线经济联盟战略框架协议》。七方协商，为促进区域经济社会协作与发展，共同打造成渝经济区的重要区域和成渝直线特色经济带。截至2014年9月30日，成渝直线经济联盟共举办了四次联盟会，成立了常设机构联盟常设办公室，共签订《成渝直线旅游合作宣言》《成渝直线经济区域发展战略规划协议》等合作协议22个，明确了联盟轮值主席制度。

然而，现阶段成渝直线经济联盟的发展存在着一些比较突出的问题：一是联盟缺乏统一的总体规划。联盟合作在整体上缺少总体的发展蓝图，没有统一的发展目标、合作领域和发展举措，联盟成员各自为政，合力发展意识不强。二是缺乏统筹的协调机制。联盟间除了一年一度的例会外，没有开展实质性、针对性的高层论坛和洽谈会，联盟协作推进情况及需要共同解决事宜没有得到及时有效落实。常设机构发挥的作用不明显，推进联盟协作发展宣传力度不够。三是行政壁垒阻碍了资源的整合与配置。行政壁垒影响严重，区域间没有形成明晰的发展分工，同质竞争严重，没有形成有效的区域资源整合与配置机制，错位发展意识不够。四是缺乏实质性的项目合作。目前的发展项目仍多停留在表面上、口头上，区域间没有策划出一批实实在在的可操作的强化区域联

第六章 成渝经济区区域公共治理体系、机制与模式构建

动的大项目。

针对上述突出问题，以"成渝直线经济联盟"为基础，可积极探讨、尝试组建成渝经济区不同形式、不同领域公共治理区域（城市）联盟，全面推动区域产业发展、交通水利、防灾治安、环境资源、文化教育、民生移民、卫生健康、休闲旅游的跨行政区合作治理，努力协同解决区域内某项或者几项公共治理问题。例如，可谋划成立嘉陵江、长江两江流域环境保护城市联盟，由成都、重庆（主城区）、雅安、眉山、乐山、宜宾、泸州、德阳、资阳、内江、自贡、绵阳、遂宁、南充、达州、广安、合川、江津、长寿、涪陵、万州、永川、綦江、璧山等地方政府签订两江流域环境保护城市联盟框架协议，发表两江流域环境保护城市联盟市长宣言，制订《两江流域环境保护城市联盟章程》，定期召开市长联席会议，积极引导两江流域企业、居民、社会组织共同参与，合作建立两江流域水环境保护联防联控、流域生态补偿、流域排污权交易、区域联席会商和信息共享、污染处理及生态保护项目申报联动、跨界环境事故协商处置等公共治理机制，将两江流域水环境容量作为发展前提，大力推进节能减排，共同防治两江污染，强化两江流域环境治理和保护，携手保护好两江流域水环境，全力保持嘉陵江、长江自身的完整性、多样性、清洁性。两江流域环境保护城市联盟可与成渝经济区跨行政区流域治理"河长论坛"互为补充。

在区域公共治理过程中，可由城市和农村、公共部门和私人部门、社会组织和公民等不同主体结成区域联盟。区域联盟一般有正式的组织机构，如德国斯图加特地区通过直接选举产生区域议会，专门负责区域发展规划等区域战略决策。由区域议会选举产生行政长官，负责执行区域议会的决策。私人部门、其他区域组织和公民则通过参与各种公共治理项目来落实区域议会的决策，推动区域协调发展。不过，区域联盟并非常规性的区域政府，其主要权限是协调区域规划，职能比较简单，既不能提供区域性服务，也不能负责地方性事务。

6. 成渝经济区公共治理城市群联合体（市镇联合体）

可以在成渝经济区尝试由区域相关城市（镇）签署协议，创新性地成立城市群联合体（市镇联合体），对应地由城市群联合体（市镇联合体）成立委员会，并为联合体全体居民提供单个城市（城镇）常规性政府无法提供的区域性公共服务，行政单个城市（城镇）常规性政府无法行使的公共治理职能，协同

解决区域发展中的某一项或者某几项公共问题。城市群联合体（市镇联合体）委员会的具体职能取决于联合体内城市（城镇）的意愿和需求。

例如，可以依托"成内渝产业发展带"，以成渝铁路和成渝高速公路为纽带，积极引导产业与人口集聚，引导成都、资阳、内江、自贡、荣昌、大足、永川、璧山、重庆主城区组建"成内渝城市群联合体"，协同解决"成内渝产业发展带"中的产业发展、交通水利、防灾治安、环境资源、文化教育、民生移民、卫生健康、休闲旅游等区域治理问题。强化"成内渝产业发展带"的产业关联和资源互补，做大做强"成内渝产业发展带"的支柱产业，在电子信息、新型建材、精细化工、装备制造、商贸物流等支柱产业上形成集聚优势，提升成渝经济带的核心竞争力。同时着力整合要素资源，通过汇聚城市（城镇）、产业集聚区等空间要素，打造成渝经济区区域城市群和城镇群。具体来说，包括成都都市区、重庆（主城区）城市群，以成渝经济区市（区）、县为中心构建的城市（城镇）群，包括内江、自贡、宜宾、雅安、荣昌、大足、永川、璧山等城市（城镇）群联合体，通过城市（城镇）群建设，推动城市（城镇）群之间产业的协作，实现产业要素资源的优化配置，通过优化城市功能，提高城市（城镇）群的综合服务功能，实现区域、城乡协调发展。

7. 成渝经济区区域公共治理的公私合作伙伴关系

为了加强政府部门和私人部门之间的联系，完善公共服务供给渠道和形式，增强区域公共治理的效率，也可以探讨在一定范围和区域内促进形成一种长久的、持续的关系型区域治理组织形式——区域公共治理的公私伙伴关系，通过平等独立的谈判协调公共部门与私人部门的行动，公私伙伴成员积极贡献所掌握的各种优势资源，为伙伴关系提供支持，并共同对联合作出的协商性决策承担责任。公私伙伴关系形式多样，结合成渝经济区的发展实际，建议在成渝经济区积极推动实施区域公共治理的公私合作伙伴关系——"千村计划"。

2009年8月，贵阳市与联合国气候组织和壹基金在贵阳市花溪区摆贡寨正式启动"千村计划"，使得摆贡寨成为"千村计划"的"全球第一村"[①]。"千村计划"是联合国气候组织和壹基金在农村实施的一项重要节能减排工程，计划

---

① 金黔在线－贵州商报：公私合作伙伴关系十大全球典范案例——贵阳"千村计划"入选，http://gzdsb.gog.cn/system/2011/12/08/011276509.shtml [2011-12-08]。

第六章 成渝经济区区域公共治理体系、机制与模式构建

在全球分阶段选择 1000 个村庄，逐步探索、建立和推进农村清洁能源的开发、利用，建设公共绿色照明体系，改善生态环境，提高生活水平[①]。目前，"千村计划"已在贵阳市花溪区、乌当区、开阳县和修文县的 15 个村寨落地，共安装太阳能离网 LED 照明系统 157 个。2011 年 12 月，在南非德班召开的联合国应对气候变化大会高端会议上，贵阳市与气候组织、壹基金合作开展的"千村计划"项目成为公私合作伙伴关系十大全球典范案例之一。

成渝经济区的"千村计划"可紧密结合成渝地区的资源特征进行推动。根据区域资源条件，可在成渝经济区选择若干村庄建设地热资源利用体系，尝试利用成渝经济区的地热资源。

重庆市地热资源得天独厚，储丰质优，温泉遍布重庆市所有区县，总储存量约 2700 亿立方米，已探明温泉点 107 处，而且水质优良，富含多种有益成分，2011 年 4 月，国土资源部正式授予重庆"中国温泉之都"称号。可通过"千村计划"选择若干村庄利用地热资源进行热带农业种植、养殖及室内供暖，修建水上休闲娱乐等设施，以及将地热水供给居民住宅、休闲娱乐、星级宾馆、高档公寓、游泳场馆、娱乐场所等高档场所使用，发展特色温泉疗养，支持热泵技术在供热和制冷方面的研究和推广等。

除上述形式外，也可积极探讨其他各种可行的跨行政区公共治理形式，落实区域发展整体规划，协调、整合与推动区域发展政策，积极推动区域公共治理，通过多种渠道提供跨行政区的公共服务，全面提升成渝经济区的核心竞争力。

[①] 金黔在线—贵州商报：公私合作伙伴关系十大全球典范案例——贵阳"千村计划"入选，http://gzdsb.gog.cn/system/2011/12/08/011276509.shtml [2011-12-08]。

第七章
成渝经济区区域公共治理对策

成渝经济区治理政策需充分考虑成渝经济区发展的实际，依据国内的行政管理体制、社会文化背景、公共治理的现状及社会组织发展情况进行设计。

第一节　完善政府绩效考核制度

近年来，随着公共服务型政府建设理念的提出，政府绩效考核受到我国学者和政府部门的高度关注。政府绩效内容与指标、考核方式与方法等政府绩效考核系统建设取得了巨大成就，但与西方发达国家比较，仍然存在较大问题。深层次原因还在于政府绩效考核的整体价值理念落后、考核的法制化制度化建设滞后、政府绩效考核系统不完善造成的。在这一考核机制下，地方官员由于受政治晋升博弈和经济利益的双重影响，往往导致零和博弈、恶性竞争和地方保护主义壁垒等现象出现，致使区域公共治理难以进行。因此，必须改进绩效考核体系，完善跨域治理的激励机制。

西方国家，政府绩效考核经历了一个逐步建立、改革和完善的过程。政府绩效考核中的公共责任意识、结果导向、顾客至上，绩效考核的先进理念、方法和技术，都为我国政府绩效考核制度的完善提供了宝贵的经验。一是坚持公共责任和顾客至上。将企业社会责任、顾客至上理念引入政府部门，并作为考核重要指标，以谋求效率提高与服务质量改进，提高公众对政府公共部门的信任度。二是侧重效益和公民满意度。将公共部门绩效考核的侧重点由投入产出指标转向效益和顾客满意度。三是多元考核和规范化、制度化管理。随着政府改革和治理模式变化，绩效考核主体也由以政府为中心转变为以服务对象为中心，考核主体的变化使社会公众参与到了对政府绩效的考核中来，从而形成政府、媒体（公众）和研究部门的多元考核主体。四是考核的法制化、制度化。"立法保障是开展政府绩效管理的前提和基础。制度化也是当前国际上考核活动的趋势之一"（李玉春，2009）。西方发达国家具有较为成熟的政府绩效管理的理论、政策及实践。1993 年，美国政府颁布了《政府绩效和结果法案》（GPRA），规定了政府绩效管理的目的、管理的内容、管理的责任、政府绩效管理的实施进程等。五是考核方式手段注重定量与定性相结合。通过平衡记分卡将政府短期目标与长期目标、效率与效益的关系巧妙结合起来（张书涛，2009）。反观我国政府绩效考核仍然存在一些问题．

一是在考核理念上，沿袭传统的考核理念，仍然存在重"经济"轻"民生"、重"显绩"轻"潜绩"、重"短期效益"轻"长远发展"的问题，特别缺乏对社会公众服务和满意度的考核，"见物不见人"状况依然存在。

二是在考核指标上，现有政府考核内容及指标大同小异，雷同化严重，缺乏差异性和针对性。原因在于政府官员的政治晋升和经济利益追求目标的一致性，造成地方政府的同质化竞争，这种竞争都是以行政区域为单元的，对区域协调发展、生态环境治理等指标考虑一般不多。因此，在现有考核体系下，基本上都是重在考核本行政区内经济指标及官员的年度考核，忽视区域公共治理指标及任期内考核。

三是在考核主体上，主要还是以政府组织的自我考核为主，缺乏社会公众的广泛参与，也缺乏社会的广泛监督。

四是考核的制度化建设滞后。我国目前还没有政府绩效考核的法律法规。如美国的政府绩效考核具有明显的法特征，美国政府绩效考核制度的出台表现在相关的法律和行政命令上的出台上，以 90 年代的政府绩效考核为例，相关的法律制度包括《政府绩效与结果法案》《联邦采购简化法案》，也包括州与地方政府的一些绩效考核的立法。英国已经建立了从中央到地方，从一级政府到具体部门，从运行到监督制约一系列较为完备的法律法规体系。其中，比较关键和有代表性的包括 1982 年颁布实施的《财务管理新方案》、1989 年颁布实施的《中央政府产出及绩效考核技术指南》、1999 年颁布实施的《政府现代化白皮书》和新《地方政府法》、2003 年颁布实施的《绩效审计手册》（黄良进和曹立锋，2008）。为此，应在考核理念、考核指标体系、考核方式、考核法律制度建设上进行系列调整改革。

首先，应转变政府绩效考核理念。政府绩效考核应坚持"服务至上，以民为本"的理念，把政府职能由管制向服务转变，把以民为本的服务理念、公开透明的服务体制、科学民主的服务决策方式、从严执政的道德责任机制，贯穿于整个政府绩效评估中（杜锦文，2014）。

其次，设立合理全面的绩效考核指标体系，将区域治理体系指标纳入考核范围。我国传统的压力性体制，将经济指标以数量化、物质化的评价体系作为考核政府的一种方式，使区域公共治理目标难以实现。在创建区域治理体系时，必须建立适应区域发展实际的区际政府合作治理的评价体系，指导和监督区域治理行为。这一绩效指标体系既包括经济绩效指标，也包括社会绩效甚至政治绩效指标。当前在经济新常态下，政府绩效考核应重在区域生态环境保护与治理、区域协同发展、区域经济结构调整、经济可持续发展、绿色经济等经济发展质量方面的指标。

再次，实现考核方式多元化。将内部考核与外部考核相结合，改变政府内部的自我评价偏向，充分吸收区域内公众的考核意见和建议，将地方政府的注意力集中于服务公众，维护区域居民的共同利益。同时在绩效考核中不仅要考核本辖区的绩效完成情况，也要考察在跨域合作中对其他区域造成的外部效应。中央政府应建立一种机制对通过辖区治理和合作治理在某一领域改善区域发展状况，并对跨区域整体利益带来了正外部效应的地方政府给予奖励，鼓励地方政府的公共治理和跨区域合作治理。通过对官员合理的绩效考核，形成对其的激励，以更好地促进地方政府间的跨区域合作治理。

最后，建立健全政府绩效考核的法律、法规与制度建设。政府绩效考核是一项系统工程，涉及思想观念、管理理念、管理方式与方法，需要有关部门的密切配合，建立法律、法规和制度势在必行。因此，应尽快制定政府绩效考核法律规章，对绩效考核的概念、范围和制度加以规范，明确绩效考核的组织管理、相关方的责任权力；考核对象的确定；考核的依据、内容与指标；考核方式与方法；考核结果的应用，等等。尤其是需要运用法律法规约束委托者、被考核者和考核者的关系，明确其职责。

第二节 构建区域法律制度

当前成渝经济区区域治理难以有效推进的原因在于川渝分治后在"行政区经济"的作用下,各地方政府为实现利益最大化,对稀缺性的自然资源、社会资源和行政资源竞争而导致政府间的利益冲突与矛盾。因此,建立新的利益协调机制,规范地方政府合作行为立法是当务之急。

与国外相比,我国还缺乏真正意义上的区域合作法律。国外在这方面的法律制度比较健全。美国 20 世纪 30 年代,美国为了综合开发治理落后地区,美国国会通过了《田纳西流域开发法》(Tennessee Valley Authority Act),并成立了田纳西流域管理局(TVA),负责领导、组织、管理田纳西、密西西比中下游水利的综合开发利用。为了解决欠发达地区经济发展,为西部落后地区做出规划、指导,1961 年美国政府颁布了《区域再开发法》(The Area Redevelopment Act),对区域开发目的,政府援助经济再开发地区的主要标准等做出了明确的规定,1965 年美国政府由陆续颁布了《公共工程与经济发展》(Public Work and Economic Development Act)和《阿巴拉契亚地区开发法》(Appalachian Regional Development Act)等多个法律,并成立了经济开发署来实施这些法案,落实对贫困地区的援助(马丽,2010)。其他,如法国的"国土规划法"(1941)、英国的"产业布局法"(1945)、日本的"首都圈整备法"(1956)、德国的"区域规划法"(1965)等,都对区域经济发展与政府治理作了明确的规定。

当前在我国区域发展与治理中,行政区分割带来的区域管理碎片化与低效率,引发了大量跨区域公共问题。因此,制定区域协调发展的法律法规,指导区域开发,推动区域资源和要素的优化配置,规范政府行为,推动政府间合作促进区域公共治理十分必要。

在国家层面上,构建区域协调发展的法律制度体系。

一是制定规范区域规划与开发的法律文件。区域规划是实现一定区域范围的开发和建设目标而制定的总体部署,是推进区域协调发展,实现公共治理目标的重要工具。近几年来,我国为缩小区域差距,实现区域协调发展目标,先后制定并批准颁布了几十个区域规划或指导性意见,有力地推进了区域经济的一体化进程。然而,到目前为止,我国的区域规划还缺乏法律的保障,在区域规划实施中政府间合作也缺乏法律规范,导致区域治理无法可依。因此,国家应出台"区域合作法"规范区域规划与区域合作。

二是构建区域经济调控法律制度。区域经济调控包括区域产业结构调整、区域投资开发和区域经济合作与扶助这三大内容,区域经济调控法律制度也就可以由区域产业结构调整法律制度、区域投资开发法律制度、区域经济合作与扶助法律制度这三部分构成。这些单行的法律、法规或者规章明确规定了在区域经济调控中如何运用计划、财政、税收、金融、国家投资等调控手段(彭立群,2011)。

三是建立专门机构来负责法律的实施。为了保证法律的实施有效,在每个法律中都应规定专门的负责和实施机构,并对机构及成员职责进行确认,在法律上承认和保障这些机构的权威性。

在成渝经济区层面上,在立法与司法上做好以下工作。

一是建立川渝立法协调机构。通过与国家立法机构紧密联系,推动区域立法。在川渝立法机构现有合作基础上,整合立法机构资源,构建川渝立法协调机构,为制定区域法律制度作准备。通过对地方性法律法规的审查,废止与区域性法律法规相悖的地方性法律法规,研究制定成渝经济区域法制制度,为成渝经济区区域公共治理立法制定统一的规范。

二是制定区域合作的法律文件。如通过制定《区域经济合作条例》《区域合作章程》等法律文件,为区域合作提供法律依据,推动政府间在合作组织、权力于义务、成本分摊、利益分配及效果评估等方面提供保障。

三是构建区域性的司法机构。建议成立成渝经济区地方仲裁机构,专门负责政府之间纠纷的裁决,减少各地方因对区域法律法规理解不同而出现的分歧,以确保政府间协议和各种合作机制的实施。

四是制定与区域法律法规相配套的政策举措。由于区域公共治理是一个涉及区域中社会经济各个方面的综合性内容。因此,区域法律的综合性相对较强,而在成渝经济区的公共治理中,还会涉及在交通、教育、医疗、社会保障、流域治理、区域安全等具体的特殊性问题,需要专门的政策予以配套。

第三节　营造非政府组织成长环境

由于在资源配置中存在政府机制与市场机制"双失灵"情况,在政府与市场中间的第三支力量——社会力量受到重视,成为发达国家在社会经济中发挥作用的重要力量,并得到大力发展。

非政府组织是不以营利为目的,主要开展各种志愿性的公益或互益活动的非政府的社会组织。它有三个属性:非营利性、志愿性、非政府性(王名,2002)。非政府组织将非营利性行为和志愿者行为有机结合,在教育、卫生、科技、环保、文化、公益、慈善事业等社会民生领域和其他领域发挥独特作用,同时非政府组织运用政府与公民的桥梁,在政府政策传导、民众意愿诉求反映上也发挥了良好作用。

我国目前的非政府组织分为自上而下和自下而上两种。

一是自上而下的非营利组织。大多是由政府推动创立或从政府机构改革转变而来的与政府有密切联系的组织,从事教育、科技、文化、卫生等活动。其资金大部分是由政府提供,领导人也由政府任命,因而它的存在与发展对政府具有较强的依赖性和服从性。

二是自下而上的非营利组织。它是由民间社会出于一定的目的自发组建的社会团体,这些组织对政府的依赖性较弱,在承担社会事务过程中,更能发挥其独特的作用。主要包括决策咨询机构、行业组织两种。决策咨询机构,是以专家学者为主体构成的政府智囊机构,它的主要职责是集中专家学者智慧,为政府决策提供咨询意见。行业组织,是通过组建行业协会,或建立行业联盟,推动行业、企业的合作,包括商业协会、餐饮协会、制造业协会、物流协会、招商联盟,等等。

伴随着我国经济高速发展,我国非政府组织得到了发展,不仅在规模上有所增加,而且在推动自身组织机构建设、业务领域拓展、自治机制完善、人员素质提升等方面均取得了长足进步。但也存在一些问题,表现在:一是独立性差,行政化、官僚化色彩严重;二是经费不足,存在严重的营利化倾向,财务状况不透明，资金管理缺乏规范；三是立法滞后，非政府组织的管理缺乏法律规范；四是发展不平衡。受经济发展的影响，非政府组织在区域、城乡间发展不平衡。为此，营造非政府组织发展的环境，充分发挥非政府组织自治机制作用，采取有效政策措施，加强对非政府组织的引导，推进非政府组织健康发展。

在成渝经济区区域公共治理中，充分发挥非政府组织自组织作用，弥补政府和市场作用的局限，通过构建"多中心"治理模式，推动治理模式创新。

针对当前非政府组织发展中的问题，采取有效措施营造发展的外部环境和推进内部治理，促进非政府组织的发展。

（1）制定完善的非政府组织法律制度。由于法律法规的不完善，政府主管单位不愿为其承担经济和社会风险，非政府组织在登记、资金资助、法律地位等方面的具体执行措施都很不完善。因此，针对立法工作的缺失，迫切需要制定一部我国统一的"非政府组织法"规范其行为。其内容应包括非政府组织性质、宗旨、地位、设立基本条件与标准、组织体系、权利、义务、业务范围、经费来源、财务管理制度等方面制度规定。通过法律制度完善，加强对非政府组织的引导、规范和监督。

（2）构建非政府组织的治理结构。非政府组织在内部组织机构、权责划分、决策模式、财务管理等方面都存在一定的问题，为此，要按照现代组织的结构模式，建立起组织制度规范，管理层权责划分清晰、决策科学民主，财务管理制度公开透明的制度规范，完善内部治理结构，形成自治与自律机制，促进非政府组织的健康发展。

（3）建立非政府组织的资金资助政策。资金掣肘是非政府组织存在和发展的主要问题，要运用政府财政手段，建立非政府组织的资助机制，并将经费列入政府预算；广泛吸收企业捐赠、个人捐赠和各种基金会资助，以及通过社会服务收费解决资金困难。

（4）加强对非政府组织的监管。建立完善的监管体系和保障措施，推动对非政府组织的过程监管和结果监管。一是在监管和评估主体上，建立以民政部门为主，业务主管部门、媒体、公众和独立评估机构参与为辅的监管体系。二是在监管内容上，通过建立评估指标体系，从投入、产出与效益上进行客观评估,就非政府组织的服务对象、领域、效果及非营利性和公益性进行客观评价。三是监管方式上,应采取社会监管与自我监管相结合的方式,保证监管实施到位。社会监管应在法律和政策的框架下依法依规进行,自我监管应利用非政府组织自律机制,充分发挥内部治理和管理规章作用,保证自我监管的到位。

第四节 优化区域公共治理财政制度

财政是区域治理的基础和重要支柱,科学的财税制度是优化区域资源配置、维护市场统一、促进社会公平、实现区域协调发展的制度保障,要优化区域公共治理财政制度,必须发挥中央和地方的积极性,运用现代财政的政策工具,有效整合跨行政区域的公共资源,增强财政的统筹和调控能力,推进区域公共治理目标的实现。

由于成渝经济区区域公共治理中,行政区壁垒一直是区域公共治理的最大障碍,财政体制上的分税制及地方政府利益最大化行为导致区域政府间存在着较大的利益差异,当区域公共事务与问题出现,需要政府间协同配合,发挥整体性治理功能时,地方政府囿于行政区利益,往往存在"集体行动逻辑"和"搭便车"心理,做出有违区域公共治理整体利益的事。因此,怎样通过完善现代财政制度,通过政策工具的调整,逐步建立起成渝经济区公共治理的财政保障,是当前成渝经济区公共治理成功的关键因素。

一、合理划分中央与地方财权关系

在我国,区域发展状况与国家的区域政策密不可分。近几年来我国区域差距有所扩大,除了资源禀赋、生产力水平、科技发展水平等影响因素外,区域发展与财政体制不无关系。在财政分权体制下地方政府的财权与事权不相符,自实施分税制以来,中央财政收入占全国财政收入比重持续维持在较高位置,中央在财权上移的同时,在事权上将更大比重的事权(支出责任)转移至基层政府。特别是县乡两级政府承担了大部分公共服务产品与服务供给职责,其中公共支出负担最重的是义务教育的支出。同时地方各级政府之间进行着激烈的税收竞争，一定程度上缩小了税基。例如，各地为了招商引资，纷纷设立工业园区、经济开发区，在土地、税收等政策上制订了许多优惠政策，以此承接国内外企业产业转移，地方政府展开了优惠政策的比拼，为了吸引更多投资，地方政府不断加大公共基础设施投入力度，进一步加剧了地方政府财政收入与财政支出的矛盾。

因此，应根据建立公共服务型政府要求，本着财权与事权对等原则，合理划分中央与地方财权与事权，在事权划分清晰以后，明确中央与地方的支出责任。根据公共服务产品与服务外溢性确定供给责任，明确界定中央政府、区域各级政府和地方政府的责任边界与责任内容。对外溢性最强的全国性公共产品与服务交由中央政府提供，如国家安全、国防、外交、全国统一市场建设，以及基础教育、基本医疗、基本社会保障等基本公共服务，大江大河治理、重大基础设施建设等。对外溢性较强、外溢范围涵盖跨行政区域的公共产品与服务交由区域政府联合提供。对外溢性相对较弱、外溢范围局限于本地区的公共产品与服务划归本级政府提供，并配合纵向与横向转移支付政策调节区域差距。在细分事权时要充分考虑运用因素分析法，对地方的财政收入能力和支出需求等指标进行全面、客观的评估。

二、完善转移支付制度

在财政体制中，转移支付是作为各级政府间责权关系和利益关系的一种协调机制而存在的。当前，一般性转移支付是我国财政转移支付的主体，它以财政均等化为目标旨在缩小区域发展差距。但由于区域经济和发展水平差异较大，仅靠中央财力难以有效完成转移支付的目标，需要"在中央政府的安排和监督下建立纵向转移支付为主，横向转移支付为辅的综合转移支付体系"（刘琦和黄天华，2014）。横向转移支付是指同级地方政府间发生的资金平行转移，一般是富裕地区向贫困地区提供资金援助。由于横向转移支付是同级政府间财政资金无偿划拨，显然在缺乏政策激励情况下很难保证这种转移支付模式能够有效运行，这就需要上级政府政策引导、督促、协调辖区内不同地区间资金转移。横向财政转移支付制度在西方发达国家广泛使用，并通过完善的法律制度加以规范，对于缩小地区财力差距，推动区域协调发展作用明显。我国带有横向转移支付性质的"对口支援"早已存在，它是在中央政府的政策鼓励和安排之下，各省（区）之间出现的一种非公式化、非法制化的转移支付。它通过中央集中整合资源优势，安排经济发达地区对口支援欠发达地区，实现区域均衡发展的目标，但由于没有法律制度作为保障，在对口支援地区和范围选择上，在政府间援助行为上存在不确定性、非规范性。因此，需要制订专门的法律制度，从制度上规范转移支付行为。

一是制定转移支付法律制度，将转移支付主体、支付内容、转移支付规则、转移支付程序、转移支付对象等在法律法规上予以确立。

二是完善规则，规范程序。一般性转移支付应科学设置基本标准和计算方法，在测算因素、权重上应有科学依据，同时充分考虑区域协调发展中一些特殊情况，客观反映各地的支出成本差异。在具体运作程序上，成立专门委员会指导地方政府对转移支付事项、数额等内容进行统计，保证转移支付的程序规范。

三是建立激励约束机制，引导地方政府转移支付资金投向。采取适当的奖惩方式，加强对地方一般性转移支付资金投入的引导，鼓励投入到民生等中央确定的重点领域。完善区域间对口支援机制，鼓励经济发达地区通过横向转移支付（如对口支援等），对贫困地区的支援与扶持。

三、明确公共财政支出的优先领域

成渝经济区二元结构突出，城乡差距较大，是国家统筹城乡综合配套改革试验区。

成渝经济区城乡差距集中体现在农村公共产品与服务的供给差距上。因此，政府间公共财政支出的优先领域应集中于农民最急需、受益面广、公共性强的道路、水利、邮电通信等基础设施建设，加大在基础教育、医疗卫生、就业与社会保障、文化等方面的社会公共服务投入，通过提高基本公共服务支出占财政总支出的比重，通过完善财税、信贷等优惠政策，健全农村义务教育、基本医疗、养老保险等基本公共服务的经费保障机制，特别是将义务教育全面纳入公共财政保障体系范围，非义务教育实行以政府投入为主，举办者合理负担，其他渠道筹措经费的投入机制。

成渝经济区各级政府还可通过提供补贴、奖励、直接委托或各种优惠政策引导政府以外的其他组织和个人积极参与对农村公共产品的供给，形成一种稳定的、制度化的供给有效机制。鼓励企业、社会团体和个人投资办教育，并给予土地划拨、优惠出让、税收减免、金融支持、政府奖励等政策。

四、设立区域公共治理的政策工具

借鉴欧盟在一体化进程中设立结构基金和凝聚基金的成功做法，设立成渝经济区公共治理区域专项基金和区域合作基金。

为了保证了基金筹集来源的相对稳定性，成渝经济区各地方政府定期上缴。专项基金主要来源于按照比例缴纳的增值税、营业税和排污费。合作基金来源于川渝省市财政出资，出资比例参考地方GDP、财政收入总额及人均指标等由两省市政府协商确定。该基金作为合作基金的存量部分，其余增量部分由区域合作的收益方缴纳。

区域专项基金的使用方向重点在成渝经济区公共治理中的重大急、难问题，如重大交通基础设施一体化建设问题、区域社会保障一体化信息系统建设问题、区域基本公共服务均等化建设的重点领域，等等。

区域合作基金的使用方向重点是成渝经济区公共治理中的产业布局调整、生态环境建设的利益补偿问题。由于在经济一体化进程中，根据产业规划与布局要求，在实施区域产业结构的优化升级中，必然存在一方收益，一方受损的情况，收益一方通过缴纳合作基金增量部分并运用合作基金对利益受损方进行补偿，从而达到让区域内所有的地区都实现双赢效果。

区域合作基金还可以用于扶持落后地区发展、区域生态环境的保护与治理以及生态补偿。

政府要对区域专项基金和区域合作基金的使用进行严格监管，制定出详细的补偿标准和实施条件，并接受社会监督。

五、成立跨行政区财经领导小组

成渝经济区公共治理的财政支持涉及政府间、政府各部门间财政投入、使用及监管,为保障区域财政投资的力度和效率,应成立专门的财政协调机构,定期举行联席会议,研究跨区域税收合作共同研究支持区域公共治理的财政战略规划,提出区域公共治理优先支持的领域和重点。

第五节　推进区域信息基础设施建设

信息网络是当前最为活跃的工具和联系纽带,它对经济发展、社会生活、政府管理、区域治理等方面都带来了深刻的变革。因此,信息网络建设不仅对区域经济社会发展有巨大的促进作用,而且对区域治理也有巨大的推动作用。

一、加快推进信息基础设施一体化建设

信息基础设施建设是成渝经济区区域经济发展的重要支撑。当前成渝经济区信息基础设施建设各自为政,缺乏对区域信息基础设施建设的总体目标与规划,区域内各级政府和政府各部门在信息系统上各自为政,重复投资,信息资源的开发利用处于无政府状态,信息资源缺乏有效整合,"信息孤岛"大量存在。因此,加快信息基础设施建设,对成渝经济区区域政府合作治理具有十分重要的意义。

针对当前成渝经济区信息基础设施建设中存在的问题,应尽快制定《成渝经济区关于全面推进信息基础设施一体化建设的实施意见》和《成渝城市群关于全面推进宽带网络基础设施建设的实施意见》,把信息基础设施一体化作为成渝经济区建设目标之一。当前应着力在成渝城市群推广光网工程,为成渝城市群信息基础设施一体化打下基础。

二、推进公共服务平台一体化建设

通过电子政务、企业数据、产业信息等公共服务平台建设,促进信息资源一体化应用。

(1) 建设电子政务信息资源共享平台。推动川渝政府、各市(区)、县建设本级政务信息资源共享平台并逐步实现互联互通,促进政府间政务信息畅通、

行政业务畅通和公共服务畅通。特别是政务信息畅通，可以有效地促进区域内各级政府相关政策、发展规划、招商引资和合作项目资源库交流沟通，有利于区域各级政府在协商基础上形成一系列相互支持的政策举措，推动政府间的互动机制的形成和区域合作的政策创新。

（2）建设企业大数据共享平台。建立成渝经济区覆盖全行业、多层次的企业大数据库，建立成渝经济区企业信息系统，逐步整合工商、税务、银行、海关、统计、质监、安监等单位企业数据，结合公共服务型政府建设和社会信用体系建设，建设企业信息大数据库，为政府、企业、社会公众提供信息交换与共享平台。

（3）建设园区产业信息服务平台。以重庆北部新区、成都天府新区产业信息平台建设为先导，推进成渝经济区各地方政府产业园区产业信息共享和平台对接，促进科技研发项目合作、科技成果转化、软硬件设备资源共享共用，以推动区域产业优势互补，减少产业同构，实现区域产业协调发展。

三、推进信息网络一体化应用

（1）推进社会诚信体系和市场监管体系一体化。通过构建公共联合征信系统，拓宽信用信息采集渠道，推进成渝经济区政府部门间、行业间和社会诚信信息的互通共享，推进政务诚信、商务诚信、社会诚信和司法公信建设。着力推进成渝经济区区域市场监管信息平台建设，把建设重点放在维护市场竞争秩序、消费权益保护、食品安全监管、商品质量监管等领域的的应用系统建设，推动市场监管信息的共建共享。

（2）推动人力资源和社会保障信息服务一体化。加快推进成渝经济区政府间在就业、社保、人事人才等业务领域之间的信息共享。逐步推进社会保障卡"一卡通"在医保联网结算、社保缴费、待遇领取等领域的应用，并最终拓展到医药卫生、民政低保、特殊人群服务等政府公共服务领域。

（3）推动科技、教育信息服务一体化。建立成渝经济区科技与教育信息服务一体化机制，通过推进区域科技创新信息系统和教育信息系统建设，整合区域内优质科技资源和教育资源，实现资源信息服务平台的共建共享，提升成渝经济区科技与教育水平。

参考文献

奥克森 R. 2005. 治理地方公共经济. 万鹏飞译. 北京：北京大学出版社.

奥斯特罗姆 E. 2000. 公共事务的治理之道. 上海：三联书店：275.

奥斯特罗姆 V，比什 R，奥斯特罗姆 E. 2004. 美国地方政府. 北京：北京大学出版社.

芭芭拉，思多斯. 2002. 论全球化的区域效应. 王镭译. 重庆：重庆出版社.

宾厄姆 R D. 1997. 美国地方政府的管理：实践中的公共行政. 北京：北京大学出版社：162.

波特 M. 2002. 国家竞争优势. 李明轩译. 北京：华夏出版社.

蔡玉胜. 2014-07-30. 京津冀协同：区域市场一体化是关键. 中国社会科学报.

陈瑞莲. 2003. 论区域公共管理研究的缘起与发展. 政治学研究，（04）：75-84.

陈瑞莲. 2005. 论区域公共管理的制度创新. 中山大学学报，（05）：61-67.

陈瑞莲. 2006. 区域公共管理导论. 北京：中国社会科学出版社.

陈瑞莲，孔凯. 2009. 中国区域公共管理研究的发展与前瞻. 学术研究，（05）：45-49.

陈瑞莲，刘亚平. 2007. 泛珠三角区域政府的合作与创新. 学术研究，（01）：42-45.

陈瑞莲，杨爱平. 2012. 从区域公共管理到区域治理研究：历史的转型. 南开学报（哲学社会科学版），（02）：48-57.

陈瑞莲，张紧跟. 2002. 试论我国区域行政研究. 广州大学学报，（04）：1-11.

陈文理. 2005. 区域公共产品的界定及分类模型. 广东行政学院学报，（04）：34-37.

陈振明. 2000. 走向一种"新公共管理"的实践模式——当代西方政府改革趋势透视. 厦门大学学报（哲社版），（02）：76-84.

丛树海，周炜，于宁. 2005. 公共支出绩效评价指标体系的构建. 财贸经济，（03）：37-41.

杜锦文. 2014. 转变政府行政理念构建服务型社会治理模式. 人民论坛，（07）：39.

高建华. 2010. 论整体性治理的合作协调机制构建. 人民论坛，（26）：302-303.

顾朝林. 2000. 论城市管治研究. 城市规划，（9）：7-10.

顾朝林，沈建法，姚鑫，等. 2003. 城市管治——概念·理论·方法·实证. 南京：东南大学出版社.

哈耶克. 2000. 自由秩序原理（下卷）. 邓正来译. 北京：商务印书馆：485-486.

郝寿义. 2007. 区域经济学原理. 上海：上海人民出版社：291.

黄良进，曹立锋. 2008. 英国政府绩效考核法治化历程对我国的启示. 福建论坛（人文社会科学版），(11)：143-145.

姜鑫，等. 2013. 成渝"试验区"城乡基本公共服务均等化政策绩效评价研究. 国家社科基金项目.

杰索普 B，漆燕. 1999. 治理的兴起及其失败的风险：以经济发展为例的论述. 国际社会科学杂志（中文版），(1)：31-48.

金太军. 2007. 从行政区行政到区域公共管理——政府治理形态擅变的博弈分析. 中国社会科学，(06)：48-62.

金太军，沈承诚. 2007. 区域公共管理制度创新困境的内在机理探究——基于新制度经济学的视角. 中国行政管理，(03)：99-102.

柯武刚，史漫飞. 2000. 制度经济学. 韩朝华译. 北京：商务印书馆.

科勒-科赫 B，等. 2004. 欧洲一体化与欧盟治理. 顾俊礼，等译. 北京：中国社会科学出版社.

李立国. 2013. 创新社会治理体制. 求是，(24)：14-18.

李玉春. 2009. 关于我国政府绩效管理现状的分析. 管理观察，(3)：36.

林尚立. 1998. 国内政府间关系. 杭州：浙江人民出版社.

刘佩佩. 2015. 川渝两地签署卫生计生战略合作工作备忘录. 四川新闻网 http：//scnews.newssc.org/system/20151019/000611024.htm ［2015-10-19］.

刘琦，黄天华. 2014. 区域经济协调发展的财政政策效应研究. 现代管理科学，2：63-65.

刘旭，王永治. 2007. 欧盟实施地区政策的经验与启示. 宏观经济研究，(01)：22-27.

刘勇，陈瑞莲，陈喜生. 2006. 欧盟地区发展与区域政策的新变化：赴欧盟区域考察报告. 中国经济报告，(56)：118-128.

龙游宇. 2004. 论区域公共品的适度规模. 南昌大学学报（人文社科版），(01)：68-70.

陆庆平. 2003. 公共财政支出的绩效管理. 财政研究，(04)：18-20.

马克思. 1972. 马克思恩格斯选集（第1卷）. 北京：人民出版社：255.

马丽. 2010. 美国区域开发法律评述及其对我国的启示. 中国软科学，（06）：116.

马文娟. 2014. 全面法治理念下我国公共治理体系的构建. 中国社会科学研究论丛，（01）.

梅理安 F-X. 1999. 治理问题与现代福利国家. 国际社会科学，（1）：60-62.

奈 J S，唐纳胡 J. 2003. 全球化世界的治理. 王勇，等译. 北京：世界知识出版社.

彭立群. 2011. 我国区域经济调控法律制度研究. 上海：上海财经大学博士学位论文.

皮纯协，徐理明，曹文光. 1986. 简明政治学辞典. 郑州：河南人民出版社：93.

普雷姆詹德 A. 1999. 公共支出管理. 王卫星，等译. 北京：中国金融出版社.

全球治理委员会. 1995. 我们的全球伙伴关系. 牛津：牛津大学出版社：23.

桑玉成. 2002. 利益分化的政治时代. 北京：学林出版社.

邵伟. 2014. 成渝经济区产业一体化发展研究. 沈阳：辽宁大学硕士学位论文.

盛明科，唐玲，戴娜. 2012. 环洞庭湖区域公共事务合作治理及其机制建设研究. 经济地理，（6）：32-36.

覃成林. 2011. 黄河流域经济空间分异与开发. 北京：科学出版社.

陶希东. 2010. 中国跨界区域管理：理论与实践探索. 上海：上海社会科学院出版社.

王名. 2002. 非营利组织管理概论. 北京：中国人民大学出版社.

魏崇辉. 2013. 西方公共治理理论在当代中国有效适用的逻辑. 科学决策，（06）：1-12.

吴骏莲，崔功豪. 2001. 管治的起源、概念及其在全球层次的延伸. 南京大学学报（哲学·人文科学·社会科学版），（05）：123-125.

星野昭吉. 2007. 全球社会和平学. 刘小林译. 北京：北京师范大学出版社.

徐祥民，孔晓明. 2007. 日本《濑户内海环境保护特别措施法》的成功经验——兼论对我国渤海治理的启示. 中国海洋法学评论，（01）：140.

杨爱平. 2011. 区域合作中的府际契约：概念与分类. 中国行政管理，（06）：100-104.

杨逢珉，孙定东. 2007. 欧盟区域治理的制度安排——兼论对长三角区域合作的启示. 世界经济研究，（05）：82-85.

杨龙，戴扬. 2009. 地方政府合作在区域合作中的作用. 西北师范大学学报（社会科学版），（05）：57-63.

俞可平. 1999. 治理与善治引论. 马克思主义与现实，（05）：37-41，60-64.

郁序忠，高德毅. 2007. 欧盟多层次治理模式及其经验教训. http://www.fmprc.gov.cn/web/ziliao_674904/zt_674979/ywzt_675099/wzzt_675579/jjywj_675649/t335020.shtml［2015-11-17］

曾令良. 2008. 欧洲联盟治理结构的多元性及其对中国和平发展的影响. 欧洲研究, (03): 1-17.

曾维和. 2008. 当代西方"整体政府"改革: 组织创新与方法. 上海交通大学学报（哲学社会科学版), (5): 20.

张京祥. 2000. 城市与区域管治及其在中国的研究和应用. 城市问题, (06): 40-44.

张京祥, 黄春晓. 2001. 管治理念及中国大都市区管理模式的重构. 南京大学学报（哲学·人文科学·社会科学), (5): 111-116.

张康之. 2010. 网络治理理论及其实践. 新视野, (06): 36-39.

张书涛. 2009. 西方国家政府绩效管理的基本模式分析. 河南师范大学学报, (03): 71-74.

张桢, 刘荣愫. 2005. 公共服务领域中的竞争与合作. 华东经济管理, (10): 71-73.

赵亚洲. 2009. 我国水资源流域管理与区域管理相结合体制研究. 长春: 东北师范大学硕士学位论文.

朱柏铭. 2007. 公共经济学理论与应用. 北京: 高等教育出版社: 59.

祝楚华. 2013-09-30. 成都重庆签署城市环境保护战略合作协议. 成都商报.

邹璇. 2014. 区内双核互动产业统筹发展研究——以成渝经济区为例. 求索, (10): 32-37.

Dietz T, Ostrom E, Stern P C. 2003. The struggle to govern the commons. Science, (302): 1907.

Frisken F, Norris D F. 2001. Regionalism reconsidered. Journal of Urban Affairs, 23 (5): 467-478.

Gulick L H. 1962. The Metropolitan Problem and American Idea. New York: Alfred AKnopf.

Hamilton D K. 2004. Developing regional regimes: a comparison of two metropolitan areas. Journal of Urban Affairs, 26 (4): 455-477.

Heinelt H, Kübler D. 2005. Metropolitan governance: capacity, democracy and the dynamics of place. Routledge, 99 (4): 509-511.

Jones V. 1942. Metropolitan Government. Chicago: University of Chicago Press.

Lefèvre C. 1998. Metropolitan government and governance in western countries: a critical review. International Journal of Urban and Regional Research, 22 (01): 9-25.

Miller D Y. 2002. The Regional Governing of Metropolitan America. Boulder: Westview Press.

Mimicopoulos M G. 2006. Presentation to the United Nations World Tourism Organization, Knowledge Management International Seminar on Global issues in Local Government: Tourism

Policy Approaches. Madrid, Department of Economic and Social Affairs, United Nations.

Norris D F. 2001. Whither metropolitan governance? Urban Affairs Review, 36 (4) :532-550.

O'Toole Jr L J. 1997 . Treating networks seriously: practical and research-based agendas in public administration. Public Administration Review, 57 (1) .

OECD. 2001. Local Partnerships for Better Governance. Paris: OECD.

Ostrom V A, Tiebout C M, Warren R. 1961. The organization of government in metropolitan areas: a theoretical inquiry. American Political Science Review, 55 (4): 831-842.

Peters B G. 1998. With a Little Help from Our Friends: Public-Private Partnerships as Institution and Instrument// Pierre J. ed. Partnerships in Urban Governance: European and American Experience. London: Macmillan Press, St. Martin's Press.

Pollitt C. 2003. Joined-up government: a survey. Political Studies Review, (1): 34-49.

Porter M E. 1985. The Competitive Advantage: Creating and Sustaining Superior Performance. NY: Free Press.

Rhodes R A W. 1996. The new governance: governing without government. Political Studies, 9: 652-667.

Rosenau J N, Czempiel E-O. 1992. Governance without Government: Order and Change in World Politics. Cambridge: Cambridge University Press.

Savitch H V, Vogel R K. 2000. Paths to new regionalism. State and Local Government Review, (3) .

Stoker G. 1998. Governance as theory: five propositions. International Social Science Journal, 5 (155) .

Stoker G. 2000. The New Management of British Local Governance: Association with the ESRC Local Governance Programm. New York: St Martin's Press.

Sullivan H, Skelcher C. 2002. Working across Boundaries: Collaborationin Public. NewYork: Palgrave Macmillan.

The Commission on Global Governance. 1995. Our Global Neighborhood: The Report of the Commission on Global Governance. Oxford: Oxford University Press.

Tiebout C. 1956. A pure theory of local expenditures. Journal of Political Economy, 64 (5): 416-424.

Wallis A D. 1994. Evolving structures and challenges of metropolitan regions. National Civic Review, 83 (1): 40-53.

Wallis A D. 2007. The third wave: current trends in regional governance. National Civic Review, 83 (3): 290-310.

附表

附表1 成渝经济区经济与人口数据——四川部分

地区	2013年 GDP/亿元	2013年 人均GDP/元	2013年 常住人口/万人	2010年 GDP/亿元	2010年 人均GDP/元	2010年 常住人口/万人	2007年 GDP/亿元	2007年 人均GDP/元	2007年 常住人口/万人	2005年 GDP/亿元	2005年 人均GDP/元	2005年 常住人口/万人	2000年 GDP/亿元	2000年 人均GDP/元	2000年 常住人口/万人
成都	9108.9	63977.0	1423.8	5551.3	41253.0	1345.7	3324.2	26525.0	1253.2	2370.8	19627.0	1207.9	1313.0	13020.0	1008.4
达州	1245.4	22632.0	550.3	819.2	14623.0	560.2	510.4	8970.0	569.0	342.6	6063.0	565.0	187.8	3040.0	617.9
德阳	1395.9	39573.0	352.8	921.3	25335.0	363.6	648.4	17789.0	364.5	462.2	12593.0	367.0	260.1	6889.0	377.5
广安	835.1	25933.0	322.0	537.2	15588.0	344.6	338.8	9054.0	374.2	246.3	6566.0	375.1	126.5	2901.0	436.0
乐山	1134.8	34863.0	325.5	743.9	22490.0	330.8	453.0	13475.0	336.2	306.7	9116.0	336.5	146.0	4226.0	345.5
泸州	1140.5	26848.0	424.8	714.8	16698.0	428.1	403.9	9474.0	426.3	284.9	6753.0	421.9	165.5	3578.0	462.5
眉山	860.0	28934.0	297.2	552.3	18586.0	297.1	343.8	11340.0	303.1	245.1	8012.0	305.9	124.8	3678.0	339.3
绵阳	1455.1	31237.0	465.8	960.2	20053.0	478.8	673.5	13640.0	493.8	482.5	9774.0	493.7	317.9	6122.0	519.3
南充	1328.6	21059.0	630.9	827.8	13212.0	626.6	508.1	8234.0	617.1	335.3	5409.0	619.8	176.8	2492.0	709.4
内江	1069.3	28735.0	372.1	690.3	18022.0	383.0	374.6	9432.0	397.2	254.8	6432.0	396.2	144.8	3454.0	419.3
遂宁	736.6	22517.0	327.1	495.2	14498.0	341.6	305.0	8565.0	356.0	206.6	5789.0	356.8	118.0	3169.0	372.4
雅安	418.0	27317.0	153.0	286.5	18881.0	151.8	176.8	11725.0	150.7	126.5	8310.0	152.2	73.9	4949.0	149.4
宜宾	1342.9	30093.0	446.2	870.9	19499.0	446.6	529.1	11874.0	445.6	370.0	7890.0	469.0	200.7	3963.0	506.3
资阳	1092.4	30514.0	358.0	657.9	16644.0	395.3	374.0	8818.0	424.1	254.8	6014.0	423.7	142.9	2924.0	488.6
自贡	1001.6	36745.0	272.6	647.7	23613.0	274.3	394.2	14166.0	278.2	274.0	9924.0	276.0	152.0	4825.0	314.9

附表 2　成渝经济区经济与人口数据——重庆部分

地区	2013年			2010年			2007年			2005年			2000年		
	GDP/亿元	人均GDP/元	常住人口/万人	GDP/亿元	人均GDP/元	常住人口/万人	GDP/亿元	人均GDP/元	常住人口/万人	GDP/亿元	人均GDP/元	常住人口/万人	GDP/亿元	人均GDP/元	常住人口/万人
巴南	465.9	48924.0	95.2	308.7	33603.8	91.9	142.6	16549.0	86.1	100.9	12325.0	81.9	48.0	5555.0	86.4
北碚	371.6	49343.0	75.3	232.4	34152.4	68.0	110.2	15897.0	69.3	80.1	11955.0	67.0	52.8	8334.0	63.4
璧山	301.9	45330.0	66.6	152.8	26067.8	58.6	90.5	17583.0	51.5	66.1	12872.0	51.4	30.2	5026.0	60.2
大渡口	136.6	41722.0	32.7	177.2	58875.0	30.1	93.9	35074.0	26.8	69.8	26762.0	26.1	38.9	19145.0	20.3
垫江	198.3	28644.0	69.2	113.9	16163.3	70.5	66.8	9242.0	72.3	50.9	6975.0	73.0	25.8	2927.0	88.0
丰都	119.7	19167.0	62.4	77.1	11879.0	64.9	48.0	7479.0	64.1	36.8	5693.0	64.7	20.8	2699.0	77.1
涪陵	690.0	62272.0	110.8	434.5	40731.8	106.7	192.3	18966.0	101.4	135.1	13322.0	101.4	69.3	6277.0	110.4
合川	387.4	29305.0	132.2	244.5	18908.9	129.3	167.8	13183.0	127.3	130.5	10223.0	127.6	77.4	5123.0	151.0
江北	554.9	67653.0	82.0	391.4	53034.5	73.8	179.8	26938.0	66.7	133.7	20717.0	64.5	50.5	11021.0	45.8
江津	486.6	38653.0	125.9	303.0	24572.0	123.3	175.9	13914.0	126.4	133.3	10520.0	126.7	80.1	5527.0	145.0
九龙坡	823.6	71395.0	115.4	589.6	54369.7	108.4	374.6	38523.0	97.2	270.4	28827.0	93.8	96.8	13640.0	70.9
开县	265.5	22851.0	116.2	149.3	12865.7	116.0	91.5	7923.0	115.4	70.5	6050.0	116.5	38.4	2588.0	148.6
梁平	182.7	27058.0	67.5	111.1	16161.0	68.8	63.2	8884.0	71.2	48.8	6822.0	71.6	23.6	2686.0	87.8
南岸	532.0	64720.0	82.2	351.2	46238.5	76.0	156.8	22874.0	68.5	115.6	17459.0	66.2	56.5	12309.0	45.9
南川	160.4	29350.0	54.7	143.5	26866.3	53.4	80.5	14816.0	54.3	62.1	11402.0	54.5	31.5	4901.0	64.2
荣昌	261.0	38784.0	67.3	160.0	24187.4	66.1	85.1	13097.0	65.0	58.4	8963.0	65.2	32.1	3990.0	80.3
沙坪坝	701.3	64226.0	109.2	419.5	41954.1	100.0	229.6	25983.0	88.4	163.2	19090.0	85.5	83.7	12691.0	66.0
石柱	107.4	26487.0	40.6	64.8	15613.5	41.5	35.5	8235.0	43.1	25.2	5786.0	43.6	12.1	2408.0	50.4

续表

地区	2013年 GDP/亿元	2013年 人均GDP/元	2013年 常住人口/万人	2010年 GDP/亿元	2010年 人均GDP/元	2010年 常住人口/万人	2007年 GDP/亿元	2007年 人均GDP/元	2007年 常住人口/万人	2005年 GDP/亿元	2005年 人均GDP/元	2005年 常住人口/万人	2000年 GDP/亿元	2000年 人均GDP/元	2000年 常住人口/万人
铜梁	255.3	41178.0	62.0	150.2	25026.6	60.0	87.6	14125.0	62.0	72.3	11664.0	62.0	40.0	4971.0	80.5
潼南	190.8	29515.0	64.6	116.8	18248.2	64.0	73.3	10332.0	71.0	61.0	8567.0	71.2	32.0	3542.0	90.4
万州	702.0	44174.0	158.9	500.1	31996.1	156.3	190.5	12547.0	151.8	133.4	8793.0	151.8	64.9	3893.0	166.8
永川	432.4	40819.0	105.9	300.0	29280.6	102.5	153.0	16584.0	92.3	113.1	12231.0	92.5	56.0	5405.0	103.6
渝北	1001.8	69125.0	144.9	573.6	42636.8	134.5	245.5	26861.0	91.4	145.3	17228.0	84.4	42.9	5365.0	79.9
渝中	804.2	123771.0	65.0	553.0	87768.1	63.0	279.5	39502.0	70.8	240.7	34637.0	69.5	110.7	18976.0	58.3
云阳	150.3	16627.0	90.4	85.8	9394.6	91.3	55.7	5500.0	101.3	43.6	4281.0	101.9	22.6	1796.0	125.9
长寿	374.1	47054.0	79.5	228.6	29693.7	77.0	125.3	16643.0	75.3	87.0	11567.0	75.2	50.6	5747.0	88.1
忠县	182.6	24792.0	73.7	109.4	14561.0	75.1	61.6	8282.0	74.4	43.9	5870.0	74.7	22.9	2325.0	98.4
大足	278.3	37673.0	73.9	185.0	25652.7	72.1	98.6	12214.9	80.7	76.9	9499.5	81.0	43.9	4568.3	96.2
綦江	320.6	29542.0	108.5	216.6	20491.4	105.7	129.0	11915.9	108.3	99.7	9168.6	108.8	48.5	3987.0	121.7

附表 3 我国区域公共治理水平评价指标的反映像相关系数矩阵（Anti-image Matrices）

	x_1	x_2	x_3	x_4	x_5	x_6	x_7	x_8	x_9	x_{10}	x_{11}	x_{12}	x_{13}	x_{14}	x_{15}	x_{16}	x_{17}	x_{18}
x_1	0.77[a]	-0.26	0.17	0.52	-0.32	0.05	-0.57	-0.68	0.19	-0.14	0.44	-0.47	0.18	-0.29	-0.12	0.18	-0.38	0.24
x_2	-0.26	0.79[a]	-0.43	0.16	0.49	0.14	-0.09	0.11	-0.39	0.34	0.09	0.23	-0.44	0.04	0.41	-0.31	-0.10	-0.69
x_3	0.17	-0.43	0.84[a]	-0.02	-0.35	-0.14	-0.11	-0.24	0.14	-0.41	-0.54	-0.07	-0.19	-0.07	-0.23	0.36	0.11	0.49
x_4	0.52	0.16	-0.02	0.59[a]	0.16	0.09	-0.93	-0.52	0.03	0.04	0.25	-0.16	-0.17	-0.13	0.34	-0.01	-0.23	-0.04
x_5	-0.32	0.49	-0.35	0.16	0.81[a]	0.06	-0.01	0.11	-0.16	0.44	-0.03	0.36	-0.52	0.14	-0.02	-0.24	0.04	-0.62
x_6	0.05	0.14	-0.14	0.09	0.06	0.89[a]	0.08	-0.11	0.15	-0.03	0.21	0.13	0.01	-0.54	-0.08	0.01	0.00	-0.30
x_7	-0.57	-0.09	-0.11	-0.93	-0.01	0.08	0.54[a]	0.52	0.15	-0.01	-0.13	0.24	0.09	0.06	-0.34	-0.11	0.26	-0.13
x_8	-0.68	0.11	-0.24	-0.52	0.11	-0.11	0.52	0.86[a]	-0.08	0.08	-0.23	0.14	-0.02	0.08	-0.10	-0.36	-0.02	-0.16
x_9	0.19	-0.39	0.14	0.03	-0.16	0.15	0.15	-0.08	0.81[a]	-0.29	0.23	-0.16	0.21	-0.48	-0.47	0.01	0.03	0.06
x_{10}	-0.14	0.34	-0.41	0.04	0.44	-0.03	-0.01	0.08	-0.29	0.77[a]	0.19	0.19	-0.21	0.18	-0.14	-0.15	-0.20	-0.29
x_{11}	0.44	0.09	-0.54	0.25	-0.03	0.21	-0.13	-0.23	0.23	0.19	0.85[a]	-0.25	0.11	-0.27	-0.02	-0.36	-0.35	-0.39
x_{12}	-0.47	0.23	-0.07	-0.16	0.36	0.13	0.24	0.14	-0.16	0.19	-0.25	0.82[a]	-0.25	-0.05	0.03	-0.14	0.39	-0.47
x_{13}	0.18	-0.44	-0.19	-0.17	-0.52	0.01	0.09	-0.02	0.21	-0.21	0.11	-0.25	0.82[a]	-0.12	-0.08	0.33	-0.17	0.41
x_{14}	-0.29	0.04	-0.07	-0.13	0.14	-0.54	0.06	0.08	-0.48	0.18	-0.27	-0.05	-0.12	0.79[a]	0.44	-0.06	-0.09	0.26
x_{15}	-0.12	0.41	-0.23	0.34	-0.02	-0.08	-0.34	-0.10	-0.47	-0.14	-0.02	0.03	-0.08	0.44	0.82[a]	-0.18	-0.10	-0.05
x_{16}	0.18	-0.31	0.36	-0.01	-0.24	0.01	-0.11	-0.36	0.01	-0.15	-0.36	-0.14	0.33	-0.06	-0.18	0.73[a]	0.00	0.50
x_{17}	-0.38	-0.10	0.11	-0.23	0.04	0.00	0.26	-0.02	0.03	-0.20	-0.35	0.39	-0.17	-0.09	-0.10	0.00	0.92[a]	-0.12
x_{18}	0.24	-0.69	0.49	-0.04	-0.62	-0.30	-0.13	-0.16	0.06	-0.29	-0.39	-0.47	0.41	0.26	-0.05	0.50	-0.12	0.72[a]

注：a 表示变量的取样适当性参数，即 Measures of Sampling Adequacy, MSA

彩 图

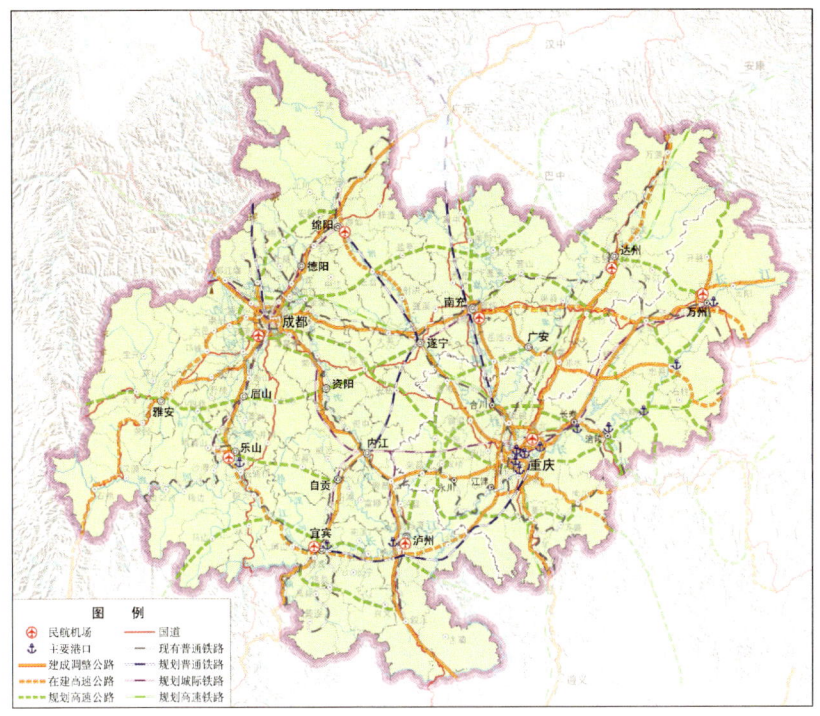

图 4-1　成渝经济区交通运输体系

资料来源：《国家发展改革委关于印发成渝经济区区域规划的通知》（发改地区〔2011〕1124 号）

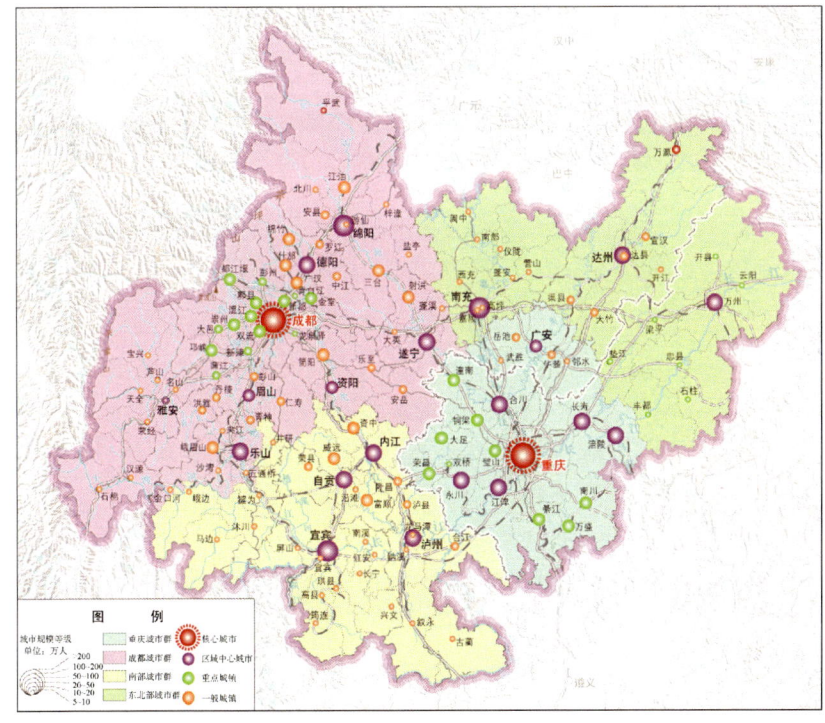

图 4-2　成渝经济区城镇体系

资料来源：《国家发展改革委关于印发成渝经济区区域规划的通知》（发改地区〔2011〕1124 号）

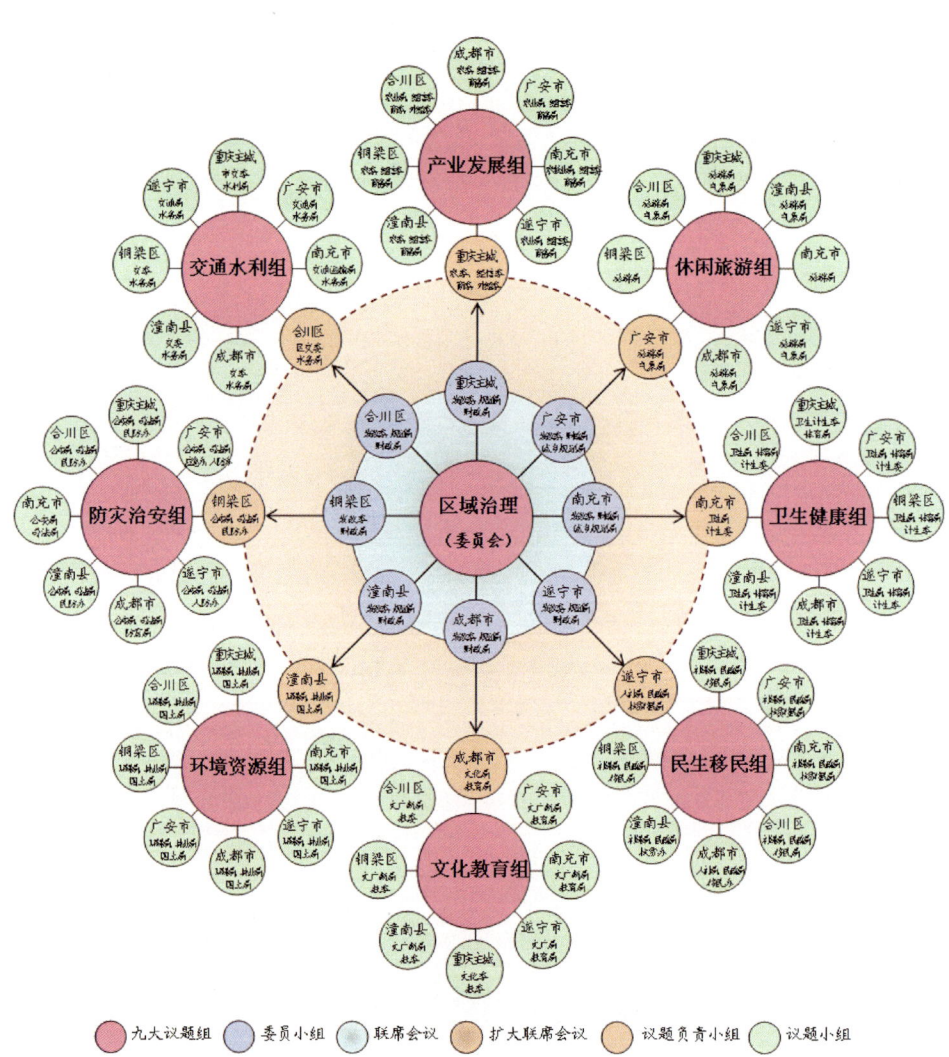

图 6-2 "成遂渝"区域发展委员会组织架构构想图